Psychologie im Leistungssport

Sport und gesellschaftliche Perspektiven

Herausgegeben von Martin K. W. Schweer

Band 4

PETER LANG
Frankfurt am Main · Berlin · Bern · Bruxelles · New York · Oxford · Wien

Martin K. W. Schweer

Psychologie im Leistungssport

Ein Ratgeber für die Praxis mit Beiträgen prominenter Athletinnen und Athleten

Unter Mitarbeit von
Eva Petermann, Maike Söker und Jutta Padberg

PETER LANG
Internationaler Verlag der Wissenschaften

Bibliografische Information der Deutschen Nationalbibliothek
Die Deutsche Nationalbibliothek verzeichnet diese Publikation in der Deutschen Nationalbibliografie; detaillierte bibliografische Daten sind im Internet über http://dnb.d-nb.de abrufbar.

Umschlaggestaltung:
Olaf Glöckler, Atelier Platen, Friedberg

Gedruckt auf alterungsbeständigem,
säurefreiem Papier.

ISSN 1865-777X
ISBN 978-3-631-63596-4

www.peterlang.de

Eine kurze Einführung und Danksagung

Mit dem vorliegenden Buch wird ein etwas anderer Versuch unternommen, dem breiteren Publikum die Bedeutung mentaler Fitness und psychischer Stärke für den leistungsorientierten Sport näher zu bringen.

Wer ist das breite Publikum? Zunächst natürlich all diejenigen, die sportbegeistert sind und selber sportlich aktiv sind – egal, auf welchem Level, denn das hier Gesagte hat Gültigkeit vom Breiten- bis hin zum Spitzensport. Dann aber auch diejenigen, die aus beruflichen Gründen mit dem Sport zu tun haben, also etwa Trainer[1] und Sportlehrer, aber auch Funktionäre im Bereich des Sports. Schließlich ist es ebenso ein Buch für die Eltern aktiver Jugendlicher. Last but not least aber auch für Leser, die sich in besonderem Maße für die in diesem Buch zu Wort kommenden Athleten interessieren, denn ohne deren Bereitschaft zum Gespräch hätte das gesamte Projekt nicht realisiert werden können.

Und genau auf diese Gespräche zielt der „etwas andere Zugang" zu der sportpsychologischen Thematik: Ich möchte im zweiten Teil des Buches aufzeigen, welche Bedeutung die vielfältigen Facetten der Sportpsychologie aus der Perspektive wettkampferfahrener und höchst erfolgreicher Athleten besitzen, wie sie selber mit den typischen, uns allen bekannten psychischen Problemen im Sport während ihrer aktiven Zeit umgegangen sind und welche Hinweise sich hieraus für den individuellen Umgang mit mentaler Fitness und psychischer Stabilität ziehen lassen. Am Ende eines solchen umfänglichen Projektes ist es sehr zufriedenstellend, eine solch erlesene Auswahl von Spitzenathleten aus den verschiedenen Disziplinen des Sports in diesem Buch vereinigen zu können. Und auch wenn die Interviews allesamt bereits vor einigen Jahren durchgeführt worden sind (solche Projekte ziehen sich leider von der Idee bis zur Drucklegung eben doch manchmal sehr viel länger als gewünscht und erwartet), so tut dieses der Aktualität der Aussagen keinerlei Abbruch.

Im Gegensatz zu „reinen" biographischen oder autobiographischen Berichten werden die Erfahrungen der Athleten eingebettet in die Ergebnisse der aktuellen wissenschaftlichen Forschung auf diesem so faszinierenden Arbeitsfeld, aber auch angereichert durch meine persönlichen Erfahrungswerte im Rahmen der sportpsychologischen Beratung und Betreuung von Leistungs- und Hochleistungssportlern.

Der erste Teil des Buches soll also den notwendigen theoretischen Rahmen für den Leser schaffen, er dient quasi als Verständnisfolie für die Erfahrungsberichte der Athleten. Auch will ich versuchen, mit (leider immer noch gängigen und vielfach verbreiteten) Klischees im Hinblick auf die sportpsychologische Arbeit aufzuräumen: Worüber sprechen wir überhaupt, wenn wir uns den Phä-

---

1 Um die Lesbarkeit zu wahren, schließt in diesem Buch – soweit nicht anders angegeben – die Verwendung der männlichen Form die weibliche ein.

nomenen mentaler Fitness und psychischer Stabilität im Sport zuwenden? Wie sollte eine wissenschaftlich fundierte sportpsychologische Arbeit aussehen? Und wie steht die hier aufgezeigte Sicht der Dinge zu dem, was diesbezüglich in den Medien immer wieder verbreitet wird und sich entsprechend tief in unseren Köpfen festsetzt? Wie kann ich als interessierter Athlet, Trainer, Verein oder Verband an seriöse sportpsychologische Beratung kommen? Warum ist das gar nicht so einfach, und vor allem: Warum gibt es so viele unseriöse Anbieter, die sich leider immer noch trefflich auf dem Markt halten können? Und natürlich vor allem: Was kann ich an Tipps und Anregungen aus der Lektüre mitnehmen, um sportliche Leistungsfähigkeit und psychisches Wohlbefinden zu steigern?

Ich hoffe sehr, Ihnen hierzu mit diesem Buch einige Hinweise und Anstöße geben zu können. Denn dann hat sich der nicht unerhebliche Aufwand aller gelohnt, die an diesem Buch mitgearbeitet haben, und denen ich zu Dank verpflichtet bin:

Zunächst an meinem Lehrstuhl meinen wissenschaftlichen Mitarbeiterinnen Eva Petermann und Maike Söker, die mir bei der Erstellung wesentlich zur Seite gestanden haben. Darüber hinaus Dr. Jutta Padberg, die mit mir die Interviews organisiert und auch durchgeführt hat. Ferner dem Peter Lang Verlag für die wie immer angenehme und unkomplizierte Zusammenarbeit.

Und ganz besonders danke ich allen Athleten, die sich für dieses Vorhaben zur Verfügung gestellt und mit uns geredet haben:

Katrin Apel, Dieter Baumann, Petra Behle, Markus Beyer, Sabine Braun, Frank Busemann, Rudi Cerne, Eberhard Gienger, Michael Groß, Thomas Helmer, Patrik Kühnen, Lothar Leder, Jens Lehmann, Peter Sendel, Dieter Thoma, Mandy Wötzel.

Vechta, im Herbst 2011

Martin K.W. Schweer

Inhaltsverzeichnis

1 „Gewonnen und verloren wird zwischen den Ohren“ – warum wir uns im Sport mit der Psyche beschäftigen müssen

K1: WAS DIE PRESSE SCHREIBT

Sportpsychologe Werner Mickler

Im Hochleistungsbereich ist die Sportpsychologie absolut wichtig, weil ... (dieser Bereich) auf einem Niveau ist, bei dem die Athleten vom körperlichen her fast auf der gleichen Ebene arbeiten. Von daher entscheidet sich also in kritischen Situationen, wie mental stark sie in den Situationen sind, ob sie in der Lage sind mit dem Wettkampfstress umzugehen, und was ich viel entscheidender finde, ob sie in der Lage sind, auf den Punkt genau ihre Leistung abzurufen.

(www.3sat.de/page/?source=/nano/redaktion/69611/index.html 26.10.10)

Sportpsychologe Jens Kleinert

Mittelfristig wird der Sportpsychologe einer von vielen Mitarbeitern im Trainerstab werden, genauso wie der betreuende Arzt oder der Physiotherapeut auch.

(www.reviersport.de/45538---interview-diplom-sportypsychologe-jens-kleinert.html 26.10.10)

Fußballtrainer Jürgen Klinsmann

Wir sind sehr zufrieden damit, dass uns für die wichtige Aufgabe im mentalen Bereich ein Psychologe zur Verfügung steht, der bereits viel Erfahrung in der Arbeit mit Spitzensportlern gesammelt hat.

(www.netzwerk-sportpsychologie.yucanavo.net/news_zitate.php 26.10.10)

Sportpsychologen, Trainer, Athleten, Sportjournalisten und -fans erkennen mittlerweile immer mehr die Wichtigkeit mentaler Fitness und psychischer Stabilität für das Erreichen von Höchstleistungen im Sport. Es herrscht weitestgehend Einigkeit darüber, dass der sportliche Erfolg in etwa zur Hälfte auch von psychischen Faktoren bestimmt wird. Also: Athleten, die mental fit und psychisch stabil sind, sind ihren Konkurrenten gegenüber klar im Vorteil. Sie können besser mit den An- und Herausforderungen umgehen, die sich ihnen im Training und im Wettkampf, aber auch außerhalb der „eigentlichen“ sportlichen Situation stellen – hierzu zählen etwa Ernährungsverhalten, Disziplin im Schlaf-Wach-Rhythmus, eingeschränkte Freizeit- und Kontaktmöglichkeiten, häufiges Reisen, fehlende Privatsphäre. Aber auch für das sonstige Leben scheinen sie besser gerüstet zu sein, denn mental fitte und psychisch stabile Athleten zeichnen sich dadurch aus, dass sie konsequent ihre Ziele fokussieren und selbstsicher verfolgen sowie unter Stress die Übersicht behalten. Sie glauben an ihre Fähigkeiten und zeichnen sich durch Entschlossenheit, Durchhaltewillen und Anstrengung aus. Und obwohl sie meist bereits von der frühen Jugend an einer permanenten Mehrfachbelastung ausgesetzt sind und immer wieder den Ausgleich finden müssen zwischen ihrem „sportlichen Leben“ einerseits und ihrem „sozialem Leben“ andererseits, entwickeln sie sich zu stabilen, gesunden Persönlichkeiten.

All dieses ist mittlerweile hinreichend bekannt, dennoch findet eine ernsthafte und vor allem auch langfristige Auseinandersetzung mit der Psyche im Sport vielfach immer noch nicht statt. Warum dies so ist und wie Sie es ändern können, lesen Sie einfach weiter.

K2: Aus der Wissenschaft
Sport wird zu 70 Prozent im Kopf entschieden, zu 28 Prozent spielt die körperliche Verfassung eine Rolle und nur zu 2 Prozent die Technik. Dennoch arbeiten 99 Prozent aller Amateursportler zu 100 Prozent an diesen 2 Prozent (Zerlauth, 2000, S. 18).

2 Zentrale Einflüsse auf mentale Fitness und psychische Stabilität

Mentale Fitness und psychische Stabilität sind natürlich das Ergebnis einer Vielzahl von unterschiedlichen Faktoren. Obwohl immer noch nicht selten die Vorstellung anzutreffen ist, dass es sich hierbei um in erster Linie angeborene und dementsprechend kaum zu verändernde Größen handelt, wissen wir jedoch aus umfänglichen wissenschaftlichen Arbeiten mittlerweile, dass das Gegenteil der Fall ist: Wenngleich selbstverständlich jeder Mensch eine spezifische genetische Ausstattung aufweist, so ist die Persönlichkeit, die er im Laufe seines Lebens herausbildet, doch ganz entscheidend von den Erfahrungen abhängig, die er mit seiner sozialen Umwelt macht. Dies fängt in der Familie an, geht über den Kindergarten und die Schule weiter, schließt im weiteren Lebensverlauf Begegnungen mit Freunden und Arbeitskollegen ein usw. Jeder Mensch entwickelt sich insofern von Geburt bis zum Tod ständig weiter, menschliche Entwicklung ist eine lebenslange Aufgabe und ein lebenslanger Prozess, da der Mensch ja immer wieder neue Anregungen aus seiner Umwelt bekommt und immer wieder neue Erfahrungen sammelt, die sich in seinem Erleben und Verhalten manifestieren.

Auf Basis dieser Überlegungen lassen sich nunmehr einige wichtige Schlussfolgerungen für den Kontext Sport ableiten:

1. Jedes Verhalten eines Menschen ist veränderbar – im positiven, aber auch im negativen Sinn. Dies ist umso leichter, je weniger verfestigt ein Verhalten bereits ist, d. h. Einflüsse in der Kindheit und Jugend wirken sich folgenreicher aus als Einflüsse im hohen Lebensalter.
2. Niemand kann sich damit aus der Affäre ziehen, dass „er halt so ist, wie er ist“ – das ist keine Entschuldigung für sozial nicht akzeptables Verhalten. Dies gilt ebenso für Verweise auf die Mutter oder die Großmutter von dem bspw. der Jugendliche „das ja hat, denn sie war

ja auch schon so". Richtig ist, dass wir (logischerweise) bevorzugt unsere eigenen Erfahrungswerte an die nachfolgende Generation weitergeben; und das nicht selten sogar dann, wenn es sich um negative Erfahrungen handelt. Warum tun wir dies – weil wir vielfach keine positiven Alternativen kennen. Typisches, immer wieder zu beobachtendes Beispiel hierfür sind Strategien im Rahmen der Kindererziehung. Und um uns dann selber für das eigene Handeln zu rechtfertigen, wird bspw. früheres Verhalten der Eltern, was man in der Vergangenheit stets negativ bewertet hat, jetzt aber selber zeigt, im Nachhinein als positiv dargestellt.

3. Es ergeben sich für den Menschen permanente Chancen der Weiterentwicklung: Er und sein Umfeld können konsequent daran arbeiten, bereits vorhandenes Positives zu verstärken und gleichzeitig vorhandenes Negatives zu reduzieren. Die eigentliche Kunst besteht also darin, genau diese Chancen zu erkennen und sie zu nutzen.

Besonders bei Kindern und Jugendlichen wird im Sport gerne von den „Überfliegern" gesprochen – also von Athleten, die sich durch sehr hohes Talent in ihrer Sportart auszeichnen und denen es deshalb gelingt, ohne allzu viel Anstrengung im Training und Wettkampf andere zu übertrumpfen. Häufig ergeben sich jedoch gerade bei solchen Nachwuchssportlern typische Anschlussschwierigkeiten im Seniorenbereich, da die bisherigen „Überflieger" die Notwendigkeit und Disziplin des Trainings in ihrer bisherigen Laufbahn eben nicht hinreichend erkannt und gelernt haben. Denn in der Leistungsspitze setzen sich langfristig nur Athleten mit einem hohen Talentfaktor, einer erheblichen Anstrengungsbereitschaft (Disziplin) und einer guten mentalen Fitness durch. Hierbei wirken verschiedene Faktoren auf den komplexen Prozess der Persönlichkeitsentwicklung ein.

2.1 Das Selbstkonzept als wichtiges Regulativ für unser Wohlbefinden

Als eine besonders entscheidende Ressource im Rahmen der mentalen Fitness und der psychischen Stabilität gilt das subjektive Selbstkonzept des Athleten. Das Selbstkonzept umfasst *„die Gesamtheit aller auf die eigene Person bezogenen Beurteilungen"* (Mummendey, 1995, S. 55). Dies bedeutet also, dass jeder Mensch sich selber dahingehend einschätzt, über welche psychischen, physischen und sozialen Kompetenzen er verfügt (s. K. 3).

K3: Aus der Wissenschaft	
Dimensionen des Selbstkonzeptes	**Beispiele**
psychisch	mathematische Fähigkeiten Umgang mit Stress
physisch	Erscheinungsbild des Körpers (Figur, Gewicht, Frisur usw.) sportliche Kompetenzen
sozial	Beziehung zu Freunden, Eltern usw. Kommunikationsfähigkeit Kooperationsfähigkeit
(eigene Darstellung)	

Es ist leicht verständlich, dass ein besonders positives Selbstkonzept zur Folge hat, dass die Person sicher, von sich überzeugt und entsprechend kompetent in seinem Verhalten auftreten wird. Sie weiß, dass sie viele Situationen positiv meistern kann, sie wird Leistungssituationen verstärkt als herausfordernd, nicht aber als belastend erleben. Natürlich kann es sein, dass das Selbstkonzept hinsichtlich unterschiedlicher Anforderungsbereiche auch verschieden stark ausgeprägt ist. Also: Ich fühle mich besonders sicher, wenn es um handwerkliche Aufgaben geht, das genaue Gegenteil trifft aber für mathematische Aufgaben zu. Und dementsprechend ist es für einen Athleten natürlich vor allem wichtig, dass er über ein positives Selbstkonzept verfügt, wenn es um die Verhaltenskomponenten geht, die in Zusammenhang mit seinem Sport stehen – entsprechende physische Fertigkeiten, aber auch übergreifendere Faktoren wie Stressresistenz, Disziplin, Willenskraft oder auch Organisationstalent. Hinzu kommt, dass ein positives Selbstkonzept in einem Teilbereich auch entsprechend positiv auf andere Teilbereiche ausstrahlen kann, da eben die grundsätzliche Einstellung günstiger ausgeprägt ist, sich etwas zuzutrauen, sich mit neuen und auch schwierigen Situationen auseinandersetzen zu können und sich in seinen Schwächen verbessern zu wollen

Wichtig: Ein förderliches Selbstkonzept fällt nicht vom Himmel, entscheidend hierfür sind die Erfahrungen, die wir mit unserem sozialen Umfeld machen – im Positiven wie im Negativen. Familie, Freunde und Trainer spielen hierbei also eine ganz entscheidende Rolle. Folgende Beispiele lassen dies erkennen:

1. Durch das Lob seines Trainers am Ende einer besonders harten Trainingseinheit beginnt ein Athlet sich selber als diszipliniert und willensstark im Sport einzuschätzen. Sein sportliches (physisches) Selbstkonzept wird positiv beeinflusst.

2. Auf einen verlorenen Wettkampf reagieren die sichtlich enttäuschten Eltern des jungen Athleten mit Abweisungen und negativen Bemerkungen. Durch solche Verhaltensweisen wird das sportliche (physische) Selbstkonzept geschwächt, die Motivation (psychisches Selbstkonzept) zum Training sinkt.
3. Die engen Freunde eines Athleten wollen lediglich Zeit mit ihm verbringen, wenn der Athlet einen Wettkampf gewonnen hat. Derartige Reaktionen schwächen das soziale Selbstkonzept, der Athlet merkt, dass er nur bedingte Akzeptanz in Abhängigkeit seines sportlichen Erfolges erfährt.
4. Das Handeln der Eltern ist unabhängig von den sportlichen oder schulischen Erfolgen ihres Kindes von bedingungsloser Akzeptanz geprägt. Somit wird das globale Selbstkonzept des Athleten kontinuierlich positiv bekräftigt, er lernt, dass er als Person bedingungslos anerkannt und wertgeschätzt wird.

Letzteres Beispiel weist bereits darauf hin, wie wichtig für die Entwicklung eines „gesunden" Selbstkonzeptes die unbedingte Wertschätzung ist, welche einer Person von ihrem nahen sozialen Umfeld entgegengebracht wird.

2.2 Unbedingte Wertschätzung – eine entscheidende Ressource für die Persönlichkeit

Menschen sind Herdentiere und keine Einzelkämpfer. Als soziale Wesen sind wir darauf angewiesen, im Umgang mit unserer Umwelt positive Erfahrungen zu sammeln. Unsere Psyche könnte es nicht ertragen, wenn wir zu der Überzeugung gelangen würden, von allen anderen abgelehnt zu werden. Aus diesem Grund benötigt jeder Mensch unbedingte Wertschätzung – die Erfahrung also, von anderen Personen bedingungslos akzeptiert und respektiert zu werden, und zwar unabhängig von seinem Verhalten oder wie im Sport unabhängig von seinen sportlichen Leistungen. Dies bedeutet nicht (und dieser Irrtum ist weit verbreitet), dass alles, was ein anderer tut, auch gebilligt oder gar positiv bewertet werden muss; unbedingte Wertschätzung bezieht sich vielmehr auf eine über diesen Details stehende, quasi übergeordnete Form von Akzeptanz und Respekt, in engeren Beziehungen dann auch in Zusammenhang mit intensiverer emotionaler Bindung. Am ehesten verdeutlichen lässt sich dies am Beispiel von positiven Eltern-Kind-Beziehungen: „Egal, was ich auch tue, ich weiß, dass meine Eltern immer hinter mir stehen werden." Eine solche Überzeugung drückt genau diese Sicherheit aus, die aus dem Erleben unbedingter Wertschätzung gespeist wird. Aber darüber hinaus ist damit auch eine grundlegende zwischenmenschliche Haltung angesprochen, die uns allen im Umgang miteinander gut tun würde.

Typischerweise erleben aber nun gerade Athleten in ihrer Entwicklung oftmals Defizite in der Erfahrung unbedingter Wertschätzung, da sie von ihrem

Umfeld häufig für positive sportliche Leistungen (Siege) besondere Anerkennung erfahren – bei sportlichen Misserfolgen kann sich dies schnell ins Gegenteil verkehren, es kommt zu Vorwürfen und destruktiver Kritik, im besten Fall zu einem Nicht-Reagieren auf den Misserfolg. Wichtig für das nahe soziale Umfeld ist nun, dass sich gerade Eltern und Trainer manchmal gar nicht bewusst sind, welche Folgen durch scheinbar harmlose Handlungen ausgelöst werden können. Fragt man aber mal nach dem typischen Verhalten bezogen auf einen erfolgreichen Wettkampf sowie nach dem typischen Verhalten bezogen auf einen nicht erfolgreichen Wettkampf, dann können die Unterschiede schon im Kindesalter augenfällig werden: Nach dem erfolgreichen Wettkampf fährt man bspw. in die Lieblingspizzeria des Kindes, bei eingetretenem Misserfolg fährt man eher wortkarg nach Hause. Solche Erfahrungen, wenn sie denn gehäuft und immer wieder vorkommen, verstärken das Erleben, eben nur dann geliebt zu werden und etwas wert zu sein, wenn man auch erfolgreich ist – der Athlet erfährt somit also bedingte, nicht aber unbedingte Wertschätzung. Gerade aber in der Entwicklung im Kindes- und Jugendalter ist es zur Etablierung eines positiven Selbstkonzeptes wichtig, dass dem Athleten unbedingte Wertschätzung von der Familie und auch dem Trainer entgegengebracht wird.

Befinden sich Athleten nun bereits auf einem Leistungslevel, dass sich auch die Medien für sie interessieren, werden sie mit hoher Wahrscheinlichkeit die Erfahrung ausschließlicher bedingter Wertschätzung machen: Medien schreiben Sportler rauf und runter, je nachdem, wie erfolgreich sie gerade sind. Umso wichtiger ist es von daher für die Athleten, sich in einem gefestigten sozialen Umfeld zu befinden, das ihnen emotionale Sicherheit bietet und sie auf die Mechanismen der medialen Arbeit vorbereitet werden, damit sie frühzeitig wissen (und entsprechend einschätzen können), was sie erwartet.

Folgende Beispiele aus Beratungssituationen sollen die Rolle der Medien und der sozialen Unterstützung hinsichtlich des Wohlergehens von Athleten verdeutlichen:

1. Ein aufstrebender junger Fußballprofi wird nach einem besonders guten Spiel von den Medien gelobt und als neuer Hoffnungsträger für den Erfolg seiner Mannschaft gehandelt. Als er in den nächsten Spielen diese Leistung nicht wiederholen kann, wird er als Eintagsfliege und völlig überschätzt bezeichnet. Als er auch von seinem Trainer stark kritisiert wird und seine Familie ihre Enttäuschung über seine schlechten Leistungen zum Ausdruck bringt, beginnt der Fußballer zunehmend an sich zu zweifeln und entwickelt psychosomatische Beschwerden.
2. Nach einem schlechten Wettkampf wird eine bislang von den Medien gefeierte Schwimmerin in einem Interview öffentlich kritisiert. Dank einer guten Vorbereitung ihres Trainers auf die mediale Auseinandersetzung ist sie in der Lage, diese Situation gut zu bewältigen, sie stellt den Misserfolg reflektiert und selbstkritisch dar, gibt sich aber gleichzeitig durchaus auch

selbstbestimmt, souverän und für die weitere Zukunft optimistisch. Im privaten Gespräch mit ihren Freunden gelingt es diesen, die Schwimmerin durch verständnisvolles Zuhören aufzufangen und erneut für das Training zu motivieren.

Massenmedien und Spitzensport sind in den vergangenen Jahrzehnten eine zunehmend enge Beziehung eingegangen, dieser Umstand bringt nun Implikationen für die Wertschätzung der Athleten mit sich – sie richten ihr Handeln nämlich nicht mehr nur an dem Kriterium der Leistungsoptimierung aus, sondern in steigendem Maße auch an einer Medienlogik. Hintergrund dieser Entwicklung ist die gestiegene Relevanz der Medien für die öffentliche Wahrnehmung des Sports: Spitzensportler sind auf eine hohe Medienpräsenz angewiesen, um im Gespräch zu bleiben, sich als möglichst attraktiv für Sponsorenverträge zu präsentieren oder auch, um mit ihrer Person das Interesse der Medien an einer ganz konkreten Sportart im Sinne einer „Existenzsicherung“ (etwa durch die Vergabe von Fernsehrechten) zu fördern.

Insofern müssen Athleten mittlerweile äußerst professionell mit den Medien umgehen und dabei vor allem abgeklärt auf die Berichterstattung nach außen reagieren können. Gleichzeitig muss die mediale Berichterstattung aber auch von ihnen verarbeitet werden, je nach psychischer Stabilität und vorhandenen Coping-Strategien sind dann eben auch negative Auswirkungen auf die Selbstwahrnehmung denkbar. Hinzu kommt, dass sich die Berichterstattung ja auch in einem nicht unerheblichen Teil auf das Privatleben ausbreiten kann. Von daher bietet die Deutsche Sporthilfe angehenden Spitzensportlern regelmäßig Seminare zum Umgang mit der Presse an („Keine Angst vor Journalisten“): *„Wir wollen die Sportler sensibilisieren, damit sie den Kontakt zu den Medien als Chance begreifen.“*[2]

Die öffentliche Meinung und Wertschätzung des Sports orientiert sich vor allem an den seitens der Medien bevorzugt dargestellten spektakulären und öffentlichkeitswirksamen Inhalten, die immer nur einen Auszug (und keinen repräsentativen) aus dem Gesamtgeschehen darstellen, die Wahrnehmung und Beurteilung jedoch in eine spezifische Richtung lenken. So werden etwa „aufstrebende Hoffnungsträger“ wie *Sebastian Vettel* oder *Mesut Özil* im Jahr 2010 „hoch geschrieben“ und mit entsprechenden Erwartungen versehen, andererseits scheuen sich die Medien eben auch nicht, bei enttäuschenden Leistungen vernichtend über ebensolche Athleten zu berichten. In ähnlicher Weise blieb auch der Profiboxer *Axel Schulz* im Jahr 2006 nicht von den Auswirkungen der Medienberichterstattung verschont, sein zunächst erwartungsvoll angepriesene Comeback gegen *Brian Minto* endete in einer vernichtenden Niederlage, welche die Medien entsprechend kommentierten: *„Schon als Schulz am Samstagabend die Halle betritt, schnappt er nach Luft wie ein Goldfisch im Wasserglas. Der*

2 www.leichtathletik.de/index.php?NavID=1&SiteID=28&NewsID=15376

Jubel der enthusiastischen Zuschauer zerstört mit einem Schlag die schöne Illusion von der grandiosen Rückkehr."[3]

Unzureichende unbedingte Wertschätzung führt dazu, dass der Athlet den Versuch unternimmt (oder besser: unternehmen muss), wenigstens bedingte Wertschätzung zu erfahren, d. h. also, er „muss" erfolgreich sein. Als typische Konsequenz werden dann Leistungssituationen zunehmend als Bedrohung für das eigene (und ohnehin ja schon labile) Selbstkonzept wahrgenommen. Leistungssituationen können dann zu extremen Stresssituation werden und lassen für den Athleten eine erhebliche Drucksituation entstehen. Die typische Folge sind auffallende Leistungsdefizite, Aufmerksamkeits- und Konzentrationsprobleme, Hilflosigkeitsgefühle oder Versagensängste. Das im Sport hinreichend bekannte Phänomen des „Trainingsweltmeisters" würde gut zu einer solchen Konstellation passen. Diese Athleten setzen nämlich alles daran, Misserfolg in Wettkämpfen zu vermeiden – anstatt zielorientiert und zuversichtlich den Erfolg anzustreben. Auch wenn sich das vielleicht sehr ähnlich anhört, psychologisch liegen Welten zwischen diesen beiden Einstellungsmustern: Athleten, die Erfolg im Wettkampf haben wollen, haben keine Angst vor dem Verlieren. Athleten, die allerdings befürchten, dass sie nicht gewinnen können, entwickeln Ängste vor dem Versagen und können sich entsprechend nicht angemessen auf die Wettkampfsituation einlassen – statt Herausforderung wird also Bedrohung erlebt.

K4: WAS DIE ATHLETEN SELBST DENKEN

Auszug aus einem Interview mit Britta Steffen (Schwimmen)
Interviewer: *Zusätzlich zum Mannschaftstraining haben Sie auch noch eine persönliche Mentaltrainerin, was macht die?*
Britta Steffen: *Wir arbeiten u.a. mit Kinesiologie. Frau Dr. Janofske stellt mir Fragen und testet an meinem Muskelwiderstand, ob ich wirklich meine, was ich sage. So haben wir herausgefunden, dass ich eine Zeitlang nicht wirklich gewinnen wollte. Ich war ja Trainingsweltmeister, aber wenn es darauf ankam, dann habe ich versagt. Ich wollte den anderen die Peinlichkeit ersparen, zu verlieren.*

(www.planet-interview.de/britta-steffen-11082008.html 27.08.2010)

Auszug aus einem Interview mit Frank Busemann (ehemaliger Zehnkämpfer)
Im Training war ich zwar motiviert, konnte aber nie das abrufen, was ich eigentlich konnte. Dafür brauchte ich den Wettkampf. Und für diesen Wettkampf, für diesen Nervenkitzel habe ich gelebt.

(www.planet-wissen.de/sport_freizeit/olympische_spiele/leistungssport/busemann.jsp 27.08.2010)

Der ausgeprägte Wunsch nach Wertschätzung, verbunden mit der Wahrnehmung, diese nur durch Erfolg in der sportlichen Leistungssituation bekommen zu können, ist für ein positives Leistungsverhalten absolut schädigend. Und: Je-

3 www.spiegel.de/sport/sonst/0,1518,450735,00.html 07.09.10

der erlebte Misserfolg verschärft die Situation, es kann relativ schnell zu einer sich selbst aufschaukelnden Spirale kommen, aus der sich dann das Entkommen immer schwieriger gestaltet.

2.3 Die Motivation in Leistungssituationen

Der Begriff der Motivation ist uns allgegenwärtig und begegnet uns in beinahe sämtlichen Lebensbereichen. Gemeint sind mit diesem Begriff die Beweggründe menschlicher Handlungen; „Motivation" ist abgeleitet von dem lateinischen Wort „movere" und bedeutet „bewegen". Motivation wird von daher in der Psychologie verstanden als die Gesamtheit aller Prozesse, die zielgerichtetes Verhalten auslösen und aufrechterhalten. Also: Warum handelt der Mensch so, wie er handelt? Welche Ursachen liegen seinem Handeln zugrunde? Grundsätzlich lässt sich zunächst einmal davon ausgehen, dass wir unser Verhalten danach ausrichten, möglichst viel Freude zu erleben und Schmerzen zu vermeiden. Im Sinne dieses psychologischen Hedonismus essen wir, wenn wir Hunger verspüren, wir trinken, wenn wir durstig sind, unsere Neugier treibt uns an, bislang ungewohnte Dinge kennen zu lernen, und wir versuchen erfolgreich zu sein, damit wir von anderen Menschen soziale Anerkennung bekommen. Die Bedürfnispyramide von Maslow (2002; s. Abb.1) veranschaulicht die zentralen Motivlagen des Menschen.

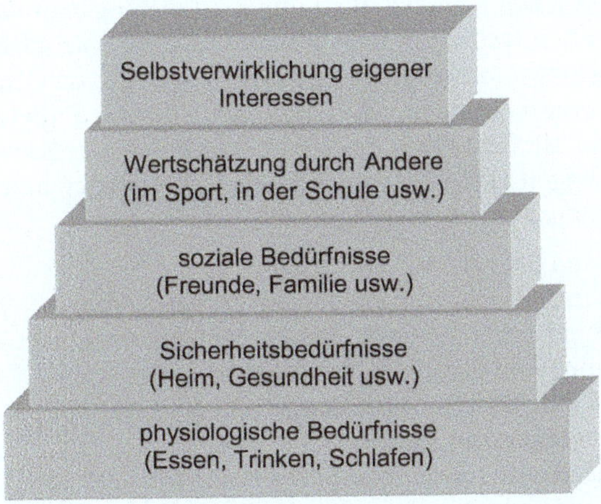

Abb. 1: Die Bedürfnispyramide von Maslow (eigene Darstellung)

Die Prozesse der Bedürfnisbefriedigung lassen sich an einem einfachen Beispiel verdeutlichen, denken wir an einen Bergsteiger, der nach einem harten Aufstieg das Etappenziel seiner Tour erreicht.

1. Physiologische Bedürfnisse: Der Bergsteiger verzehrt aufgrund des eingetretenen Hungergefühls das im Rucksack mitgebrachte Essen.
2. Sicherheitsbedürfnisse: Der Bergsteiger erkundet die Umgebung, um mögliche Gefahrenstellen rechtzeitig zu erkennen.
3. Soziale Bedürfnisse: Der Bergsteiger nimmt sein Mobiltelefon und ruft seine Frau an, um nach Stunden des Alleinseins ihre Stimme zu hören.
4. Wertschätzung durch Andere: Der Bergsteiger erzählt seiner Frau ausführlich von seinem erfolgreichen Tag, sie lobt ihn für seinen sportlichen Erfolg.
5. Selbstverwirklichung eigener Interessen: Der Bergsteiger genießt das Gefühl auf dem Berg, seine Vorstellung von Freiheit und Unabhängigkeit mit dieser Etappe ein Stück leben zu können.

Natürlich werden in einer konkreten Situation nicht alle Bedürfnisse gleichermaßen angesprochen, auch ist die Bedeutung der Bedürfnisse je nach Situation und Person unterschiedlich stark ausgeprägt. Allerdings symbolisiert die Idee der hierarchischen Anordnung von Bedürfnissen zu Recht, dass einige Bedürfnisse für den Menschen relevanter sind als andere. Ferner müssen zunächst elementare Bedürfnisse befriedigt sein, bevor Bedürfnisse höherer Ordnung aktiviert werden. Um mit dem prominenten deutschen Schriftsteller Bertolt Brecht (1928) in der „Ballade über die Frage: Wovon lebt der Mensch" aus der Dreigroschenoper zu sprechen: „*Erst kommt das Fressen, dann die Moral.*"

Für den sportlichen Kontext spielt nun die Leistungsmotivation als ein zentraler Bereich der Motivstruktur eines jeden Menschen eine ganz gewichtige Rolle. Wie die Leistungsmotivation ausgeprägt ist, hängt von den diesbezüglichen individuellen Lernerfahrungen ab. Grundlage für die Entwicklung des Leistungsmotivs stellt hierbei bereits das Neugierverhalten des Kleinkindes dar.

Dweck & Leggett (1988) sowie Nicholls (1984) differenzieren verschiedene Stufen der Leistungsmotivationsgenese:

1. Das Kind hat Freude am Effekt.
2. Das Kind entdeckt die Freude am Selbermachen.
3. Das Kind erkennt einen Zusammenhang zwischen der eigenen Anstrengung und dem Handlungsergebnis.
4. Das Kind differenziert zwischen dem eigenen Können und der Schwierigkeit der Aufgabe.
5. Das Kind entwickelt ein eigenes Anspruchsniveau.
6. Das Kind sieht die eigene Tüchtigkeit als Ursache für seine Leistung.
7. Das Leistungsmotiv setzt sich aus zwei Teilaspekten zusammen:
   a. dem so genannten *Erfolgsmotiv*, also der Tendenz, Erfolg zu suchen und haben zu wollen und
   b. dem so genannten *Misserfolgsmotiv*, also der Tendenz, Misserfolg zu vermeiden.

Beide Motivanteile sind also bei jedem Menschen vorhanden, entscheidend ist nun allerdings, wie stark ausgeprägt sich diese Anteile individuell gestalten. In diesem Sinne sprechen wir von einem eher erfolgsmotivierten Menschen, wenn insbesondere das Erfolgsmotiv im Vergleich zum Misserfolgsmotiv handlungsleitend ist. Im Gegensatz hierzu sprechen wir von einem eher misserfolgsmotivierten Menschen, wenn insbesondere das Misserfolgsmotiv im Vergleich zum Erfolgsmotiv dominant ist.

Erfolgsmotivierte Athleten richten ihre Arbeit in den Trainingseinheiten und in den Wettkämpfen danach aus, dass sie Erfolg suchen und auf diese Weise Stolz und soziale Anerkennung erleben möchten. Die anstehenden Aufgaben werden als eine Herausforderung betrachtet. Selbstverständlich sind sich solche Athleten durchaus bewusst, dass sie auch Misserfolge erleben können, sie haben jedoch davor keine Angst. Die Wahrscheinlichkeit für den Misserfolg ist aber im Vergleich zu den misserfolgsmotivierten Athleten deutlich geringer: Zum einen setzen sich die Erfolgsmotivierten realistischere Ziele und passen diese Ziele auch ihren Ergebnissen an; bei Teilerfolgen werden die Ziele sukzessive nach oben gesetzt, bei Teilmisserfolgen hingegen nach unten korrigiert. Zum anderen führt die psychologische Ausgangssituation (die Leistungssituation wird ohne Angst, aber mit positiver, optimistischer Grundeinstellung als herausfordernd angegangen) logischerweise erheblich häufiger dazu, dass auch tatsächlich im Ergebnis Erfolg erlebt wird.

Aus motivationspsychologischer Sicht ist es ferner sinnvoll, den Weg zu einem großen Ziel in mehrere Teilziele aufzuteilen. Dabei sollten diese Teilziele nun so gewählt werden, dass eine Zielerreichung realistisch ist und mit einem erheblichen Anreiz für den Athleten verbunden ist. Auf diese Weise wird ein zu großer Motivationsaufschub verhindert, der Athlet erhält in kürzeren Abständen ein entsprechendes Feedback, um seine Zielsetzungen überprüfen bzw. korrigieren zu können. Wichtig ist, dass die gesetzten Ziele nicht abstrakt, sondern klar formuliert sind; es sollte konkrete Handlungshinweise für den Athleten damit verbunden sein, welche den Weg der Zielerreichung markieren. Schließlich müssen sich die Ziele stets an dem subjektiven Gütemaßstab des Athleten orientieren – entscheidend ist also nicht, was „in der Regel" gut oder schlecht ist, sondern Bezugsrahmen ist das Leistungsniveau des individuellen Sportlers. Sicherlich muss an dieser Stelle ab und an das Umfeld (insbesondere der Trainer) korrigierend eingreifen, wenn die Haltung des Athleten zu seiner eigenen Leistung allzu verzerrt ist. Grundsätzlich gilt: Im Sinne einer Erfolgsmaximierung sollte sich der Athlet auf solche Aspekte in Training und Wettkampf konzentrieren, die tatsächlich in seinem Einflussbereich liegen (also etwa Disziplin).

Misserfolgsmotivierte Athleten richten ihr Handeln darauf aus, Misserfolg, Scham und soziale Missbilligung zu vermeiden. Durch dieses Bestreben wird nun eine Reihe von interessanten Verhaltensmustern in Gang gesetzt, denn der einfachste Weg, Misserfolg zu vermeiden, besteht natürlich darin, erst gar nicht in eine Leistungssituation zu geraten. Verletzungen und Krankheiten oder auch andere „plausible Gründe“ würden dieser Tendenz sehr entgegenkommen. Dies bedeutet nicht, dass solche Athleten sich in der Regel bewusst Ausreden einfallen lassen, weshalb sie einen Wettkampf bspw. nur mit „halber Kraft“ oder auch gar nicht bestreiten können (wenngleich dies natürlich auch vorkommen kann), sie sind aber sensibler für solche möglichen Argumente, die eine (vor allem von der Außenwelt) nachvollziehbare Erklärung dafür hergeben, weshalb die Leistungssituation nicht mit Erfolg absolviert werden konnte. Eine weitere Strategie von misserfolgsmotivierten Athleten, die in dieses Muster passt, wäre etwa die bevorzugte Teilnahme an besonders stark besetzten Wettkämpfen, bei denen ein Scheitern sehr gut entschuldbar ist. Oder auch das Phänomen des „Abschenkens“, was ja aus vielen Sportarten bekannt ist. Das Prinzip ist immer dasselbe: Der Athlet entzieht sich hier zwar nicht faktisch der Leistungssituation (weil es eben vielfach ja gar nicht möglich ist), er tut es aber psychologisch mittels eines Verhaltens, dass den Misserfolg quasi erklärbar werden lässt und dieser scheinbar nicht zu sehr die eigene Psyche angreift. Allerdings liegt hier die Betonung auf „scheinbar“, denn selbstverständlich handelt es sich bei dieser Strategie um eine, die langfristig nicht erfolgversprechend sein kann, da mentale Fitness und psychische Stabilität des Athleten zunehmend geschwächt werden. Hoffnung auf Erfolg und Furcht vor Misserfolg als die beiden Dimensionen des Leistungsmotivs werden von außen erworben und verstärkt, wobei die damit in Zusammenhang stehenden Attributionsprozesse von besonderer Wichtigkeit sind.

2.4 Ursachenzuschreibungen beeinflussen zentral unsere Befindlichkeit

In einem engen Zusammenhang zur Leistungsmotivation des Athleten stehen Attributionsprozesse, also die Zuschreibung von Ursachen für eigenes und fremdes Verhalten. Wir versuchen grundsätzlich Erklärungen dafür zu finden, warum sich andere Menschen uns gegenüber so verhalten, wie sie sich verhalten: Wieso hat mich meine Freundin verlassen? Warum bekomme ich von meinem Kollegen ein Geschenk zum Geburtstag? Weshalb meldet sich mein Sohn plötzlich so häufig bei mir? Aber insbesondere auch für uns selber suchen wir nach entsprechenden Erklärungen: Warum bin ich durch eine Klausur gefallen? Wieso habe ich den Wettkampf nicht erfolgreich absolviert? Warum habe ich mit meinem alten Trainer lieber gearbeitet? Dies sind typische Alltagsfragen, zu deren Beantwortung die jeweiligen Personen die entsprechenden Ursachen ergründen wollen. Kurzum: Attributionen sind Antworten auf „Warum-Fragen“. Dazu zählen auch die Fremdattributionen, etwa wenn sich Eltern die Frage stellen, warum ihr Kind schon wieder einen Wettkampf nicht erfolgreich bestritten hat.

Erfolgs- und misserfolgsmotivierte Athleten verfügen nun über jeweils typische Formen der Ursachenzuschreibungen beim Erleben von Erfolg:

1. Erfolgsmotivierte Athleten machen sich selbst für ihre Erfolge verantwortlich. Logischerweise wird hierdurch das eigene Selbstvertrauen gestärkt und die Wahrscheinlichkeit gefördert, positiv in die nächste Leistungssituation zu gehen.
2. Misserfolgsmotivierte Athleten hingegen suchen die Gründe für ihre Erfolge nicht in erster Linie bei sich, verantwortlich gemacht werden dafür vielmehr etwa der schlechte Gegner oder das Glück in der Wettkampfsituation. Folglich können sie aus ihren Erfolgen psychologisch zunächst auch nichts Positives für ihr Selbstvertrauen ziehen (was dann ja zu einer möglichen Veränderung in Richtung einer höheren Erfolgsmotivierung beitragen könnte), sie werden entsprechend negativ auch künftige Leistungssituationen angehen.

Wie sieht es nun im Falle des Misserfolges aus?

1. Für den misserfolgsmotivierten Athleten ist der Fall klar: Er hat Misserfolg, weil er es nicht besser kann, seine Ängste vor der Leistungssituation findet er also in dem Ergebnis bestätigt. Es handelt sich dementsprechend um eine klassische Form der sich-selbst-erfüllenden-Prophezeiung. Das ohnehin geringe Selbstvertrauen bleibt schwach, die vorhandenen Ängste vor Leistungssituationen bleiben ebenfalls bestehen.
2. Bei dem erfolgsmotivierten Athleten ergibt sich ein anderes Bild, denn er versucht vergleichsweise deutlich häufiger, tatsächlich aus der Situation zu lernen. Dementsprechend sucht er nach Ansatzpunkten dafür, was er künftig besser machen kann. Sicherlich setzt dies zunächst einmal die Erkenntnis voraus, selber etwas falsch gemacht zu haben, aber sein Selbstvertrauen wird hierdurch nicht gravierend geschwächt – es überwiegt nämlich bei ihm die Überzeugung, durch entsprechende Verhaltensänderungen künftig besser gewappnet zu sein. Auf diese Weise wird also keine Angst gefördert, sondern vielmehr Optimismus mit Blick auf die weiteren Leistungssituationen.

Nachfolgend soll kurz skizziert werden, was vor, während und nach einem Wettkampf in den Köpfen von Athleten vorgehen sollte (Positivbeispiel): Vor einem wichtigen Wettkampf bereit sich ein Athlet gewissenhaft vor. Er weiß, er hat hart trainiert und sich auch sonst optimal auf den Wettkampf vorbereitet, indem er sich gut ernährt, auf seinen Schlaf-Wachrhythmus geachtet und die Instruktionen des Trainers genau befolgt hat. Seine Konzentration liegt also auf internalen Faktoren, die durch ihn selber kontrolliert werden können (Anstrengung, investierte Zeit in die Vorbereitung usw.). Externale Faktoren, die nicht in der Kontrolle des Athleten liegen (Stärke der Gegner, Witterungsbedingungen, beschwerliche Anreise usw.), werden zwar nicht verdrängt, sie tangieren den Athleten aber nicht, da sie ohnehin nicht zu verändern sind und nur die konzentrierte Vorbereitung stören und Hilflosigkeitsgefühle verstärken können. Kurzum: Der Athlet ist leistungsmotiviert, die Aufmerksamkeit ist auf das ausgerichtet, was er positiv in die Leistungssituation einbringen kann. Am Wettkampftag selbst erlebt sich der Athlet als optimistisch, gut vorbereitet und fit. Er weiß, dass er alles in seiner Macht stehende getan hat, um zuversichtlich in den Wettkampf gehen zu können.

Nach dem Wettkampf reflektiert der Athlet das Geschehene (und zwar unabhängig von dem jeweiligen Erfolg bzw. Misserfolg): Konnte er die von ihm geplante Taktik umsetzen? War er durchgehend motiviert und konzentriert? Konnte er an seine Trainingsleistungen anknüpfen, diese ggf. sogar noch im Wettkampf steigern? Entscheidend ist nun bei einer solchen Analyse, die möglichst gemeinsam mit dem Trainer erfolgen sollte, an welchen Stellen sich Ansatzpunkte für Optimierungen ergeben – dies ist immer dann der Fall, wenn mit den eigenen Möglichkeiten Veränderungen zum Positiven hin erzielt werden können. An dieser Stelle ist durchaus auch konstruktive Kritik angemessen, sofern sie Handlungsoptionen aufzeigt und auf der Basis unbedingter Wertschätzung erfolgt.

Wichtig für die Arbeit mit Athleten ist die Tatsache, dass schädigende Attributionsstile durch externe Unterstützung wieder verlernt resp. günstige Attributionsstile durch eine solche Unterstützung gefördert werden können. Genauso wie im Falle von technischen oder taktischen Details kann hier insofern mittels gezielter Arbeit versucht werden, positive Veränderungen zu erreichen. Diese Möglichkeit der Intervention von außen impliziert aber eben auch im Umkehrschluss, dass das soziale Umfeld (in der Regel sicherlich nicht intendiert) durch kontraproduktive Verstärkungen ganz erheblich dazu beitragen kann, dass sich bereits vorhandene negative Attributionsstile noch verfestigen – und dies gilt insbesondere für die besonders relevanten Bezugspersonen eines Athleten.

K5: WAS DIE ATHLETEN SELBST DENKEN

Stefan Nimke (Bahn-Radsportler) über seine Arbeit mit dem Sportpsycholgen Klaus Egert

Zunächst einmal hat er mich zu Wettkämpfen begleitet und mein ganzes Verhalten rund um das Rennen beobachtet. Wir haben dann viele Gespräche geführt und im Training immer wieder den Wettkampfstress simuliert. Dadurch, dass man im Training alle Möglichkeiten durchspielt, wird man routinierter. Außerdem habe ich gelernt, dass das Leben nicht zusammenbricht, wenn man Mal einen Wettkampf verliert.

(www.scribd.com/doc/27789789/Jan-Mayer-Hans-Dieter-Hermann-Mentales-Training 22.09.2010)

2.5 Der Einfluss des sozialen Umfelds

Die bisherigen Ausführungen haben ja bereits deutlich werden lassen, dass wir in unserer Persönlichkeitsentwicklung in ganz erheblichem Maße von unseren Erfahrungen mit dem sozialen Umfeld abhängig sind, in Bezug auf den Athleten sind hier (natürlich gerade in jungen Jahren) die Eltern zu nennen, ferner der weitere engere familiäre und freundschaftliche Kontext sowie darüber hinaus der Trainer. Wichtige Merkmale einer positiven Beziehungsqualität sind jeweils emotionale Nähe, gegenseitiges Vertrauen und Respekt. Den Eltern und dem Trainer kommt selbstverständlich eine entsprechende Erziehungs- bzw. Führungsrolle zu, wobei deren Realisierung umso erfolgreicher sein wird, je stärker diese Rolle sowohl aufgaben- als auch personenorientierte Komponenten integriert. Dies bedeutet, dass selbstverständlich im Leistungssport Ziele definiert und diszipliniert angegangen werden müssen, dass hierfür bestimmte Regeln einzuhalten sind und dass die diesbezüglich relevanten Bezugspersonen im vertrauensvollen Dialog mit dem Athleten sich verantwortlich für die sukzessive Zielerreichung zeigen. Eine solche, durchaus zwingend erforderliche Aufgabenorientierung sollte stets einhergehen mit einer grundsätzlichen Ausrichtung an den Bedürfnissen des Sportlers und der bereits thematisierten unbedingten Wertschätzung – auf diese Weise fühlt sich der Athlet bedingungslos akzeptiert und anerkannt, auch wenn er bspw. in einem Wettkampf einmal völlig versagt hat. In solchen (Misserfolgs-)Situationen steht das soziale Umfeld dem Athleten unterstützend zur Seite, es bekräftigt ihn in seiner Motivation, gibt Hilfestellungen und bestärkt das zwar kritische, jedoch konstruktive Reflektieren von Leistungsresultaten. Auf diese Weise werden ein günstiges Selbstkonzept, ein positives Leistungsmotiv und damit einhergehende Zuschreibungsprozesse verstärkt, dysfunktionale Motivations- und Attributionsmuster hingegen gehemmt. Soziale Unterstützung bietet gerade in Stresssituationen einen wichtigen „Puffereffekt“ zur Vermeidung maladaptiver Bewältigungsstrategien, wie etwa psychosomatische Beschwerden oder depressive Verstimmungen.

Jegliches Stresserleben ist in hohem Maße individuell, es ist das Ergebnis der subjektiven Wahrnehmung, welche Ressourcen der eigenen Person zur Bewältigung anstehender Anforderungen zur Verfügung stehen. *„Dinge, die man beherrscht, empfindet man immer als einfach.“* – diese Redensweise spiegelt das Phänomen wieder, entscheidend ist stets die Einschätzung, der Aufgabe gewachsen zu sein oder eben nicht. Die einer Person zur Verfügung stehenden Ressourcen können nun individueller oder auch sozialer Natur (bspw. Unterstützung von anderen) sein. In der Stressforschung werden Ressourcen, die bei akuten Problemen eingesetzt werden, Stressverarbeitungsstrategien genannt. Negative Stressverarbeitungsstrategien sind etwa die gedankliche Beschäftigung („Grübeln“) oder auch Selbstbeschuldigungen, sie lösen das Problem im eigentlichen Sinne nicht. Positive Stressverarbeitungsstrategien sind hingegen Entspannung, positive Selbstinstruktion („sich gut zureden“), Reaktionskontrolle (planvolles Vorgehen) oder die Mobilisierung sozialer Unterstützung. Die Stressforschung zeigt diesbezüglich interessante Geschlechtseffekte: Obwohl Frauen sich häufiger soziale Unterstützung holen, ergeben sich bei ihnen häufiger negative Problemlösestrategien als bei den Männern (Kienle, Knoll, & Renneberg, 2006). Des Weiteren sorgen sich Männer und Frauen unterschiedlich: Frauen sorgen sich in der Regel mehr, sie berichten über mehr Stress und weisen stärkere körperliche Beschwerden auf (Schulz, Schlotz, Wolf & Wüst, 2002). Solche Unterschiede sind wohl der geschlechtstypischen Sozialisation geschuldet: Während Mädchen eher lernen, sich passiv, emotional und grüblerisch zu verhalten, wird bei den Jungen aktives Verhalten verstärkt und Emotionalität gedämpft.

Soziale Bezugspersonen sind insofern ganz wichtige Stützpfeiler für den Athleten. Nicht überraschend zeigen denn auch solche Athleten, die seitens ihrer Eltern von Beginn ihrer sportlichen Laufbahn an stets ausreichende wertschätzende Unterstützung erfahren haben, eine vergleichsweise positivere Leistungsentwicklung.

Der Trainer als Bezugsperson und soziale Unterstützung von außen nimmt (gerade auch im Vergleich zu den Eltern des Athleten) im Laufe der sportlichen Karriere eine immer größere Bedeutung ein. Hierbei beschränkt sich seine Aufgabe keineswegs auf die Vermittlung sportartspezifischer Kompetenzen. Vielmehr lässt sich die Trainerrolle unter mehreren Perspektiven betrachten (Padberg, 2006): Im pädagogischen Sinne wird von dem Trainer erwartet, dass er zur Persönlichkeitsentwicklung seiner Athleten beiträgt und sich von daher etwa auch für deren berufliche und private Entwicklung interessiert. Erfahrungen aus der Praxis bestätigen, dass erfolgreiche Trainer eben diese Persönlichkeitsentwicklung ihrer Athleten hinreichend berücksichtigen. Gutes Coaching bedeutet ferner die ganzheitliche Beachtung und Schulung von spezifischen Komponenten, neben dem Training einzelner Techniken bspw. den Einbezug des psychologischen Umgangs mit konkreten Wettkampfsituationen. Mit Blick auf eine positive Entwicklung der Athleten ist besonders wichtig, dass die Qualität der Beziehung durch emotionale Nähe, gegenseitiges Vertrauen, Respekt und Wertschätzung geprägt ist. In einem solchen Klima kann der Trainer effektiv seine Erfahrungen an die ihm anvertrauten Athleten weitergeben. Wie dies dann in der Praxis umgesetzt wird, hängt vom situationsbedingten Rollenverständnis des Trainers und den damit von ihm präferierten Handlungsstrategien ab. Analog zu Befunden aus der betrieblichen Führungsforschung (Neuberger, 2002) lässt sich das Verhalten eines Trainers hierbei entlang den Dimensionen „Aufgaben-“ und „Persönlichkeitsorientierung“ beschreiben: Im positiven Fall orientiert sich der Trainer als Führungsperson an den jeweiligen Bedürfnissen der Athleten. Sein Verhalten ist unmissverständlich, er arbeitet mit ihnen gleichberechtigt zusammen, bei auftretenden Schwierigkeiten steht er ihnen unterstützend zur Seite.

Dennoch verliert er nie das Ziel der Leistungsentwicklung aus den Augen und greift, falls situativ erforderlich, kontrollierend und durchaus auch direktiv ein (Schweer, Vaske & Gerwinat, 2010).

Eine tragfähige Beziehungsqualität zwischen Trainer und Athlet ist dabei sicherlich nicht von Anfang an gegeben, sie entwickelt sich über die Zeit. Gerade mit Blick auf die Etablierung von Vertrauen spielt das Akzeptieren von Fehlern eine wichtige Rolle. Für die Trainer-Athlet-Beziehung ist des Weiteren die Balance zwischen Nähe und Distanz ein entscheidender Schlüssel zum Erfolg. Grundsätzlich gelten die Wahrnehmung von persönlicher Zuwendung, fachlicher Kompetenz, Hilfe, Respekt, Zugänglichkeit und Aufrichtigkeit als wichtige vertrauensfördernde Merkmale (Schweer, 1996). Trainer und Athlet haben im Idealfall die subjektive Sicherheit, sich authentisch verhalten zu können und dabei das zu sagen und zu tun, was sie für richtig und angemessen erachten. Ein wechselseitig erlebtes positives Vertrauensverhältnis wirkt sich günstig auf Motivation, Leistungsbereitschaft, Zufriedenheit und Wohlbefinden der Beteiligten aus. Zudem steigt dann die Bereitschaft, auch Ängste, Sorgen und Schwierigkeiten anzuvertrauen, so dass diesen effektiver und zu einem früheren Zeitpunkt begegnet werden kann. Insofern sind bei den Trainern hohe fachliche und soziale Kompetenzen erforderlich; dies gilt im Mannschaftssport noch in verstärktem Maße, da es ein Trainer hier ja mit einer Gruppe von zum Teil sehr unterschiedlichen Sportlern zu tun hat und eine Vielzahl gruppendynamischer Effekte die Trainer-Athlet-Beziehung beeinflussen. Bekannte Beispiele sind die Bildung von Cliquen, Außenseiter in der Gruppe, ausgeübter Gruppendruck und vieles mehr.

Ungeachtet der hohen Bedeutung des sozialen Umfeldes ist es aber für jeden Leistungssportler immens wichtig, sukzessive seinen eigenen subjektiven Bewertungsmaßstab zu entwickeln, wobei das Umfeld selbstverständlich bei sehr unrealistischen Maßstäben und Zielvorstellungen korrigierend eingreifen kann und sollte (im negativen Fall kann das Umfeld leider auch unrealistische Maßstäbe und Zielvorstellungen fördern). Eine entscheidende Orientierung für den Sportler und das soziale Umfeld sollte stets das Bestreben sein, eine sich stellende Leistungssituation als Herausforderung zu betrachten, die es wert ist, dass man sich ihr stellt und ihr aktiv sowie engagiert begegnet. Sobald jedoch im Erleben Bedrohung gegenüber der Herausforderung die Oberhand gewinnt, ist dies ein untrügliches Zeichen für eine Fehlentwicklung, die es im Interesse der psychischen Gesundheit zu verändern gelten muss.

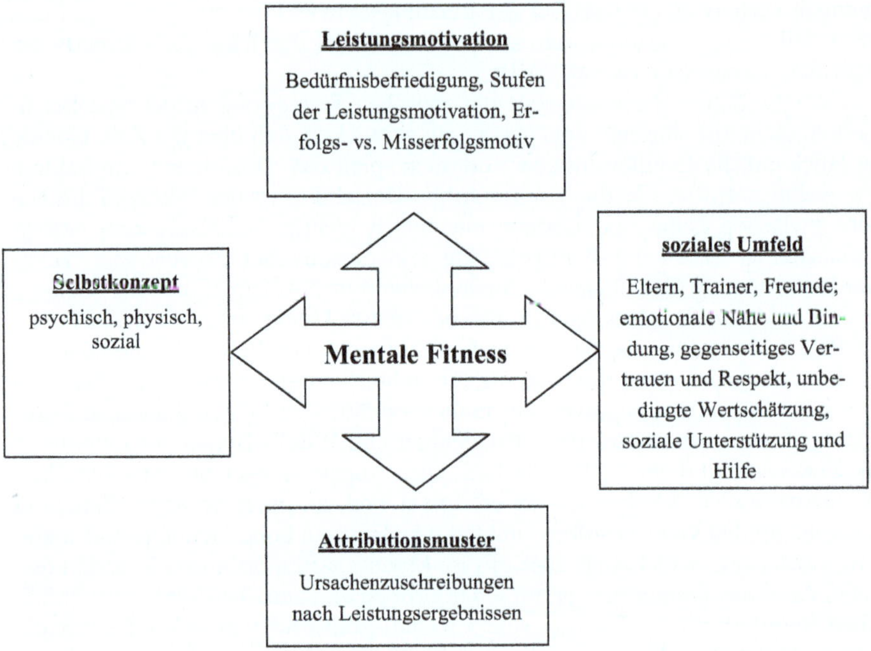

Abb. 2: Determinanten mentaler Fitness bei der Athletenpersönlichkeit (eigene Darstellung)

K6: AUS DER WISSENSCHAFT

Durch wertschätzendes, vertrauensvolles Verhalten und eine positive Unterstützung seitens der Eltern und des Trainers werden günstige Attributionsmuster und Bewertungsmaßstäbe gefördert, der Athlet erlangt zunehmend Autonomie im Umgang mit stressvollen Ereignissen und bildet seinen eigenen, positiven Bewertungsmaßstab heraus. Unbedingte Wertschätzung schafft hierfür die Basis der Interaktion im sozialen Nahraum (Schweer, 2008).

Die Eltern bleiben für die Mehrzahl der jungen Leistungssportler [...] die wichtigste Bezugsperson bei Fragen, die über den Sport hinausweisen und die zukünftige Lebensplanung betreffen (Brettschneider & Heim, 2001, S. 35).

Das Selbstkonzept ist Grob gesagt das Bild, das sich eine Person über sich selbst macht. Es entsteht in der Auseinandersetzung mit der Umwelt, insbesondere durch umweltvermittelte Rückmeldungen über das eigene Handeln (Brand, 2010, S. 7)

Zitierte Literatur

Alfermann, D. & Stoll, O. (2005). *Sportpsychologie. Ein Lehrbuch in 12 Lektionen.* Aachen: Meyer & Meyer.

Brand, R. (2010). *Sportpsychologie.* Wiesbaden: VS.

Brecht, B. (1928). *Die Dreigroschenoper.* Wien: Universal-Edition A. G.

Brettschneider, W.-D., & Heim, R. (2001). Heranwachsende im Hochleistungssport. *Leistungssport*, 4, 34-38.

Dweck, C.S. & Leggett, E.L. (1988). A social-cognitive approach to motivation and personality. *Psychological Review*, 95 (2), 256–273.

Kienle, R., Knoll, N. & Renneberg, B. (2006). Soziale Ressourcen und Gesundheit: soziale Unterstützung und dyadisches Bewältigen. In P. Renneberg & P. Hammelstein (Hrsg.), *Gesundheitspsychologie* (S. 107-121). Berlin: Springer.

Maslow, A.H. (2002). *Motivation und Persönlichkeit.* New York: Harper Row.

Mummendey, H.D. (1995). *Psychologie der Selbstdarstellung.* Göttingen: Hogrefe.

Neuberger, O. (2002). *Führen und führen lassen.* Stuttgart: UTB.

Nicholls, J.G. (1984). Achievement Motivation: Conceptions of Ability, Subjective Experience, Task Choice, and Performance. *Psychological Review*, 91 (3), 328–346.

Padberg, J. (2006). *Vertrauen im Leistungssport.* Frankfurt a. M.: Peter Lang.

Schweer, M. (1996). *Vertrauen in der pädagogischen Beziehung.* Bern: Hans Huber.

Schweer, M. (2008). Leistungssport in der Jugendphase als Herausforderung sportpsychologischer Forschung. In M. Schweer (Hrsg.), *Sport in Deutschland. Bestandsaufnahmen und Perspektiven* (S. 165-182). Frankfurt a. M.: Peter Lang.

Schweer, M., Vaske, A.-K. & Gerwinat, A. (2010). Homophobe Tendenzen in der Wahrnehmung des (Hoch-)Leistungssports als Herausforderung für die Sportberichterstattung. *Zeitschrift für Sexualforschung*, 23 (2),114-129.

Schulz, P., Schlotz, W., Wolf, J. & Wüst, S. (2002). Geschlechtsunterschiede bei stressbezogenen Variablen. Der Einfluss der Neigung zur Besorgnis. *Zeitschrift für Differentielle und Diagnostische Psychologie,* 23 (3), 305-326.

Zerlauth, T. (2000). *Sport im State of Excellence.* Paderborn: Junfermann.

Weiterführende Literatur

Alfermann, D., Würth, S. & Sabrowski, C. (2002). Soziale Einflüsse auf die Karriereentwicklung im Jugendleistungssport: Die Bedeutung von Eltern und Trainern. *Psychologie und Sport*, 9, 50-61.

Gabler, H. (2002). *Motive im Sport.* Schorndorf: Hofmann.

Meinberg, E. (2001). *Trainerethos und Trainerethik: ein Leitfaden.* Köln: Strauß

Pease, A. & Pease, B. (2000). *Warum Männer nicht zuhören und Frauen nicht einparken können.* Berlin: Ulstein.

Podlich, C. (2008). *Selbstgewolltes Leisten: Der Einfluss sportlicher Bewegungsaktivitäten auf das Selbstkonzept von Kindern.* Weinheim: Juventa..

Schmidt, W., Hartmann-Tews, I. & Brettschneider, W.-D. (2003). *Erster Deutscher Kinder- und Jugendsportbericht.* Schorndorf: Hofmann.

Tietjens, M. & Straß, B. (2006). *Handbuch Sportpsychologie.* Schorndorf: Hofmann.

Würth, S. (2001). *Die Rolle der Eltern im sportlichen Entwicklungsprozess von Kindern und Jugendlichen.* Lengerich: Pabst Science Publishers.

3 Vorurteile und Ängste einerseits, unrealistische Erwartungen andererseits

3. 1 Vorstellungen von der Zusammenarbeit mit einem (Sport-) Psychologen

K7: WAS DIE ATHLETEN SELBST DENKEN
Oliver Bierhoff (Manager der deutschen Fußballnationalmannschaft) *Wir wollen die beste Vorbereitung für die WM 2006 – es war längst überfällig, auch in den Fußball einen Psychologen mit einzubeziehen.* (www.fussball24.de/fussball/114/128/139/8532-dfb-psychologe-hermann-nimmt-arbeit-auf 22.09.2010)

Es gibt wohl nur wenige andere Berufsgruppen, denen viele Menschen mit einem Bündel voller falscher Vorstellungen und Erwartungen, gleichzeitig mit übertriebenen Hoffnungen, aber auch mit ängstlicher Zurückhaltung begegnen, wie dies für die Berufsgruppe der Psychologen gilt.

Zur Illustration einige sicherlich bekannte (vielleicht ein wenig zugespitzte) Beispiele:

1. „Ich muss mich nicht von einem Psychologen behandeln lassen – ich bin doch nicht verrückt.“

2. „Ein Psychologe muss mich nur einmal angucken und schon kennt er alle meine dunkelsten Geheimnisse.“
3. „Ich bin da lieber vorsichtig, nachher hypnotisiert der mich und ich laufe dann für immer als Huhn rum.“
4. „Ein Psychologe steckt mich bestimmt in eine Zwangsjacke und dann in die Klapsmühle.“

Psychologie ist für viele Menschen etwas Unbekanntes, und gerade Unbekanntes wird dann auch schnell mit etwas Unheimlichen gleich gesetzt. Hierbei ist das Bild vom Psychologen nicht selten von den Darstellungen in den Medien geprägt, von der berühmt-berüchtigten Analyse-Couch von Sigmund Freud haben die meisten sicherlich schon gehört, ferner sind Begriffe wie das Ur-Vertrauen oder der Ödipus-Komplex durchaus einer breiten Öffentlichkeit bekannt. Man verbindet vielfach mit den Psychologen die Vorstellung, sie könnten quasi in einen Menschen hineinschauen, bis dato gut behütete „Geheimnisse“ entdecken und darüber hinaus traumatische Geschehnisse in der Kindheit aufspüren. Überdies beschäftigen sie sich ja mit der „Seele“ (von der Übersetzung bedeutet Psychologie ja die Lehre von der Seele), daher auch der Begriff des so genannten Seelenklempners. Und damit ist ein weiteres, wichtiges Vorurteil angesprochen: Wer zu einem Psychologen geht, muss krank / verrückt sein, denn ein „normaler“ Mensch bekommt seine Probleme selbst in den Griff.

K8: WAS DIE ATHLETEN SELBST DENKEN

Collin Benjamin (namibischer Profifußballer)
Ich wusste, dass die meisten Leute denken, man muss krank im Kopf sein, wenn man psychologische Hilfe annimmt. Selbst bei uns in der Mannschaft haben am Anfang alle gesagt, sie würden nicht hingehen. Inzwischen wird allerdings schon relativ offen darüber gesprochen, nicht mehr komisch geguckt.

(www.abendblatt.de/daten/2005/05/31/440977.html 22.09.2010)

Aufgrund dieser Kognitionen gilt: je „männlicher“ die Sportart, umso mehr Probleme existieren zunächst mit der Inanspruchnahme psychologischer Maßnahmen.

Hinsichtlich der Ausübung von Sportarten existieren in unserer Gesellschaft immer noch geschlechtstypische Stereotypen, so steht bei Männern eher die körperliche Leistungsfähigkeit, bei Mädchen hingegen eher die Attraktivität im Vordergrund sportlicher Motivation. Insbesondere der Bereich des Leistungs- und Hochleistungssports ist nahezu global mit typisch männlich konnotierten Vorurteilen verbunden – Ausdauer, Jugend, Kraft, Dominanz und Konkurrenzdenken stehen hier im Mittelpunkt. Wobei man sicherlich noch einmal nach den unterschiedlichen Sportarten differenzieren muss (Hartmann-Tews & Rulofs, 2006). Interessanterweise scheint nun auch die Inanspruchnahme psychologischer Maßnahmen mit der wahrgenommenen „Männlichkeit" einer Sportart verbunden zu sein, denn scheinbare Schwäche wird männlichen Athleten wohl immer noch weniger zugestanden. So wird gerade auch im *Boxsport* mit der Möglichkeit sportpsychologischer Intervention häufig noch sehr zurückhaltend umgegangen. Der Dipl.-Psychologe *Ortwin Meiss* betreut Boxer und bestätigt die spezifischen Probleme in einer solchen „Macho-Sportart". Für viele Athleten wäre es sehr schwierig, wenn bekannt würde, dass ausgerechnet so „starke Männer" wie sie einen Psychologen benötigen – dass dies absoluter Unsinn ist und natürlich nur das Ergebnis vieler Vorurteile gegenüber der psychologischen Arbeit sein kann, muss an dieser Stelle nicht weiter erörtert werden.

K9: WAS DIE PRESSE SCHREIBT

Zur Arbeit des Psychologen Ortwin Meiss

Um einem Boxer klar zu machen, wie entscheidend die mentale Verfassung sich auf seine Leistungsfähigkeit auswirkt, machte Meiss mit ihm eine einfache Übung: Der Athlet musste einen Arm ausstrecken und dagegenhalten, während der Psychologe versuchte, ihn nach unten zu drücken. Im zweiten Versuch gab er dem Leistungssportler den Auftrag, sich an die Niederlage im letzten Kampf zu erinnern. „Seine Kraft hatte spürbar nachgelassen", erinnert sich Meiss, „ich konnte den Arm locker herunterdrücken". Im dritten Versuch sollte der Boxer an seinen größten Sieg denken. „Da wurde der Arm so stark, dass ich mich dranhängen konnte."

(www.zeit.de/zeit-wissen/2006/03/Sportpsychologie.xml 27.09.2010)

Die Strategie von *Ortwin Meiss* besteht konkret darin, die Athleten so zu schulen, dass sie in schwierigen Wettkampfsituationen positive Bewältigungs- und alternative Handlungsmuster abrufen können. Wichtig ist ihm auch, dass sie selbst von ihren eigenen Ressourcen überzeugt sind und nicht den Sportpsychologen für das Ergebnis verantwortlich machen.

Der in Deutschland ungeheuer beliebte Profiboxer *Axel Schulz* verzichtete 2006 bei seinem Comeback-Kampf auf sportpsychologische Betreuung – ein Fehler, wie der focus-online vermutet.[4] In seinem Check-up vor dem Kampf stimmten alle relevanten Werte, *Axel Schulz* war physisch topfit für den Kampf. Aber er verlor. Genauer: Wie in seiner bisherigen Karriere schon mehrmals geschehen, versagte er im entscheidenden Augenblick, bei dem Comeback-Kampf war er absolut chancenlos und verlor in kläglicher Weise. Boxen erfordert Selbstvertrauen, Aggressivität, Willensstärke – und mentale Fitness. *Axel Schulz* sagte nach dem Wettkampf: *„Der Kopf registrierte nur Wackelpudding in allen Muskeln."*, und diese Gedanken hatte er bereits vor dem Kampf. Schon beim Einzug in die Halle wurde er von Angst und Selbstzweifeln geplagt. *Axel Schulz*

4 www.focus.de/intern/archiv/psychologie-schulz-und-suehne_aid_213998.html 27.09.2010

konnte sich vielleicht nicht über das Vorurteil „Wer im Boxsport einen Psychologen zu Rate zieht, ist ein Weichei." hinwegsetzen. Ob er den Kampf mit professioneller psychologischer Unterstützung hätte gewinnen können, bleibt offen. Fest steht jedoch sicherlich, dass es keineswegs schlechter hätte werden können.

Die soeben skizzierten Vorurteile haben aber mit der täglichen Wirklichkeit psychologischer Arbeit nur recht wenig gemein. Die Psychologie als Wissenschaftsdisziplin beschäftigt sich mit dem Denken, Fühlen und dem beobachtbaren Verhalten der Menschen – und zwar in den unterschiedlichsten Lebensbereichen (s. K10).

<table>
<tr><th colspan="2">K10: Aus der Wissenschaft</th></tr>
<tr><th>Disziplinen der Psychologie</th><th>Inhaltsbereiche</th></tr>
<tr><td rowspan="3">Entwicklungspsychologie</td><td>psychologische Beratung zur Entwicklungsförderung und Bewältigung von Lebensproblemen</td></tr>
<tr><td>Erziehungs- und Familienberatung</td></tr>
<tr><td>Bildungs- und Berufsberatung</td></tr>
<tr><td rowspan="3">Pädagogische Psychologie</td><td>psychologische Unterstützung zur Förderung von Bildungs- und Erziehungsprozessen in Schulen, Kindergärten und Heimen</td></tr>
<tr><td>psychologische Fortbildung für pädagogische Berufe und Tätigkeiten (Zielgruppe: Eltern, Lehrer, Ausbilder)</td></tr>
<tr><td>Beratung und Betreuung von Familien, bspw. Erziehungsberatung oder Krisenintervention bei „Problemkindern"</td></tr>
<tr><td rowspan="2">Forensische und Rechtspsychologie</td><td>rechtspsychologische Begutachtung und Mediation (bspw. Familien- und Jugendrecht)</td></tr>
<tr><td>Betreuung von Straftätern während und nach dem Strafvollzug</td></tr>
<tr><td rowspan="3">Klinische Psychologie</td><td>Prävention und Rehabilitation zur Bewältigung von Krankheitsgefährdungen und Erkrankungen</td></tr>
<tr><td>Psychotherapie zur Linderung und Überwindung psychischer Störungen</td></tr>
<tr><td>Förderung der physischen, psychischen und sozialen Gesundheit</td></tr>
</table>

Arbeits- und Organisations-psychologie	Diagnostik und Begutachtung bei der Personalauswahl
	Personalentwicklung und Durchführung von Maßnahmen zur beruflichen Weiterqualifizierung
	Organisationsberatung und Schulungen für Führungskräfte und Arbeitsgruppen
Sportpsychologie	Betreuung und Beratung von Spitzensportlern und Sportverbänden
	Betreuung von Nachwuchssportlern
	Unterstützung von Trainern
	Gesundheitsförderung im Breitensport
(eigene Darstellung)	

Aus der Auflistung wird also ersichtlich, dass sich „lediglich“ die Klinische Psychologie mit psychischen Störungsbildern auseinandersetzt, also etwa mit Schizophrenien, Depressionen und Phobien. Die Arbeit mit entsprechenden Klienten im Rahmen der Klinischen Psychologie geschieht dann in Form von psychotherapeutischen Maßnahmen. In allen anderen Bereichen findet (und dies zunehmend mehr) psychologische Beratung und Betreuung statt. Es handelt sich hierbei nicht um therapeutische Interventionen bei pathologischem (also krankhaftem) Verhalten, sondern um eine wissenschaftlich fundierte Form der Lebenshilfe.

In all diesen Fällen versucht die Psychologie Erklärungen dafür zu finden, warum sich Menschen in bestimmten Situationen so verhalten, wie sie sich verhalten und welche Denk- und Emotionsprozesse ihren Anteil an diesem Verhalten haben. Außerdem wird untersucht, warum unterschiedliche Menschen in ein und derselben Situation zum Teil doch auffallend unterschiedlich (re)agieren.

Warum suchen wir in der Psychologie nach wissenschaftlich abgesicherten Erklärungen für menschliches Verhalten? Wenn wir wissen, warum eine Person ein konkretes Verhalten zeigt, können wir aus dieser Erklärung Vorhersagen für zukünftiges Verhalten ableiten. Also: Wir können eine Prognose darüber abgeben, wie sich wohl diese Person in ähnlichen Situationen verhalten wird. Von daher können wir dann auch korrigierend eingreifen, wenn ein Verhalten dysfunktional, also schädigend bzw. störend ist. Das grundlegende Ziel der psychologischen Arbeit ist insofern darin zu sehen, erwünschte Verhaltensweisen zu fördern und unerwünschte Verhaltensweisen abzubauen bzw. diese positiv zu verändern.

Die Sportpsychologie als für unseren Kontext nun selbstverständlich besonders relevantes Teilgebiet der Psychologie beschäftigt sich mit dem Beschreiben, Erklären und Vorhersagen von menschlichem Erleben und Verhalten im Bereich des Sports.

K11: Was die Athleten selbst denken
Mark van Bommel (niederländischer Fußballspieler) *Ich lege mich auf keine Couch. Wir führen ganz normale Gespräche. Manchmal einfach auch nur im Vorbeigehen im Leistungszentrum. Früher war das fast ein Tabu.* (www.bild.de/BILD/sport/fussball/bundesliga/vereine/bayern/2008/08/30/mark-van-bommel/kapitaen-will-zum-psychologen.html 22.09.2010)

Das Ziel sportpsychologischer Beratung und Betreuung in der Arbeit mit Athleten ist also in erster Linie darin zu sehen, deren Leistungs- und Persönlichkeitsentwicklung dadurch zu fördern, dass diesbezüglich fördernde und hemmende Erlebens- und Verhaltensprozesse identifiziert, unterstützt bzw. korrigiert werden (Schweer, 2008). Zu diesem Zweck werden die Ursachen und Wirkungen psychischer Vorgänge und Erscheinungen untersucht, die sich beim Athleten vor, während und nach der sportlichen Tätigkeit abspielen. Aber auch Aspekte, die nicht unmittelbar mit der sportlichen Tätigkeit zu tun haben, beeinflussen selbstverständlich die psychische Stabilität von Athleten und damit auch deren Leistungsverhalten, etwa Probleme mit dem Lebenspartner, eine schwere Erkrankung innerhalb der Familie usw.; sie müssen deshalb ebenso in den Blickpunkt der Arbeit gerückt werden. Von daher ist es zielführend, nach Absprache mit dem Athleten und je nach Erfordernis relevante Bezugspersonen des sozialen Umfeldes (Familie, Freunde, Trainer) in die Beratungs- und Betreuungsarbeit einzubeziehen (s. Kap. 2.5).

K12: Aus der Wissenschaft	
sportartspezifischer Nutzen sportpsychologischer Beratung	Verbesserung sportartspezifischer Leistungen durch erhöhte Konzentration auf die Aufgabe und Ausblendung unwichtiger Faktoren
(sportart-)übergreifender Nutzen sportpsychologischer Beratung	Leistungsbereitschaft, Durchsetzungsfähigkeit, Organisation, Strukturierungsfähigkeit, Formulierung von Zielen, Ausdauervermögen
(eigene Darstellung)	

Je nach Klient und Problem sollten sportpsychologische Berater eine Vielfalt von Techniken nutzen können. So wissen wir aus dem Bereich der Psychotherapie, dass ca. 50% aller Psychotherapeuten mit einem solchen *eklektischen Ansatz* arbeiten, also unterschiedliche Therapiemethoden in Abhängigkeit von der Persönlichkeitsstruktur und dem Bedarf des jeweiligen Klienten einsetzen. Eng verbunden mit dem Eklektizismus ist die integrativ arbeitende Psychotherapie (Myers, 2008).

Es gilt also in der Regel, durch die Wahl einer spezifischen Kombination von Methoden ein für das Individuum möglichst passende Interventionskonzept zu erarbeiten, welches die Ganzheitlichkeit der Person in den Mittelpunkt des psychologischen Handelns rückt. Für eine effektive Arbeit ist nun wichtig, ein solches Konzept langfristig und flexibel einzusetzen, will man tatsächlich nachhaltige Veränderungen im Denken, Fühlen und Handeln der Betroffenen erreichen. Eine Methode, die schnellen Erfolg verspricht, setzt meistens nur symptomatisch und nicht ursächlich bei den Problemen an. Hierfür ist in der Regel eine längerfristige Auseinandersetzung mit verzerrten Wahrnehmungsmustern und negativen Denkstrukturen erforderlich. Mit Blick auf etwaige mentale Probleme im Leistungssport sollten grundsätzlich keine schnellen Methoden eingesetzt werden, sondern im Vordergrund sollten stets die Seriosität im Sinne wissenschaftlicher Fundierung sowie der langfristige Erfolg für den Athleten stehen.

Wie kann man sich nun die Zusammenarbeit eines Athleten mit einem Sportpsychologen konkret vorstellen? Hierfür seien an dieser Stelle einige grundlegende Annahmen formuliert, die bei jeglicher Form sportpsychologischer Intervention realisiert resp. berücksichtigt werden sollten (Schweer, 2008):

1. Sportpsychologische Beratung und Betreuung soll Athleten kontinuierlich begleiten und unterstützen.
2. Sportpsychologische Beratung und Betreuung fußt immer auf einer umfassenden Diagnostik, bei der anerkannte psychologische Instrumente eingesetzt werden.
3. Sportpsychologische Beratung und Betreuung soll hierbei einen differentiellen Ansatz verfolgen: Verhalten ist stets das Ergebnis eines individuellen Wahrnehmungsprozesses, der in ein spezifisches Umfeld eingebettet ist. Also: Was für Athlet A gilt und ggf. für ihn eine hilfreiche Strategie sein kann, muss noch lange nicht positive Auswirkungen bei Athlet B haben. Es gibt keine „Allzweckwaffen“, vielmehr muss die Beratungstätigkeit stets an der spezifischen Persönlichkeit des betreuten Athleten ausgerichtet sein.
4. Sportpsychologische Beratung und Betreuung nutzt zentrale Ergebnisse aus den verschiedenen Teildisziplinen psychologischer Forschung für die praktische sportpsychologische Arbeit.
5. Sportpsychologische Beratung und Betreuung ist eine karrierebegleitende Hilfe, die wie die Unterstützung von Technik, Taktik, Ernährung und medizinischen / physiotherapeutischen Angeboten für Leistungssportler jeden Alters und jeder Sportart fortlaufend und ganz selbstverständlich angeboten werden sollte.

6. Sportpsychologische Beratung und Betreuung thematisiert sowohl sportartspezifische als auch sportartübergreifende Problembereiche.
7. Sportpsychologische Beratung und Betreuung ist besonders dann effektiv, wenn im Bedarfsfall neben dem Athleten selbst auch das relevante Umfeld in die Intervention integriert werden kann.
8. Sportpsychologische Beratung und Betreuung kann nicht kurzfristig angelegt sein, sie muss vielmehr langfristig implementiert werden. Ziel ist eine dauerhafte Umstrukturierung ungünstiger Denk- und Verhaltensmuster.
9. Darüber hinaus gilt es auch, fehlerhafte Strategien des jungen Sportlers vor, während und nach dem Wettkampf zu diagnostizieren und Interventionen zu erarbeiten.
10. Seriöse sportpsychologische Intervention ist nicht kurzfristig und spektakulär, sondern langfristig und unspektakulär, aber Erfolg versprechend.

Somit ergeben sich folgende Konsequenzen für die praktische Arbeit:

1. Ziel ist die Optimierung psychischer Stabilität und mentaler Fitness mit der Unterstützung eines seriösen (d. h. durch ein universitäres Psychologie-Studium entsprechend akademisch ausgebildeten) Sportpsychologen.
2. Dieser Prozess geht nicht von heute auf morgen, sondern er bedarf Zeit. Athleten, Trainer und ggf. auch Eltern dürfen hier keine schnellen Wunder erwarten.
3. Entscheidend für den Erfolg sind die Bereitschaft und der Wille des Athleten, sich mit seinen Stärken und Schwächen tatsächlich auseinandersetzen und sich verändern zu wollen.
4. So wie jeder Mensch aufgrund seiner ganz individuellen genetischen Ausstattung, seinen ganz individuellen Erfahrungen in der Vergangenheit und seiner ganz individuellen Situation in der Gegenwart einzigartig ist, gibt es selbstverständlich auch in der sportpsychologischen Arbeit mit Athleten keine Patentlösungen, sondern nur individuelle Herangehensweisen für ganz individuelle Problemlagen.

Erhebliche körperliche bzw. psychische (Dauer-)Belastungen können Stress hervorrufen, der u. U. chronisch werden und sich in der Folge negativ auf die Gesundheit auswirken kann. Einen effektiven Weg der Stressreduktion stellen Entspannungsverfahren dar. Das Ziel von Entspannung besteht grundsätzlich in der Reduktion physischer bzw. psychischer Anspannung. Insbesondere in belastenden Situationen gilt es, das Erregungsniveau des Körpers zu senken, den Körper besser zu kontrollieren und auf diese Weise die physische und psychische Leistungsfähigkeit zu fördern. Vor allem in Wettkampfphasen kann die Anwendung von Entspannungsverfahren dazu beitragen, sich auf die entscheidenden

Aspekte im Wettkampf besser fokussieren und periphere Einflüsse (bspw. laute Zuschauer, ungünstige Temperaturbedingungen) ausblenden zu können. Die Angebote an möglichen Entspannungstechniken haben in den letzten Jahren stark zugenommen, es gilt bei der Auswahl generell: Der Athlet sollte subjektiv nach seinen Vorlieben eine Methode auswählen, mit der er sich identifizieren kann und die bei ihm auch entsprechende Effekte hinterlässt. Beispiele sind die Progressive Muskelentspannung nach Jacobson, Yoga, Pilates oder auch das Autogene Training. Zu beachten ist hierbei stets, dass Entspannungsverfahren grundsätzlich unter professioneller Anleitung Schritt für Schritt erlernt werden sollten. Und man sollte bedenken: Übung macht auch hier den Meister, das Erlernen von Entspannungstechniken erfordert insofern ausreichend Zeit.

3.2 Seriöse, weniger seriöse und gänzlich unseriöse sportpsychologische Beratungsangebote

Eines der gravierendsten Hindernisse dafür, dass sportpsychologische Arbeit immer noch nicht die gleiche Beachtung erfährt wie die Arbeit an der Technik und Taktik, an der Ausdauer, der Ernährung und der medizinischen Versorgung, ist die traurige Tatsache, dass sich sehr viele „schwarze Schafe" auf diesem Gebiet tummeln. Spätestens seitdem mit dem Sport (zumindest in bestimmten Disziplinen) zum Teil sehr viel Geld verdient werden kann, versuchen unseriöse Anbieter auf diesen Zug aufzuspringen, um vom Kuchen auch ein gutes Stück abzubekommen (s. K13).

K13: AUS DER WISSENSCHAFT	
„Warnhinweise" für unseriöse Anbieter psychologischer Beratung	
Hinweis	Beispiel
Der Anbieter hat keine anerkannte Ausbildung.	Titel wie Lifecoach, Mentalcoach (auch mit Zusätzen wie Diplom oder „zertifiziert") sind oftmals nicht anerkannt – es liegt keine universitäre Ausbildung vor.
Der Anbieter brüstet sich mit kurzfristigen, und angeblich „effektiven" Interventionen.	Ein „effektives" Mentaltraining für Athleten nimmt lediglich einen Zeitrahmen von vier bis zehn Sitzungen in Anspruch.

Der Anbieter verspricht, dass die „effektive“ Intervention wenig Anstrengung und zeitliche Ressourcen erfordert.	Viel versprechende Sätze wie „einen einfacheren und schnelleren Weg“ oder „Therapie per Videokonferenz“ sollten nicht geäußert werden. Die Veränderungen beim Athleten sind dann oft nur von kurzer Dauer.
Der Anbieter handelt undurchsichtig.	Es herrscht keine Transparenz bezüglich der eingesetzten Methoden (bspw. Feuerlaufseminare) und / oder der Kostenkalkulation.
(eigene Darstellung)	

Und noch ein weiterer Faktor hat diese Entwicklung unterstützt: Während etwa bei der medizinischen Versorgung eines Menschen jedem klar ist, dass hierfür eine fundierte medizinische Ausbildung erforderlich ist (Wer würde sich schon von einer Person operieren lassen, die nicht die Befähigung zum Arztberuf durch ein entsprechendes Studium nachgewiesen hätte?), wird der „Eingriff“ in die menschliche Psyche mit ihren zum Teil sehr weit reichenden Folgen häufig unterschätzt – dies lässt sich schon daran erkennen, dass Athleten, Trainer oder auch Eltern sich oftmals gar nicht hinreichend erkundigt haben, welche Ausbildung der „Mentalcoach“ genossen hat, den sie für ihren Schützling engagiert haben.

Also: Jede Kopfschmerztablette hat ein kompliziertes und langwieriges Prüfverfahren hinter sich gebracht, bevor sie für den freien Markt zugelassen wird (und das völlig zu Recht!), mit der Psyche des Menschen gehen wir allerdings insgesamt sehr viel weniger schützend um. Und leider gibt es neben den eher skrupellosen Personen, denen es hier ausschließlich um das Geld geht, auch solche, die sich zum Helfen und Beraten „berufen“ fühlen, ohne dafür angemessen ausgebildet zu sein. Als ein Beispiel sei hier eine Reisebürokauffrau aufgeführt, die nach dem Absolvieren eines Wochenendkurses in Psychologie nunmehr Profisportler betreut – und auch der festen Überzeugung ist, dieses zu können.

Für Athleten, die sportpsychologische Beratung und Betreuung in Anspruch nehmen möchten, ergibt sich das Problem, dass die Berufsbezeichnung „Sportpsychologe“ rechtlich (noch) nicht geschützt ist und sich daher prinzipiell jeder mit diesem Titel schmücken kann. Personen, die dies zu Unrecht tun, verstärken damit die Unsicherheit im Umgang mit der Sportpsychologie und fördern das zurzeit noch sehr instabile Image dieser Wissenschaftsdisziplin. Und vor dem Hintergrund unseriöser Anbieter und einem unüberschaubaren Markt ist eine Skepsis von Seiten der Athleten sowie der Betreuer keineswegs unverständlich.

Ein erschreckendes Beispiel für unseriöses Handeln eines „Mentalcoaches“ ist der Auftritt von *Nathan Schrag*, der vom australischen Schwimmtrainer Ron Taylor zur „psychologischen Schulung“ angeheuert wurde. Um herauszufinden, welche Athleten großem Druck standhalten können, führte er mit ihnen Scheinhinrichtungen mithilfe einer Neun-Millimeter-Holzpistole durch. Eine Teilnehmerin des Trainingslagers erzählte, dass einige der Athleten „gefangen“ genommen und „erschossen“ wurden; die „Herald Sun“ berichtete, dass viele der teilweise erst 16-jährigen Schwimmer in Tränen ausbrachen. Der Schwimmtrainer betrachtete die Aktion eher als Spaß – gab dann jedoch noch eine Erklärung ab, dass es ein Fehler war. Mit sportpsychologischer Beratung und Betreuung zu Verbesserung der mentalen Fitness hat diese Schulung allerdings sicherlich nichts zu tun. Insbesondere die Langfristigkeit des Konzepts, die Wertschätzung der Athleten sowie eine auf Vertrauen beruhende Beziehung fehlten.

K14: Aus der Wissenschaft	
Hinweise für seriöse Anbieter psychologischer Beratung	
Hinweis	Beispiel
Der Anbieter hat eine anerkannte Ausbildung bzw. eine offizielle Berufsbezeichnung	Die offizielle Berufsbezeichnung aufgrund eines universitären Abschlusses lautet Master of Science (M.Sc.) in Psychologie.
Die angebotene Intervention wird längerfristige angesetzt.	Der Anbieter formuliert einen individuellen, langfristigen Betreuungsplan inkl. Betreuung vor, während und nach den Wettkämpfen sowie Vorstellungen zur Trainingsbegleitung. Ferner steht eine dauerhafte Leistungs- und Persönlichkeitsentwicklung im Mittelpunkt.
Der Anbieter handelt transparent.	Bei der Intervention werden anerkannte psychologische Methoden eingesetzt, die Kosten sowie deren Berechnung werden offen gelegt und die Schweigepflicht wird eingehalten.
Die Intervention fußt auf einer ausführlichen psychologischen Eingangsdiagnostik	Vor der eigentlichen Intervention werden abgesicherte diagnostische Verfahren als Grundlage der weiteren Arbeit eingesetzt.
(eigene Darstellung)	

Im Zuge des Bologna-Prozesses an den deutschen Hochschulen eröffnen sich im Moment neue Wege bei der wissenschaftlichen Ausbildung von Sportpsychologen in der Form von Masterstudiengängen. Der Zugang ist Personen mit einem sportwissenschaftlichen und / oder psychologischen Abschluss (Bacherlor-Grad) vorbehalten. Durch diese Zugangsvoraussetzungen wird gewährleistet, dass die Ausbildung und der Abschluss fundiert sind. Der sportpsychologische Markt befindet sich nach wie vor in einer Entwicklungsphase. Entscheidend ist, dass Sportler vor „unseriösen" Anbietern geschützt werden.

Eine weitere Schwierigkeit für Athleten, sportpsychologische Beratung und Betreuung in Anspruch zu nehmen, besteht manchmal leider auch in der „Überwindung" ihres eigenen Trainers. Trainer fühlen sich teilweise durch Psychologen in ihrer Autorität angegriffen, wenn dieser ihn etwa auf „falsche" Verhaltensweisen aufmerksam macht, über die sich der Trainer häufig nicht bewusst ist, oder Verhaltensweisen, die als positiv empfunden werden, aber letztendlich nicht diesen Effekt beim Athleten haben. Der Psychologe sollte genau wie der Trainer oder der Physiotherapeut zum Betreuerstab gehören; seine Arbeit nutzt nichts, wenn er nur am Wettkampftag anwesend ist. Er muss langfristig in den Trainingsalltag integriert werden, so der Sportpsychologe *Hans Eberspächer* im Gespräch mit dem Stern. Häufig fehlt zudem die Motivation, einen Sportpsychologen längerfristig oder generell einzusetzen. Die Psychologie stellt einen Bereich dar, in dem sich die Trainer (in den meisten Fällen fälschlicherweise) oftmals kompetent fühlen und der Meinung sind, dass sie diese Arbeit auch ohne qualifizierte Ausbildung leisten können. Man sollte sich aber bewusst machen, dass kein Trainer auf die Idee kommen würde, seinen Schützling selber physiotherapeutisch (auf Dauer) ohne Ausbildung zu betreuen oder sich als Hobby-Orthopäde zu betätigen.

Franka Dietzsch (dreifache Weltmeisterin im Diskuswerfen) trainierte seit 2005 mit dem Psychologen *Willi Neumann* an ihrer mentalen Stärke, um sich auf die Olympischen Spiele 2008 in Peking vorzubereiten. Zu Beginn ihrer Arbeit war insbesondere ihr Trainer sehr skeptisch mit Blick auf diese Zusammenarbeit: „*Gutes Training und gute Technik, das muss reichen*", so ihr Trainer. Vielfach wird durch die Veränderung der Zweierkonstellation Athlet-Trainer zu einer Dreierkonstellation Athlet-Trainer-Sportpsychologe zunächst ein Spannungspotential geschaffen. Dann ist es sehr wichtig, dass die Aufgabenbereiche und Verantwortlichkeiten von Trainer und Sportpsychologe im vor hinein genau abgegrenzt werden, ferner dürfen sich beide Seiten nicht gegeneinander ausspielen oder sich gegeneinander ausspielen lassen. Ferner muss Transparenz herrschen, d. h. Trainer und Sportpsychologe sollten sich stets über ihre Arbeit wechselseitig informieren und versuchen, beide Elemente aktiv miteinander zu verbinden. Die gemeinsame Arbeit an der Entwicklungs- und Leistungsförderung des Athleten sollte stets als oberste Priorität alle Seiten miteinander verbinden.

Zitierte Literatur

Hartmann-Tews, I. & Rulofs, B. (2006). *Handbuch Sport und Geschlecht*. Hofmann: Schorndorf.

Myers, D.G. (2008). *Psychologie*. Berlin: Springer.

Schweer, M. (2008). Leistungssport in der Jugendphase als Herausforderung sportpsychologischer Forschung. In M. Schweer (Hrsg.), *Sport in Deutschland. Bestandsaufnahmen und Perspektiven* (S. 165-182). Frankfurt a. M.: Peter Lang.

Weiterführende Literatur

Alfermann, D. & Stoll, O. (2005). *Sportpsychologie. Ein Lehrbuch in 12 Lektionen*. Aachen: Meyer & Meyer.

Brand, R. (2010). *Sportpsychologie*. Wiesbaden: VS.

Myers, D.G. (2008). *Psychologie*. Berlin: Springer.

Schweer, M. (2005). *Mentale Fitness im Sport*. Das Basisprogramm. Regensburg: Roderer.

Tietjens, M. & Straß, B. (2006). *Handbuch Sportpsychologie*. Schorndorf: Hofmann.

4 Die kleinen und größeren „Tricks“ im Sport – Aberglaube und Rituale von Athleten

Das Phänomen ist uns allen aus unserem Alltagsleben nur allzu gut bekannt: Wir zeigen ein – objektiv betrachtet – völlig sinnloses Verhalten, weil wir subjektiv der Überzeugung sind, dass Zusammenhänge bestehen, die scheinbar Einfluss auf den Ausgang eines bestimmten Ereignisses haben. Und bei manchen Verhaltensweisen tun wir das regelmäßig, also ritualisiert:

1. Ein Schüler nimmt zu jeder Klassenarbeit sein Lieblingsplüschtier mit, da es ihm Glück bringen soll.
2. Ein Fußballfan wäscht sein Trikot nicht, damit seine Mannschaft erfolgreich bleibt.
3. Ein „Traumfänger“ (Mobile) vor dem Schlafzimmerfenster soll die Schlafenden vor Albträumen bewahren.
4. Ein steinerner Gargoyle wird vor der Haustür montiert, um sich vor Unheil zu schützen.
5. Ein „Klopf auf Holz“, um jemandem viel Glück zu wünschen.
6. Am Freitag, den 13., keinen Fuß vor die Tür setzen, damit einem nichts Schlimmes passieren kann.

Das Phänomen des Aberglaubens bezieht sich also auf einen Glauben *„an Kräfte, Zusammenhänge, Übernatürliches, das den wissenschaftlichen Erkenntnissen wie auch den religiösen Anschauungen nicht entspricht“* (Häcker & Stapf, 1998, S. 1). Abergläubisches Verhalten zeigt sich in allen Gesellschaftsformen und in allen sozialen Schichten; laut Selbstauskunft gibt etwa die Hälfte der Bevölkerung an, in mehr oder minder starker Ausprägung abergläubisch zu sein. Warum ist das so?

Aberglaube entsteht durch eine gedankliche Verknüpfung bestimmter Erfolgs- oder Misserfolgserlebnisse mit zufälligen Begleiterscheinungen (s. Abb. 3), wie etwa die „Erfolgshemden“, die in der Folge immer wieder angezogen werden, um den Erfolg geradezu zu provozieren. Ebenfalls beliebt sind Accessoires, Glücksbringer oder Talismane, die bei wichtigen Wettkämpfen oder Prüfungen mitgeführt werden. Als besonders prototypisches Beispiel in unserer Gesellschaft gilt das vierblättrige Kleeblatt.

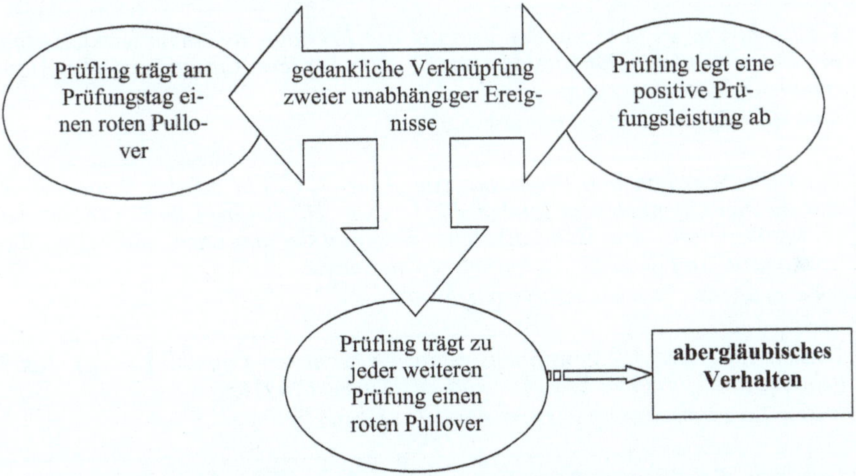

Abb. 3: Entstehungsprozess abergläubischen Verhaltens (eigene Darstellung)

Zwei Ereignisse tauchen also in einem räumlichen und / oder zeitlichen Zusammenhang auf und werden als scheinbar zusammengehörig erlebt, obwohl kein inhaltlicher Zusammenhang zwischen diesen Elementen besteht (Myers, 2008). Auf diese Weise schaffen wir uns in unserem Erleben Sicherheit und Kontrolle über Situationen, über die wir eigentlich keine absolute Kontrolle besitzen. Von daher ist auch nicht verwunderlich, dass der Aberglaube wohl in bestimmten Berufsgruppen weiter verbreitetet ist als in anderen – so scheint dieses Phänomen bspw. bei Seeleuten, Bauern, Soldaten, Schauspielern oder eben auch bei Sportlern stärker ausgeprägt zu sein.

Sportler berichten oftmals von Schlüsselerlebnissen, in denen sie mit einem bestimmten Verhalten oder aufgrund eines bestimmten Gegenstandes Erfolg oder Misserfolg hatten; wie im Beispiel des Turniererfolgs und dem Tragen des alten Unterhemdes. Auch bei besonders ärgerlichen Niederlagen werden abergläubische Ursachen zur Erklärung herangezogen: Trägt ein Sportler etwa bei einem wichtigen Wettkampf unbeabsichtigt das Unterhemd vom Vortag und gewinnt dann überraschenderweise diesen Wettkampf, so kann es passieren, dass der Athlet diesen Sieg der Tatsache zuschreibt, dass er eben genau dieses Unterhemd getragen hat und somit gleiches Verhalten von nun an vor jedem wichtigen Wettkampf zeigt.

In der Szene der Profisportler findet sich insbesondere in der Phase der unmittelbaren Vorbereitung auf den Wettkampf eine Reihe von abergläubischen und ritualisierten Verhaltensmustern (Baumann, 2009).

K15: WAS DIE PRESSE SCHREIBT

Vielleicht war es ja schon der Vorbote des Freitags, der beim Kroatien-Spiel der Deutschen am Donnerstag den 12. Juni jegliche Energie aus der Mannschaft zog. Irgendwer muss ja schuld sein.

(www.netzeitung.de/sport/1053337.html 24.09.2010)

Auch die Schwimmerin Franziska van Almsick glaubt an das Schicksal. Sie war zu den Olympischen Spielen 2004 in der Höchstform ihres Lebens– und versagte. Dieses tragische Ereignis veranlasste sie dazu, sich das Wort „Schicksal" auf den Rücken tätowieren zu lassen.

(www.zeit.de/2008/17/Wochenschau-Almsick-17 27.09.2010)

"Offenbach hätte 3:0 gewonnen, wenn ich nicht ein Papstbild in der Tasche gehabt hätte", erklärte Schalkes Torwart Norbert Nigbur.

(www.spiegel.de/sport/fussball/0,1518,434768,00.html 27.09.2010)

Letztendlich behaupten böse Zungen, dass der portugiesische Nationalspieler Cristiano Ronaldo nur deshalb so sensationell spielt, weil er immer als letzter Spieler den Fußballplatz betritt und zudem das Ritual pflege, seine Stutzen möglichst weit nach oben zu ziehen: „Von klein auf hatte ich die so hochgezogen. So bin ich berühmt geworden. Jetzt ist es Aberglaube und ich lasse sie immer über dem Knie." So die diesbezügliche Aussage des Portugiesen 2006 in einem Interview mit der Bild-Zeitung.

(www.bild.de/BTO/sport/aktuell/2006/03/12/ballack-cristiano-ronaldo-englandwarnung/ballack-cristiano-ronaldo-englandwarnung.html 27.09.2010)

Warum halten sich solche Rituale und abergläubische Verhaltensmuster so hartnäckig? Vielfach kommt es hier zu einer „sich-selbsterfüllenden-Prophezeiung" (Rosenthal & Jacobson, 1968): Wenn man bspw. schon im Vorhinein fürchtet, dass an einem Freitag, den 13. „garantiert etwas schief gehen muss“, steigt auch die Wahrscheinlichkeit, am Ende des Tages tatsächlich zu einem solchen Resümee zu gelangen – denn man wird stärker auf Kleinigkeiten achten, die als Pech interpretiert werden können. An einem „normalen“ Tag würden einem diese kleinen Missgeschicke vermutlich gar nicht weiter auffallen. Die spezifische Wahrnehmung der Umwelt, verbunden mit dem spezifischen eigenen Verhalten, führen also im Gesamtergebnis dazu, dass sich die bereits bestehenden Erwartungen bzw. Befürchtungen bestätigen (lassen). Nun können gewisse kleine Ticks ja durchaus sympathisch sein, und sie sind sicherlich auch nicht als problematisch einzustufen. Allerdings kann es passieren, dass für die subjektive Kontrolle von Menschen solche Scheinzusammenhänge immer wichtiger werden, dass sie etwa ohne ein bestimmtes Ritual oder einen bestimmten Talisman geradezu lebensunfähig werden, dass sich also aus einem sympathischen Tick ein bedenklicher Zwang entwickelt. Dies lässt sich sehr gut daran erkennen, dass bei (manchmal notwendigem) Verzicht auf abergläubische Verhaltensmuster (es fehlt bspw. dem Athleten sein „Siegerhemd“) in einer wichtigen Leistungssituation die Aufmerksamkeit viel zu stark auf das fehlende Ritual ausgerichtet ist, das aber eigentlich erforderliche kontrollierte und konzentrierte Verhalten nicht mehr gezeigt werden kann. In besonders ausgeprägten Fällen kann es dann sogar zum Phänomen der gelernten Hilflosigkeit kommen, die sich letztendlich in einer vollkommenen Handlungsunfähigkeit der Person äußert. Wenn Menschen längere Zeit Ereignissen ausgesetzt sind, die sie als nicht kontrollierbar wahrnehmen, da sie der Ansicht sind, ihr Verhalten könne ohnehin nichts an der Lage ändern, minimieren sie ihren Handlungsspielraum bis hin zur "*erlernten Hilflosigkeit*" (Seligman, 1975). Entscheidend bei der erlernten Hilflosigkeit ist die konstante Ursachenzuschreibung, dass man selber das Problem ist und zwar permanent, generell und alle Aspekte des Lebens betreffend. Also: Man ist der absoluten Überzeugung, keinen Ausweg aus einer bestimmten Situation zu kennen, obwohl objektiv durchaus Möglichkeiten zur Handlungsbewältigung gegeben sind. Betroffene nehmen dann ihre Kompetenzen und Ressourcen bei Problemen gar nicht mehr wahr, auch wenn von anderen Personen im Umfeld auf die Problemlösemöglichkeit hingewiesen wird.

K16 AUS DER WISSENSCHAFT

Ein fiktives Beispiel: Ungünstige Attributionsmuster im Sport

Ein Tennistalent hofft auf eine erfolgreiche Saison und absolviert eine gute Vorbereitung. Aber schon beim ersten Match läuft es gar nicht gut. Als sich auch in den nächsten Spielen der erhoffte Erfolg nicht einstellen will, beginnt er an sich zu zweifeln. „Ich muss wohl doch nicht so talentiert sein, wie ich dachte.“ Der junge Mann ist enttäuscht, was sich in der Folgezeit in zunehmendem Maße auch auf seine Trainingsleistung und seine Motivation auswirkt: „Warum sollte ich mich anstrengen, ich verliere ja doch immer wieder.“

Dieser Motivationsverlust führt dazu, dass seine bislang sehr guten Fortschritte im Training immer kleiner werden und er sich schließlich in seiner Leistung nicht weiter entwickelt. Dies führt zu zusätzlichen Misserfolgen in den anstehenden Wettkämpfen. Er sieht die Schuld bei seiner fehlenden Begabung, die sich aus seiner Sicht in allen Situationen im Tennis unabhängig von anderen Faktoren niederschlägt. Ferner ist er der Meinung, dass er auch durch Anstrengung nichts Substantielles verändern kann. Seine Hilflosigkeit nimmt zu, und seine negative Einstellung wird zu einer sich-selbsterfüllenden-Prophezeiung, die ihn weiter bestärkt. „Man sieht ja, dass das alles nichts bringt. Ich kann nicht gewinnen, egal was ich mache. Ich bin einfach nicht gut genug."
Als diese (Abwärts-)Spirale sich immer weiter fortsetzt, entwickelt der Spieler eine regelrechte Angst vor Turnieraufgaben. Schon Tage vorher ist er unruhig, leidet unter Schlafstörungen und Übelkeit. Auch in anderen Bereichen seines Lebens läuft es nicht mehr so gut. Er distanziert sich immer mehr von seinem sozialen Umfeld und von anderen Leistungssituationen (bspw. Prüfungen in der Schule), da er mittlerweile der Ansicht ist, auch hier nichts Positives zu Stande bringen zu können. Diese negative Entwicklung geht soweit, dass sich seine Niedergeschlagenheit allmählich zu depressiven Verstimmungen ausweitet, die behandlungsbedürftig werden.

Zusammengefasst dienen also ritualisierte Handlungsmuster vor allem dem Stressabbau in schwierigen (Leistungs-)Situationen, durch das Anwenden eines Rituals wird eine bestimmte Struktur für das eigene Verhalten vorgegeben, an die man sich „klammern" kann, über diesen Mechanismus wird die erlebte Kontrolle über die schwierige Situation gefördert. Als Ergebnis fühlt sich der Mensch mit einem solchen Ritual in der Situation sicherer als ohne das Ritual, hierdurch kann er sich dann in der Folge auch besser auf die Anforderungen der Situation konzentrieren. Wie bereits angedeutet, sind aus diesem Grund solche Rituale bzw. Formen abergläubischen Verhaltens auch im Sport sicherlich nicht grundsätzlich leistungshemmend oder veränderungsbedürftig. Im Gegenteil: Sie werden durchaus auch im Rahmen der sportpsychologischen Arbeit ganz gezielt eingesetzt, um Stress abzubauen und die Konzentration auf die Leistungssituation zu fördern. Wird jedoch das Ritual nicht mehr Mittel zum Zweck, sondern eine Art Zwang, der auf jeden Fall durchgeführt werden muss und sich ggf. auch auf weitere Lebensbereiche ausdehnt, hat dies nicht mehr förderliche, sondern ganz schnell destruktive Wirkungen. Hier ist Vorsicht geboten – auf Seiten des Athleten und des ihn betreuenden Umfeldes.

Zitierte Literatur

Baumann, S. (2009). *Psychologie im Sport.* Aachen: Meyer & Meyer.

Bellinger, A. (2006). *Mit viel Aberglaube ins Viertelfinale.* www.focus.de/sport/tennis/ nicolas-kiefer_aid_103954.html 27.09.2010

Häcker, H. & Stapf, K.-H. (1998). *Dorsch – Psychologisches Wörterbuch.* Bern: Hans Huber.

Lehmkuhl, F. (2007). *Die Hambüchens sind eine lustige Familie.* www.focus.de/sport/ mehrsport/tid-7145/interview_aid_70136.html 27.09.2010

Myers, D.G. (2008). *Psychologie.* Berlin: Springer.

Rosenthal, R. & Jacobson, L. (1968). *Pygmalion in the classroom: Teacher expectations and student intellectual development.* New York: Holt, Rinehart and Winston.

Seligman, M.E.P. (1975). *Helplessness. On Depression, Development and Death.* San Francisco: Freeman and Comp.

Weiterführende Literatur

Baumann, S. (2009). *Psychologie im Sport.* Aachen: Meyer & Meyer.

Freund, S. (2009). *Zur Psychopathologie des Alltagslebens: Über Vergessen, Versprechen, Vergreifen, Aberglaube und Irrtum.* F.a.M.: Fischer.

Prüller, H. (2004). *Unglaublich!: Mythos, Aberglaube und Rituale im Sport.* Wien: Np.

5 Die Bedeutung der Sportpsychologie in der öffentlichen Wahrnehmung – ein Blick in die Medien

Nimmt man das Internet als sicherlich derzeit schnellstes und aktuellstes Medium, so findet man ohne größere Suche und relativ rasch verschiedenste Informationen zum Bereich der Sportpsychologie – zum einen finden sich Seiten einzelner Sportpsychologen, die ihre Dienste anbieten, daneben aber auch immer mehr seriöse Berichte, die sich der sportpsychologischen Arbeit widmen; so etwa Artikel des Spiegel-Online, der Zeit-Online, der Ärzte-Zeitung, des Informationsdienstes der Wissenschaft oder des FAZ-Net.

Wird der Begriff Sportpsychologie in die Internetsuchmaschine Google eingegeben, dann erhält man ca. 90.000 Ergebnisse. Konkrete Treffer sind bspw.

1. de.wikipedia.org/wiki/Sportpsychologie
2. www.bisp-sportpsychologie.de
3. www.asp-sportpsychologie.de
4. www.uni-muenster.de/Sportpsychologie
5. www.netzwerk-sportpsychologie.de/
6. www.olympiastuetzpunkt.de/38.html

Gleichermaßen in der öffentlichen Wahrnehmung hat die *sportpsychologische Beratung und Betreuung* in den vergangenen Jahren einen deutlichen Zuwachs an Aufmerksamkeit erfahren. Als ein zentraler Wendepunkt lässt sich für

Deutschland sicherlich das Jahr 2004 mit dem erstmaligen Einsatz eines Sportpsychologen im Team der Fußballnationalmannschaft unter der Leitung ihres damaligen Coaches *Jürgen Klinsmann* ausmachen. Eine solche Entscheidung galt zu diesem Zeitpunkt sicherlich noch als eine kleine Sensation, und die Sportpsychologie insgesamt hat von der hohen Popularität des Fußballs als dem Volkssport Nummer 1 in Deutschland profitieren können. Nicht verwunderlich titelte die Bild-Zeitung seinerzeit in ihrem unnachahmlichen Stil: „*Kahn zum Psycho-Doc?*" Mittlerweile finden wir dagegen ganz andere Headlines, so etwa in der Ärzte-Zeitung: „*Starke Psyche macht Fußballer gefährlich.*"

K17: WAS DIE PRESSE SCHREIBT

Zum Einsatz von Hans-Dieter Hermann

Die Berufung von Hans-Dieter Hermann zum psychologischen Betreuer der Nationalmannschaft im Dezember 2004 fiel in eine Phase, da Klinsmanns Neuerungen in der Öffentlichkeit noch mit einer Mischung aus Schmunzeln und Kopfschütteln aufgenommen wurden. Als ob das alles nicht schon kalifornisch genug sei: Jetzt auch noch ein Seelentröster?

(www.zeit.de/2005/29/Sport_2fHerrmann_29 22.09.2010)

Diese positive Entwicklung hat ihre Ursachen darin, dass gerade auch prominente Fußballer wie *Oliver Kahn* die Wichtigkeit und Überfälligkeit des Einsatzes der Sportpsychologie im Fußball besonders herausgestellt haben. Hierzu zählt bspw. auch *Fredi Bobic*, der sich für eine psychologische Betreuung von Fußballern aussprach, da seiner Meinung nach gerade die jungen Spieler im Profigeschäft einem ungeheuren Stress ausgesetzt seien. Psychische Erkrankungen wie im Fall *Sebastian Deisler*, aber auch ein verstärkter Konsum von Alkohol und Drogen sind für ihn von daher logische Konsequenzen dieser Belastung.

K18: AUS DER WISSENSCHAFT

Sportpsychologe Hans-Dieter Herrmann

Wir arbeiten nicht mit Handauflegen, und wir betreiben keine Zauberei«, sagt Hans-Dieter Hermann, »was wir machen, ist richtiges Training der kognitiven Fähigkeiten. Wir arbeiten daran, dass der Kopf mitspielt. Damit die psychischen Prozesse die Bewegungsabläufe des Sportlers unterstützen und nicht blockieren.

(www.zeit.de/zeit-wissen/2006/03/Sportpsychologie.xml 27.09.2010)

Sportpsychologe Philipp Laux

Die Sportpsychologie ist ein weiterer Mosaikstein, um Leistung zu optimieren. So wie sich ein Spieler technisch, taktisch und im Fitnessbereich weiterentwickelt, ist es auch sinnvoll, wenn er im mentalen Bereich an sich arbeitet und noch stärker wird. Der Kopf muss den Körper in Drucksituationen unterstützen und nicht im Weg stehen.

(www.faz.net/s/RubBC20E7BC6C204B29BADA5A79368B1E93/Doc~EBDF74237F66D495A98EA 26608788C0A0~ATpl~Ecommon~Scontent.html 27.09.2010)

Ein wichtiges Prinzip sportpsychologischer Arbeit besteht darin, sportartübergreifend im und für den Kopf zu arbeiten.

(www.spiegel.de/spiegel/print/d-53364588.html 27.09.2010)

Vor dem Hintergrund der Tatsache, dass hinsichtlich der technisch-taktischen Voraussetzungen, der physischen Konstitution von Athleten sowie auch der Arbeit im medizinischen und Ernährungsbereich vielfach mehr oder minder alle Möglichkeiten ausgelotet sind, ist letztendlich die psychische Stabilität der Athleten der oftmals entscheidende Aspekt, der über Sieg oder Niederlage, über Erfolg oder Misserfolg entscheidet. Diese doch durchgängige Entwicklung in den verschiedenen Sportarten hat ebenfalls die Haltung von Athleten und Betreuern dahingehend verändert, sich intensiver mit dem Phänomen der mentalen Fitness auseinanderzusetzen. Dieser Standpunkt muss auch der Öffentlichkeit verdeutlicht werden.

Ist Sportpsychologie nun ein Allheilmittel oder immer noch ein Tabuthema? Gegenüber leichtathletik.de äußerte sich der Diplom-Psychologe *Ulrich Kuhl* 2003 noch kritisch. Die Sportpsychologie gehörte zu diesem Zeitpunkt längst noch nicht zur Routine, und es mangelt nach wie vor an professioneller Hilfe. Dennoch sind positive Ansätze zu verzeichnen, da verschiedene Spitzenverbände mittlerweile doch durchaus bemüht sind, die Hemmschwellen abzubauen und die Transparenz bezüglich der sportpsychologischen Praxis durch entsprechende Aufklärungsarbeit in der Öffentlichkeit zu erhöhen. Sicherlich haben auch so prominente Fälle wie die von *Sebastian Deisler*, *Sven Hannawald* und *Robert Enke* dazu beigetragen, gleichermaßen die Sportszene und die Öffentlichkeit für die Bedeutung und Anfälligkeit der Psyche im Rahmen des Leistungssports zu sensibilisieren. Fälle dieser Art lassen die hohen psychosozialen Belastungen erkennen, denen die Athleten ausgesetzt sind (Fuchs, 2003). Sicherlich auch durch das Auftreten fragwürdiger „Experten" und „Mentaltrainer" wird Skepsis in der Sportszene nach wie vor unterstützt und das negative Image in der Öffentlichkeit gefestigt. Insgesamt sind aber mit Blick auf die Etablierung seriöser und wissenschaftlich fundierter sportpsychologischer Angebote zurzeit deutliche Entwicklungsfortschritte zu verzeichnen. So wurde etwa in Vorbereitung auf die Olympischen Spiele in Peking 2008 vom Bundesinstitut für Sportwissenschaften (BISp) in Kooperation mit dem Deutschen Olympischen Sportbund (DOSB) und der Arbeitsgemeinschaft für Sportpsychologie (asp) ein Workshop für Sportpsychologie angeboten, um den beteiligten Sportpsychologen eine Informations- und Diskussionsplattform anzubieten.[5] Durch Maßnahmen wie diese lassen sich

5 www.bispsportpsycholgie.de/nn_17820/SharedDocs/Publikationen/SpoPsy/DE/Infoportal__BISp__Projekte__News__Veranstaltungen/workshop101208.html 26.10.10

die Mythen der „Couch“ und des „Handauflegens“ sukzessive eliminieren und in der Öffentlichkeit eine positive Haltung zum Einsatz von Sportpsychologen evozieren, so dass auch über diesen Weg die Bereitschaft von Athleten und Trainern gefördert wird, sich sportpsychologisch unterstützen zu lassen.

K19: WAS DIE PRESSE SCHREIBT

Zum Einsatz von Sportpsychologen in der Praxis

Britta Steffen hat es geschafft! Zwei Tage nach ihrem Erfolg über 100-Meter-Freistil stürmte die Berlinerin zum Abschluss der Schwimm-Wettbewerbe mit Europarekord in 24,06 Sekunden auch über die halbe Distanz zu Gold. Im Ziel hatte sie eine Hundertstel Vorsprung vor der 41-jährigen Dara Torres aus den USA. Dritte wurde die erst 16 Jahre alte Australierin Cate Campbell. Michael Phelps schrieb indes endgültig Olympia-Geschichte.

Steffen jubelte über einen "krönenden Abschluss", war im Gegensatz zu ihrem ersten Gold aber gefasst. "Ich bin froh, dass sich die harte Arbeit im Training und mit dem Mentaltrainer ausgezahlt hat. Der Kopf war entscheidend. Damit hätte ich nicht gerechnet. Hier noch einmal zu gewinnen, ist phantastisch", erklärte die 24-Jährige, die zum ersten Doppel-Olympiasieger des Deutschen Schwimm-Verbandes (DSV) seit Michael Groß 1984 avancierte. Zuletzt hatte Kristin Otto für die damalige DDR bei ihren sechs Siegen 1988 in Seoul als letzte deutsche Schwimmerin mehrfaches Gold geholt.

Steffen verzückte unter anderem Deutschlands Chef de Mission Michael Vesper unter den 17.000 Zuschauern im "Wasserwürfel". "Ich bin hin und weg. Das war schon wieder eine unglaublich Aufholjagd", meinte der Generalsekretär des Deutschen Olympischen Sportbundes (DOSB): "Es ist einfach unglaublich, dass sie innerhalb von zwei Tagen so eine fantastische Leistung abgeliefert hat."

(www.kicker.de/news/mehrsport/startseite/artikel/381962 27.09.2010)

Mit einem dreitägigen Sonder-Trainingslager hat sich 1899 Hoffenheim auf den Endspurt im Aufstiegsrennen der Zweiten Liga vorbereitet. Um nach zuletzt zwei Niederlagen in Folge am Sonntag gegen Carl Zeiss Jena wieder die Wende zu schaffen, wurde sogar der Sportpsychologe Hans-Dieter Hermann engagiert.

"Kopf und Psyche sind jetzt entscheidend. Wer im Kopf am klarsten ist, steigt auf", erklärte 1899-Coach Ralf Rangnick unmissverständlich am Freitag.

Um in diesem "Psychokrieg" die besten Karten in der Hand zu haben, luden die Kraichgauer den Nationalmannschafts-Psychologen Hans-Dieter Hermann in das dreitägige Sonder-Trainingslager in der Nähe von Baiersbronn ein. Denn: "Der Kopf soll nicht der Gegner, sondern der Partner sein", so der 1899-Coach.

(www.kicker.de/news/fussball/2bundesliga/startseite/artikel/377803 27.09.2010)

Auf der Suche nach Verstärkungen schaut sich Hertha (BSC) nicht nur nach Spielern um. Für den maximalen Erfolg wollen die Berliner jetzt einen Mental-Trainer verpflichten. Manager Dieter Hoeneß (55): „Kleinigkeiten entscheiden heutzutage, wir suchen alle kleinen Vorteile. Wegen der manchmal fehlenden Gewinner-Mentalität wollen wir uns mentale Hilfe holen. Wir wissen, dass wir uns auf diesem Gebiet verbessern müssen und beschäftigen uns damit."

Das Ziel: Auch in Drucksituationen sollen die Spieler Maximalleistung bringen. Durch eine stabilere Psyche sollen mehr Punkte her!

Hoeneß: „Das Team hat einen guten Charakter, die Basis stimmt. In einigen Spielen wie gegen Cottbus (0:1/d.Red.), Bielefeld (1:1) oder im Pokal beim BVB (1:2 n.V.) hat uns aber die letzte Entschlusskraft, der Killer-Instinkt gefehlt hat. Durch einen Mental-Trainer kann man drei bis vier Prozentpunkte mehr herauskitzeln."

Kapitän Arne Friedrich (29) steht hinter dem Plan: „Eine gute Sache. Ich habe privat mal vier Monate mit einem Mental-Trainer gearbeitet. Das würde uns was bringen."

Von 0 auf 100 soll die Zusammenarbeit aber nicht starten. Hoeneß: „Wir holen nicht irgendeinen Guru – das ist ein sehr sensibles Thema."

Spieler wie Cicero und Kacar haben auch ohne Mentaltrainer bewiesen, dass sie alles aus sich rausholen. Hoeneß: „Beide haben diese Gewinner-Mentalität. Cicero stand in der Halbzeit gegen Hannover auf, versammelte alle zu einem Kreis und hielt drei Minuten auf Portugiesisch eine Brandrede. Keiner verstand was, aber alle wussten, was er meinte. Da lief mir ein Schauer den Rücken runter."

(www.bild.de/BILD/sport/fussball/bundesliga/vereine/hertha/2008/11/12/mentaltrainer/fuer-die-profis.html 27.09.2010)

Zitierte und weiterführende Literatur

Fuchs, R. (2003). *Sport, Gesundheit und Public Health*. Göttingen: Hogrefe.

Schierl, T. (2007). *Handbuch Medien, Kommunikation und Sport.* Schorndorf: Hofmann.

Schramm, H. (2008). *Die Rezeption des Sports in den Medien*. Köln: Halem.

Thiel, A., Mayer, J.W. & Diegel, H. (2010). *Gesundheit im Spitzensport: Eine sozialwissenschaftliche Analyse*. Schorndorf: Hofmann.

6 Erfahrungen aus dem Hochleistungssport: Im Gespräch mit ...

6.1 Dieter Baumann: Der Stellenwert psychischer Ressourcen im Wettkampf

Dieter Baumann, Olympiasieger und Europameister, (* 9. Februar 1965 in Blaubeuren) ist einer der erfolgreichsten Langstreckenläufer der deutschen Sportgeschichte. In den 1980er Jahren errang er erste nationale Titel im Juniorenbereich im Mittel- und Langstreckenlauf. In Liévin gewann er 1987 auf internationaler Ebene die Silbermedaille bei den Halleneuropameisterschaften. 1992 feierte er seinen Olympiasieg, bei dem er in Barcelona auf der Zielgeraden der 5000-Meter-Distanz die gesamte afrikanische Konkurrenz hinter sich lassen konnte. 1994 sicherte er sich den Titel als Europameister. In den Folgejahren bis 1997 konnte *Dieter Baumann* jedoch nicht an seine vorherigen Erfolge anknüpfen, bis er im gleichen Jahr einen neuen deutschen Rekord über die 10000-Meter-Distanz sowie einen neuen Europarekord über die 5000-Meter-Distanz aufstellte und damit erstmals die 13-Minuten-Marke unterlaufen hatte. Von 1999 bis 2002 nahm *Dieter Baumann* an keinen Wettkämpfen teil, da der DLV ihn wegen Dopingverdachts gesperrt hatte. *Dieter Baumann* beteuerte unter Eid, dass er unschuldig sei. Ein erfolgreiches Comeback gelang ihm 2002 in München, als er bei den Europameisterschaften die Silbermedaille über die 10000-Meter-Distanz gewann. Nachdem er bei den Weltmeisterschaften 2003 in Paris vorzeitig aufgab, beendete er im gleichen Jahr seine aktive sportliche Karriere. Er ist sportlicher Schirmherr der KKH HerzKreisLÄUFE, Berater der KKH zu Fragen der Prävention durch Sport sowie Trainer der Läufer/innen des LSV ASICS Tübingen. Dazu ist er Kabarettist und Autor. Im April 2010 erhielt er von der Internationalen Stiftung zur Förderung von Kultur und Zivilisation die Theodor- und Friederike-Ehrennadel für sein Laufprojekt *„Jugend bewegt sich über Grenzen“*.

Homepage von Dieter Baumann
☞ Weitere Informationen finden Sie auf der persönlichen Homepage von Dieter Baumann: http://www.dieterbaumann.de/akt-top.php

AUSGEWÄHLTE ERFOLGE VON DIETER BAUMANN	
Olympische Sommerspiele	
2. Platz 5.000 m	1988 Seoul
1. Platz 5.000 m	1992 Barcelona
4. Platz 5.000 m	1996 Atlanta
Weltmeisterschaften	
4. Platz 5.000 m	1991 Tokio
9. Platz 5.000 m	1995 Göteborg
5. Platz 5.000 m	1997 Athen
Europameisterschaften	
1. Platz 5.000 m	1994 Helsinki
2. Platz 10.000 m	1998 Budapest
2. Platz 10.000 m	2002 München
Weltcup	
1. Platz 3.000 m	1998 Johannesburg
3. Platz 5.000 m	1998 Johannesburg
Europacup	
1. Platz 5.000 m	1994 Birmingham
1. Platz 3.000 m	1997 München
1. Platz 3.000 m	1998 Sankt Petersburg
Deutsche Meisterschaften	
vielfacher Deutscher Meister auf verschiedenen Distanzen	

K20: WAS DIE PRESSE SCHREIBT

Zur Doping-Affäre um Dieter Baumann

Der schwärzeste Tag im Leben des "weißen Kenianers"
Seine schwärzesten Tage erlebte Baumann nach seinem dubiosen Dopingfall. Im Oktober und November 1999 wurden in einer Zahnpastatube Spuren des Anabolikums Nandrolon gefunden. Sie waren zu gering, um überhaupt seine Muskeln zu erreichen, doch deutlich genug, um ihn im Labor zu überführen. Danach entspann sich eine Art von Glaubenskrieg zwischen Baumann-Anhängern und -Gegnern, der sich bis in die Sport- und zivile Gerichtsbarkeit fortsetzte.
Während die Sportrichter seines Verbandes ihn freisprachen, bestraften ihn deren Kollegen mit einer Zweijahressperre. Das endgültige Urteil erging an ihn in Sydney, im Olympiaort 2000, am Tag vor der Eröffnungsfeier. Der Athlet war am Boden zerstört, und er hatte auch später keinen Erfolg bei seiner Anrufung deutscher Berufsrichter. Sie hielten seine juristische Behandlung im Bereich des Weltdachverbandes der Leichtathleten IAAF für ausreichend. Schließlich gab er auf – die Gerichtsgänge hatten sich über die Zwei-Jahres-Sperre hinaus hingezogen.

Baumann kehrte 2002 auf die Laufbahn zurück, als sei er nie weg gewesen.

(www.sueddeutsche.de/sport/182/384981/text/ 09.02.09)

Bisher galt Dieter Baumann in der gesamten Sportwelt nicht nur als Saubermann, sondern auch als Vorbild, das sich auch stets persönlich für einen Sport ohne Doping engagierte. Nach dem Ergebnis wurde Baumann vom Deutschen Leichtathletik-Verband (DLV) vorläufig gesperrt. Baumann dagegen beschwor stets seine Unschuld, worüber er auch eine eidesstattliche Erklärung abgab. Er erklärte, dass andere seine Zahncreme mit Dopingmittel präpariert hätten, die er dann auf diese Weise zu sich genommen hätte.

(www.whoswho.de/templ/te_bio.php?PID=1176&RID=1 09.02.09)

Grundsätzlich ist *Dieter Baumann* der Auffassung, dass die Psyche im Bereich des Leistungssports eine erhebliche Rolle spielt; besonders große und international wichtige Wettkämpfe bedürfen erheblicher psychischer Ressourcen. Aber auch bei „kleineren" Wettkämpfen, bei denen die qualitativen Herausforderungen sich gänzlich von denen internationaler Turniere unterscheiden, muss seines Erachtens die mentale Fitness stimmen. In diesem Zusammenhang hält er es für besonders wichtig, dass ein Athlet weiß, wie viel psychischer Aufwand für bestimmte Arten von Wettkämpfen benötigt wird und wie stark die mentalen Ressourcen dementsprechend jeweils beansprucht werden können und müssen. Um dies zu verdeutlichen, vergleicht er die psychischen mit den physischen sportlichen Anforderungen.

Im Gespräch mit Dieter Baumann

Wenn ich schon bei kleineren Events enormen Aufwand betreibe, wenn ich also in jedem Rennen 100% meiner körperlichen Leistung bringen würde, dann würde ich gar nicht bis zum Tag X kommen. Und so ist das eben auch mit den psychischen Ressourcen – auch diese stehen nur begrenzt zur Verfügung. Deshalb versuche ich auch, relativ ‚komfortabel' durch die Saison zu kommen, um dann am Tag X alles geben zu können.

Letztlich geht es nach *Dieter Baumann*s Meinung um den Grad der Nervosität, den ein Athlet bei bestimmten Wettkämpfen erlebt. Junge Athleten, denen es an Erfahrung mangelt, sind bspw. bei den Deutschen Meisterschaften sehr nervös, da dieses Event in der noch jungen Sportlerkarriere ein absolutes Highlight darstellt. Wenn man dort bereits mehrmals Erfahrungen sammeln konnte und nach höheren Zielen strebt (etwa den Olympischen Spielen), dann sollte eine Deutsche Meisterschaft etwas sein, dem man zwar mit Nervosität begegnet, jedoch sollte dieser Grad der Anspannung kalkulierbar und überschaubar sein. Erfahrungen aus verschiedenen Wettkämpfen ermöglichen es einem Athleten, bestimmte Herausforderungen oder Probleme in der Vorbereitung auf einen Event mental berücksichtigen zu können. Auf diese Weise ist der Athlet auf die anstehende Aufgabe besser vorbereitet und kann entsprechend konstruktiver damit umgehen. Also: Er kennt die Schwierigkeiten und Belastungen, die auf ihn zukommen, er hat sich hierfür (in Zusammenarbeit mit seinem Trainer) Bewältigungsstrategien angeeignet, die Situation wird auf diese Weise kontrollierbar und weniger stressreich erlebt.

Exkurs: Antizipationen im Sport

In der Psychologie spricht man an dieser Stelle von der Antizipation (Vorwegnahme) möglicher hemmender Ereignisse. Werden solche Ereignisse schon von vornherein als mögliche Probleme identifiziert, werden sie logischerweise dann auch als weniger belastend und leistungsmindernd erlebt, wenn sie sich tatsächlich ereignen – man hat sich ja gedanklich schon mit dieser Problematik und ihrer möglichen Lösung auseinandergesetzt.

K21: WAS DIE PRESSE SCHREIBT

Jörg Ahlmann (U23 Bundestrainer für Beachvolleyball)

Der Antizipation kommt eine große Bedeutung zu. Je mehr Spiele ein Spieler macht und je mehr Situationen er kennen lernt, desto mehr weiß er, was passiert. Die Antizipation unterscheidet den erfahrenen vom wenig erfahrenen Spieler – der Erfahrene antizipiert effektiver. Letztendlich schließt aber die beste Antizipation nicht aus, dass man auf Täuschungen hereinfällt oder das Falsche tut, weil man Aktionen des Gegners missdeutet, falsch antizipiert hat.

(www.eva-pfaff.de/epf_interviews_ahmann.php 10.06.10)

Die erlebte subjektive Kontrolle über die Situation wirkt sich positiv auf die Motivation des Athleten in der Leistungssituation aus. Ohne eine solche Antizipation hemmender Ereignisse wird hingegen keine hinreichende Kontrolle über die Situation erlebt, es resultieren Hilflosigkeitsgefühle und der Athlet wird quasi handlungsunfähig (ähnliches lässt sich beim zwanghaften Ausführen von Ritualen vor einem Wettkampf beobachten; s. Kap. 4).

Weiterführende Literatur

Hoffmann, J. (1993). *Vorhersage und Erkenntnis: die Funktion von Antizipation in der menschlichen Verhaltenssteuerung und Wahrnehmung*. Göttingen: Hogrefe.

Hoffmann, J. (1993). Konzentration durch Antizipation. In J. Beckmann, H. Strang & E. Hahn (Hrsg.), *Aufmerksamkeit und Energetisierung: Facetten von Konzentration und Leistung* (S. 35-66). Göttingen: Hogrefe.

Im Gespräch mit Dieter Baumann

Etwas, worüber ich mir auch als Athlet immer, schon während des gesamten Saisonverlaufs, klar sein muss, (ist), dass, wenn ich vor einem absoluten Highlight stehe, (ich) genau weiß: In dieser Nacht wirst du nicht schlafen, und das darf dich nicht belasten. Also, trotz schlechten Schlafes stehe ich morgens auf und sage mir: Alles klar, das habe ich ja gewusst, dass das so kommt und das macht mich jetzt nicht nervös. Auch das ist ja eine Vorbereitung, eine psychische Vorbereitung auf einen Wettkampf.

Dieter Baumann schildert, dass junge Athleten ganz anders in vergleichbare Situationen gehen: Wenn sie etwa vor der Deutschen Meisterschaft stehen, werden sie von ihrer eigentlich leichten Aufgabe geradezu erdrückt, sie sind unansprechbar und nervös, als ob sie ein olympisches Finale vor sich hätten. *Dieter Baumann* meint, dass in diesen Fällen mit der Ressource ‚Psyche' ganz schlecht umgegangen wird. Sie werden diese Herausforderung vielleicht bestehen, und sie werden eventuell sogar Deutscher Meister, aber sie haben dabei unheimlich viel mentale Energie verbraucht; diese Energie wäre jedoch später, bei einem qualitativ hochwertigeren Wettkampf, viel wichtiger. *Dieter Baumann* beschreibt, dass er oft beobachtet, wie sich Athleten körperlich als auch psychisch komplett auspowern und dabei an ihre psychischen Leistungsgrenzen gehen, um sich für einen Wettkampf zu qualifizieren. Später haben sie dann das Problem, dass ihre psychischen und physischen Ressourcen nicht mehr ausreichen, um den eigentlich wichtigen Wettkampf zu bestehen.

Für *Dieter Baumann* ist es deshalb wichtig, dass Athleten lernen, ihre physischen und psychischen Ressourcen aktiv zu steuern. So sei es auch in seiner Karriere gewesen. Ganz am Anfang seiner Karriere war er im Training unheimlich motiviert und extrem angriffslustig.

Im Gespräch mit Dieter Baumann

Also die Lust, über gewisse Barrieren hinwegzugehen, auszuloten, wo man steht, und das auch auf die Gefahr hin, dass man das, was man sich da vornimmt, nicht kann und die ganze Sache schief geht. Das ist das Risiko, das man eingeht als junger Athlet.

Im Verlauf seiner Karriere habe er dieses Ausloten immer besser angewandt, bis er irgendwann ganz genau abschätzen konnte, was er kann und wo auch seine Grenzen sind. Diese erlernbare Stärke manifestiert sich seiner Ansicht nach in einer Balance zwischen dem, was der Kopf will, und dem, was der Körper tatsächlich kann; also ein Gleichgewicht zwischen Psyche und Soma.

Im Gespräch mit Dieter Baumann

Denn genau da ist ja oft eine Diskrepanz. Manche Leute wissen gar nicht, was sie körperlich können. Die denken gar nicht so weit. Sie trauen sich nicht, über den Zaun zu ‚denken'. Dieser Zaun ist bei vielen Sportlern im Kopf; sie könnten viel mehr, aber sie springen – mental gesehen – nicht drüber und loten damit nicht ihr ganzes körperliches Potenzial aus. Dann gibt es Leute, die wollen immer viel mehr, als sie eigentlich können, das ist auch schlecht. Die Kunst besteht darin, im entscheidenden Moment diese Balance herzustellen zwischen dem, was ich kann, und dem, was ich will.

Dieses Gleichgewicht äußerte sich bei *Dieter Baumann* in der richtigen Mischung zwischen Aggressivität und Zurückhaltung, da gerade beim Langstreckenlauf eine solche Zurückhaltung sehr wichtig ist – man kann die erste Runde nicht wie ein „Wahnsinniger" laufen, sondern muss immer auf die entscheidenden Runden warten, in denen man alles aus sich herausholt.

Dennoch gab es auch bei ihm im Laufe seiner Karriere das Problem, dass er nicht mehr in dem erforderlichen Maße die Aggressivität und Angriffslust aufbrachte und folglich nicht bereit war, auf Risiko zu laufen. Er glaubt, dass er körperlich viel mehr aus sich hätte herausholen können, aber ihm fehlten die psychischen Ressourcen – das Gleichgewicht war gestört. Er war während des Wettkampfes nicht mehr in der Lage, mögliche Zweifel hinsichtlich seiner Leistungsfähigkeit auszublenden und sich nur noch auf den jetzigen Moment (also das Abrufen der Leistung) zu konzentrieren. Sich in diesen Zustand zu versetzen, kostete ihn unheimlich viel psychische Energie, die ihm dann während des eigentlichen Wettkampfes fehlte. Zu Beginn seiner Karriere, als er noch „angriffslustig" war, sei ihm dies wesentlich leichter gefallen.

Im Gespräch mit Dieter Baumann

Ich musste mich mit unheimlich viel Aufwand beim Wettkampf in diesen Zustand hineinbringen. Ich habe die ganze Zeit beim Warmlaufprogramm damit zugebracht, mich aufzupuschen, mich heiß zu machen, mich stark zu reden. Und das strengt an; es kostet Energie, und Energie ist nun einmal nicht uner-

schöpflich. Das kann man nicht jedes Wochenende machen. Und das nicht nur bei den Wettkämpfen, sondern selbst beim Training. Früher habe ich nicht darüber nachgedacht, Tempoläufe zu machen oder im Training mal ein neues Programm zu probieren. Ich machte das einfach.

Dieter Baumann betont, dass sich diese mentalen Defizite nicht akut entwickeln, indem bspw. die Zeiten von jetzt auf gleich schlechter werden, sondern es beginnt mit Signalen von Teilen des Gesamtsystem, etwa von den Beinen. Seiner Ansicht nach hat diese Entwicklung auch etwas mit dem Alter eines Athleten zu tun. Bestimmte Belastungen strengen einfach mehr an, und so unkompliziert, wie man es sich mental vor Augen führt, geht es dann jedoch ab einem gewissen Punkt physisch nicht mehr. Man muss lernen, dass altersbedingt Wettkämpfe nun mit mehr bzw. auch mit einem anderen psychischen und physischen Aufwand verbunden sein werden. Dieser Prozess entwickelt sich schleichend und ist einem Athleten auch nicht unmittelbar bewusst. Derartige Defizite im Gleichgewicht von Körper und Psyche lassen sich in seinen Augen auch nicht allein mit dem Siegeswillen (Motivation) verbessern.

Im Gespräch mit Dieter Baumann

Die Amerikaner sagen immer, dass derjenige, der den Siegeswillen hat, auch siegen wird. So nach dem Motto: Man muss nur wollen. Das ist mir zu platt. Siegeswille, was ist das? Das sagt mir nichts. Sag mir was das ist, und ich – nein: Wir alle wären happy! Meiner Meinung nach gibt es da vielmehr ein Zusammenspiel, ein Zusammenspiel zwischen meinem körperlichen Können, der aktuellen Situation, dem, was die anderen machen, und wie ich schließlich darauf reagiere.

Dieter Baumann fasst seine mentale Strategie mit Blick auf die Wettkampfvorbereitung wie folgt zusammen:

- Werde Dir vor jedem Wettkampf über alle möglicherweise auftretenden Situationen bewusst und mache Dir damit verbundene Probleme klar.
- Spiele dementsprechend alle Handlungsalternativen im Kopf durch.
- Auf diese Weise kannst Du sicher sein, dass Du in jeder Situation das optimale Potenzial aktivieren kannst.

Im Gespräch mit Dieter Baumann

Man kann demnach so sagen: Je mehr Antworten für mögliche Szenarien im Rennen ich habe, desto besser bin ich. Denn dann brauche ich im Rennen nicht mehr nachzudenken und Ressourcen verschwenden. Ich gehe einfach in das Rennen rein und weiß genau: Ich habe auf alles eine Antwort.

Seine aktive sportliche Laufbahn resümierend, stellt der Leichtathlet Baumann auch fest, dass er mit dieser mentalen Strategie insgesamt sehr gut zurechtgekommen sei. Natürlich gibt es zwar immer wieder Ereignisse, die unvorhergesehen passieren können und die einen Athleten dann mental „aus der Bahn" werfen können. So kann ein Problem bspw. dann entstehen, wenn andere Läufer im Wettkampf überraschenderweise schneller sind, als er dies vorher angenommen hat. Mit solchen unvorhergesehenen und als unkontrollierbar erlebten Ereignissen werden Athleten in ihrer Karriere immer wieder konfrontiert sein. Und unter Umständen sind sie dann aufgrund des hohen akuten Stressempfindens relativ reaktionsunfähig und hilflos. *Dieter Baumann* räumt ein, dass es ihm selbst auch einige Male so ergangen ist – man muss dann schon (auch mit Hilfe seiner bisherigen Wettkampferfahrungen) extrem stressresistent sein, um mental konstruktiv mit einer solchen schwierigen Situation umgehen zu können.

<u>Im Gespräch mit Dieter Baumann</u>

Sie sind weggelaufen, und körperlich hätte ich mitlaufen können, aber ich war geistig nicht dazu in der Lage! (...) Dann habe ich zunächst eine Zeitlang gebraucht, eine Runde etwa, um mir vorzustellen, was denn zum Teufel jetzt eigentlich passiert war (...) und (um) entsprechende Antwortstrategien zu gewinnen. Manchmal gelingt einem das, und man biegt so ein Rennen dann tatsächlich noch um. Das gelingt jedoch nur einigen Ausnahmeläufern, ein Normalläufer verliert dieses Rennen. Im Gegenteil, er hat dann unter Umständen ein so massives Problem, dass er nicht einmal mehr seine normale Leistung abrufen kann, und das, obwohl er topfit ist (und er) extrem viel trainiert hat. Körperlich stimmt alles, aber er kann es mental nicht mehr abrufen.

Dementsprechend müssen Athleten lernen, dass sie nicht alle möglichen Probleme antizipieren können, sie sich also nicht von allen Situationen mental ein „Bild machen" können. Dies ist auch ein wichtiger Faktor der mentalen Fitness – seine eigenen Grenzen zu erkennen. In vielen Disziplinen (und gerade auch in der Leichtathletik) ist man gerne der Ansicht, alles vorausschauend planen zu können, das Training und auch den Saisonhöhepunktverlauf mit den entsprechenden Leistungszyklen. Auf diese Weise soll dann am Wettkampftag die erforderliche Leistungsstärke „punktgenau" abgerufen werden können.

Was allerdings bei dieser ganzen „Planerei" immer ganz vergessen wird, ist die Wettkampfsituation selbst – die ist nämlich immer anders.

<u>Im Gespräch mit Dieter Baumann</u>

Plötzlich ist der Call-Room, wo ich mich nun einmal einzufinden habe, nicht zu Fuß zu erreichen, sondern man wird da mit einem Bus hingefahren. Eine Situation, die so keiner geplant hat. Da sitzen die ganzen Athleten im Bus und sagen: 'Um Gottes Willen, ich kann doch jetzt nicht Bus fahren. Das ist alles so eng, und ich schwitze, und es ist heiß, und die Sonne scheint.' ... und was weiß ich.

Dieter Baumann betont, dass Athleten unkontrollierbare Ereignisse als solche akzeptieren müssen, um in derartigen Situationen nicht überfordert zu sein, sondern vielmehr konstruktiv (oftmals intuitiv) darauf reagieren zu können. Wenn man stets alles organisieren, planen und kontrollieren muss, dann ist man nicht mehr in der Lage, flexibel auf Unvorhergesehenes einzugehen und man wird geradezu handlungsunfähig – diese wichtige Form von mentaler Stärke lässt sich erlernen.

Auch hier spielt also das Gleichgewicht zwischen diesem „Alles-durchdacht-haben" und den intuitiven Bauchentscheidungen eine Rolle. Psychisch stabil und mental fit zu sein bedeutet für ihn deshalb, über Bilder, Konzepte und feste Handlungsstrategien zu verfügen, dennoch aber in der Lage sein, spontan zu reagieren – auch wenn eine situativ getroffene spontane Entscheidung unter Umständen diesen ganzen Bildern, die vor dem Wettkampf verinnerlicht wurden, völlig widerspricht. Solche Lücken muss man zulassen können, der Athlet muss lernen, mit ihnen umzugehen. In Laufsportarten bestehen nicht kalkulierbare Lücken vor allem stets durch das Verhalten der Gegner beim Wettkampf.

Im Gespräch mit Dieter Baumann

Da weiß ich schon einmal nicht, was dieser leistungsmäßig kann. Wenn er mir unerwartet 100 Meter vorweg läuft, dann läuft er 100 Meter vorweg. Da kann man nichts machen. Dann muss man versuchen, sich auf sich selbst zu konzentrieren, sich nicht davon beeinflussen zu lassen ... Deswegen sage ich: In solch einem Moment entscheidet die Psyche. Nur derjenige, der tatsächlich das beste Rüstzeug hat, um Kopf und Körper zusammenzubringen, wird das Ding umbiegen, wird gewinnen.

Dieter Baumann ging während des Interviews wiederholt auf den zu beobachtenden Umstand ein, dass einige Athleten, die eine ganze Saison mit ihren Leistungen dominieren, gerade bei besonders wichtigen Wettkämpfen wie bspw. Weltmeisterschaften ihr tatsächliches Leistungspotential nur bedingt abrufen können und deshalb Niederlagen bzw. Misserfolge erleben. Sobald diese international besonders herausgehobenen Events vorüber sind, können sie wieder an ihr gewohntes Leistungsvermögen anknüpfen. Seiner Meinung nach haben in diesen Fällen die Öffentlichkeit insgesamt und die Medien im Besonderen den größten Einfluss auf die Leistungsstärke der Athleten. Jeder Mensch ist öffentlichkeits- und mediengesteuert, weshalb bestimmte Athleten bei Großereignissen mental gehemmt sind. Also: Sie sind von der eigentlichen Herausforderung (nämlich dem Wettkampf) derart abgelenkt, dass letztendlich ihr Gleichgewicht zwischen Körper und Psyche verloren geht.

Im Gespräch mit Dieter Baumann

Das sind dann Überlegungen wie: Was werde ich als Sieger beim nachfolgenden Interview sagen? So geht es dann immer weiter. Diesen Film kann ich ja unendlich weiter denken. Und sehr häufig passiert dann Folgendes: Die Athleten durchdenken das, was nach dem Rennen passiert, vollständiger, als das, was während des Rennens passiert. Und deswegen verlieren sie das Gefühl für den Moment. Gerade wenn man Favorit ist, passiert das sehr oft. Dann denkt man plötzlich an das Interview danach. Daran, was für eine Botschaft man dabei vermitteln will.

Grundsätzlich muss also der Athlet auch lernen, wie man mit dem äußeren Erwartungsdruck umgeht, der von der Öffentlichkeit aufgebaut wird – gerade in der heutigen Zeit, in welcher der Leistungsdruck generell immer größer wird. Im Fall von *Dieter Baumann* selbst war sein Olympiasieg in Barcelona aus dem Jahr 1992 stets das mentale Problem.

Im Gespräch mit Dieter Baumann

Ich wusste genau, ich würde dem Druck von außen nie gerecht werden. Das war mir immer klar. Aber zum Glück gelang es mir immer wieder, mich selber zu überraschen, indem ich gewonnen habe und dann dachte: Mein Gott, es geht doch! Aber ich wusste genau, das geht so nicht auf Dauer.

Er war sich bewusst, dass er kein Serien-Sieger war, merkte aber nach diesem Sieg die hohen Ansprüche, die an ihn gestellt wurden, und die extrem anstiegen – *„So nach dem Motto: Jetzt kommt der Baumann und siegt immer!“* Das war für ihn ein großes Problem, das ihn selber psychisch stark unter Druck gesetzt hat (s. im Interview *Thomas Helmer zu* „Medien im Spitzensport“).

K22: WAS DIE PRESSE SCHREIBT

Im Jahr 2009

Zehn Jahre nach seiner positiven Dopingprobe tourt Olympiasieger Dieter Baumann als Kabarettist durch die Republik. Thema des Programms: sein Leben als Läufer.

(...) Ein Mann, der sich sein Leben lang dem Laufen gewidmet hat, wurde über Jahre immer wieder von irgendwelchen Komikern gefragt, was er vom Zähneputzen halte. Baumann hat beschlossen, selbst Komiker zu werden. "Ich möchte das vielleicht ausbauen, in Zukunft vielleicht nicht nur Witze erzählen. Ich würde gern Sketche spielen, in fremde Rollen schlüpfen.

(www.spiegel.de/spiegel/print/d-67510072.html 13.12.2010)

6.2 Petra Behle: Sportpsychologische Betreuung – das sollte heute doch ganz normal sein!

Petra Behle, (*5. Januar 1969 in Offenbach) ist eine ehemalige deutsche Biathletin. Sie wurde 1988 die jüngste deutsche Weltmeisterin im Biathlon. Obwohl sie überragende Weltmeisterschaftsergebnisse erzielte (insgesamt neunmal Gold), gewann sie bei keiner ihrer drei Olympischen Spiele eine Einzelmedaille, war jedoch hier mit der Staffel überaus erfolgreich. 1998 trat die erfolgreiche Biathletin vom aktiven Sport zurück; bis 2007 war sie beim ZDF als Biathlonexpertin bei großen Wettkämpfen zu sehen. 2003 hat sie ihre Ausbildung zur Sportökonomin an der European Business School abgeschlossen und arbeitet heute im Team von *Businessmeetssports*, einer Anlaufstelle für Beratung, Marketing und Professional Sports Management für Sportler und Sponsoren. Ferner ist sie Schirmherrin von der „Tour de Hoffnung", einer Initiative, die Spenden zugunsten krebs- und leukämiekranker Kinder sammelt.

Homepage von Petra Behle
☞ Weitere Informationen finden Sie auf der persönlichen Homepage von Petra Behle: http://www.petra-behle.de

K23: WAS DIE PRESSE SCHREIBT Zum Rücktritt von Petra Behle
Drei olympische Medaillen, neun WM-Titel, davon vier in Einzelrennen, insgesamt 19 internationale Medaillen – als die Biathletin Petra Behle, gebürtige Schaaf, nach dem Staffelgold der Winterspiele 1998 ihren Rücktritt vom Leistungssport erklärte, hatte sie ein großes Kapitel der Skijagd mitgeschrieben, als eine der erfolgreichsten Frauen und eine der Ersten, die die Olympiapremiere 1992 erlebten. (www.munzinger.de/search/portrait/Petra+Behle/1/2900.html 28.09.2010)

AUSGEWÄHLTE ERFOLGE VON PETRA BEHLE	
Weltmeisterschaften	
1. Platz 5 km Sprint	1988 Chamonix
1. Platz 15 km Einzel	

3. Platz Mannschaft	1989 Feistritz an der Drau
3. Platz 15 km Einzel	
2. Platz Mannschaft	1990 Minsk/Oslo/Kontiolathi
1. Platz 15 km Einzel	1991 Lathi
1. Platz Mannschaft	1992 Nowosibirsk
1. Platz 15 km Einzel	1993 Borowez
1. Platz 4 x 7.5 km Staffel	1995 Antholz
1. Platz 4 x 7.5 km Staffel	1996 Ruhpolding
1. Platz 4 x 7.5 km Staffel	1997 Osrblie
Olympische Winterspiele	
2. Platz 4 x 7.5 km Staffel	1992 Albertville
6. Platz 7.5 km Sprint	
2. Platz 4 x 7.5 km Staffel	1994 Lillehammer
5. Platz 7.5 km Sprint	
1. Platz 4 x 7.5 km Staffel	1998 Nagano

Für *Petra Behle* bedeutet mentale Fitness, sich im Moment des Wettkampfes von allen Gedanken und sonstigen Problemen befreien und sich voll und ganz auf die anstehenden Herausforderungen des Wettkampfes konzentrieren zu können.

Für den sportlichen Erfolg eines jeden Athleten ist ihrer Meinung nach eine bestimmte Basis erforderlich, angefangen beim Talent und der physischen Konstitution bis hin zu Aspekten der persönlichen Motivation und der individuellen Leistungsbereitschaft. Diese Grundlagen sind also notwendige Voraussetzungen für den Erfolg, die jeder gute Athlet in einem gewissen Grade besitzen bzw. aufbringen muss. Dennoch räumt sie ein, dass man als Athlet irgendwann an eine Grenze kommt, an der es erheblich schwieriger wird, seine Leistungen „gewohnt leicht“ abzurufen. Gerade an diesem Punkt spielt für sie psychologische Unterstützung eine wichtige Rolle, insbesondere zur Verbesserung des eigenen Konzentrationsvermögens.

Im Gespräch mit Petra Behle

Gerade im Zusammenhang mit der von mir ausgeübten Disziplin, dem Schießen, bin ich mir ganz sicher, dass man da manches hätte beeinflussen können, um die Leistung zu optimieren. Beim Schießen ist der Druck in gewissen Momenten einfach sehr groß.

Petra Behle beschreibt ein Bündel an Faktoren, die für den psychischen Druck in Wettkampfsituationen von Bedeutung sind. Hierzu gehört in erster Linie die eigene Erwartungshaltung aber auch die Außenwahrnehmung, also die im Höchstleistungssport vorhandenen Massen an Zuschauern, welche das Leistungsverhalten von Athleten einerseits unterstützen, andererseits aber kritisch beobachten und auch bewerten. Weiterhin ist für sie wesentlich, dass Erfolg und Misserfolg oftmals sehr eng beieinander liegen – für den Erfolg beim Biathlon sind die Schießergebnisse sehr entscheidend, hier machen einige Millimeter zum Teil gravierende Unterschiede aus.

In ihrer aktiven Laufbahn hat sie sich immer auf den Standpunkt gestellt, ihre eigenen Probleme (seien sie nun sportspezifisch oder auch darüber hinausgehend) auch selber lösen zu können (und zu müssen), von daher hat sie auf sportpsychologische Unterstützung komplett verzichtet – eine Entscheidung, die sie aus ihrer heutigen Perspektive bedauert.

Im Gespräch mit Petra Behle

Heute, nachdem ich schon einige Jahre aus dem Sport raus bin, sehe ich das anders. Ich sehe es als Verlust an, dass ich das nicht genutzt habe.

Sicherlich ist ihre damalige Haltung durch den Umstand verstärkt worden, dass die psychologische Arbeit mit Athleten während ihrer aktiven Zeit „noch kein Thema" und weitgehend mit negativen Assoziationen besetzt war. Also: Wendet man sich an einen Psychologen, muss man schließlich auch ein „Problem" vorzuweisen haben – und damit würde man sich selbst einen „Fehler" eingestehen. Ihre heutige Arbeit mit aktiven Athleten bestärkt sie aber zunehmend in ihrer Haltung, dass nicht nur das diesbezügliche Angebot größer geworden ist, sondern auch derartige Maßnahmen eher akzeptiert und anerkannt werden. Die grundsätzliche Bereitschaft, eine sportpsychologische Betreuung in Anspruch zu nehmen, ist für sie jedoch kein Garant dafür, dass man auch wirklich für eine solche empfänglich und die Betreuung entsprechend erfolgreich ist. Dem Athleten muss es gelingen, einen Psychologen zu finden, bei dem „die Chemie" stimmt, dem gegenüber er sich öffnen und dem er Vertrauen schenken kann.

Im Gespräch mit Petra Behle

Ein Psychologe kann mit mir nur arbeiten, wenn ich auch zulasse, dass er das kann, ansonsten wird nichts passieren. Das ist aber genau genommen nicht nur in der Psychologie so. Ich stehe jetzt zum Beispiel vor der Berufswahl und gerade mit meinem abgeschlossenen Studium Sport und Ökonomie – wer sagt mir denn, wo ich mich damit hinwenden kann, wo ich in guten Händen bin.

Petra Behle schenkte ihrem sozialen Umfeld zu ihrer aktiven Zeit großes Vertrauen und hatte für auftretende Probleme ausreichend Ansprech- und Unterstützungspartner. Sie war davon überzeugt, dass diese quasi die *„Rolle eines Psychologen"* übernehmen konnten. Einem Psychologen aber hätte sie sich damals nicht öffnen können.

Exkurs: Vertrauen in der Berater-Klienten-Beziehung

Vertrauen spielt für die Effektivität der Berater-Klient-Beziehung eine substantielle Rolle, da die Intervention auf die nachhaltige Veränderung von Strukturen des Denkens, Fühlens und Handelns ausgerichtet ist. Nur wenn der Klient dem Berater vertraut, ist er auch bereit und fähig, über sehr persönliche (und oftmals eben auch unangenehme) Probleme zu sprechen. Von daher sind etwaige Vertrauensmissbräuche seitens des Beraters so gravierend und schädigen den Beratungserfolg dauerhaft. Im Gegensatz etwa zu einer vertrauensvollen Freundschaftsbeziehung basiert die Effektivität von professionellen Beratungsbeziehungen dabei ganz entscheidend auf der Professionalität, die Beziehung steht quasi außerhalb der sonstigen Lebensrealität des Klienten. So erzählt man zwar sehr guten Freunden vielfach auch kleine Probleme oder Geheimnisse. Jedoch werden „dunkle Seiten" oftmals verschwiegen, da man ein ganz bestimmtes (positives) Bild von sich abgeben möchte oder auch unangenehme Konsequenzen fürchtet. Die Schweigepflicht im Kontext einer professionellen Beziehung trägt zudem dazu bei, sich geschützt öffnen zu können, um effektive Problemlösungen zu erreichen. Weitere Besonderheiten der Berater-Klient-Beziehung (im Gegensatz zu privaten Beziehungskonstellationen) sind die fehlende Gleichrangigkeit in der Beziehung, die zeitliche und räumliche Beschränkung der Beziehung sowie selbstverständlich auch die Honorarzahlung.

Weiterführende Literatur

Boeger, A. (2009). *Psychologische Therapie- und Beratungskonzepte: Theorie und Praxis.* Stuttgart: Kohlhammer.

Eckert, J., Biermann-Ratjen, E.-M. & Richter, R. (2010). Was spricht für Beratung statt Psychotherapie? In J. Eckert, S. Barnow & R. Richter (Hrsg.), *Das Erstgespräch in der Klinischen Psychologie. Diagnostik und Indikation zur Psychotherapie* (S. 426-436). Bern: Huber..

Maercker, A., Steiner, A. & Heinrichs, M. (2009). Beratung, Krisenintervention und Notfallpsychologie; In M. Hautzinger & P. Pauli (Hrsg.), *Psychotherapeutische Methoden.* Göttingen: Hogrefe. S. 117-159.

Thies, B. (2010). Vertrauen und Psychotherapie. In M. Schweer (Hrsg.), *Vertrauensforschung 2010: A State of the Art*. Frankfurt a. M.: Peter Lang.

Mittlerweile haben sich die Verhältnisse gewandelt, die Inanspruchnahme psychologischer Betreuung ist nunmehr aus der Sicht *Petra Behles* etwas *„Normales"*.

Was ihrer Meinung nach allerdings häufig übersehen wird, ist die besondere Rolle des Physiotherapeuten im Umfeld des Athleten im Leistungssport. Aufgrund der entspannten Situation im Rahmen physiotherapeutischer Maßnahmen entsteht oftmals eine ganz besondere Beziehungsstruktur zwischen Athlet und dem behandelnden Physiotherapeuten.

> Im Gespräch mit Petra Behle
>
> *In der Physiotherapie kann man sich dagegen einfach hinlegen und es sich gut gehen lassen. Da ist dann natürlich auch die Wahrscheinlichkeit hoch, dass man das eine oder andere intensive Gespräch führt, und das hat dann manchmal schon einen psychotherapeutischen Charakter.*

Aber auch hier gilt: Nicht jeder Physiotherapeut eignet sich für eine solche *„Beraterrolle"*. *Petra Behle* glaubt, dass dafür ein gewisses Alter und somit ein gewisser Erfahrungsschatz ausschlaggebend sind. Gerade junge Physiotherapeuten besitzen ihrer Ansicht nach häufig noch nicht die Persönlichkeitsreife, um sich tatsächlich mit den Problemen der Athleten auseinandersetzen zu können. Sie selbst hatte jedoch einen Physiotherapeuten, dem sie sich anvertrauen konnte – umso schmerzlicher ist es für sie gewesen, als dieser sich vom Verband trennte und eine andere Beschäftigung ergriffen hat. Der dadurch entstandene Verlust einer zentralen Vertrauensperson in ihrem sportlichen Kontext war für sie durchaus gravierend.

Andere Athleten finden diese Vertrauensperson in der Rolle des Trainers. Diese für den Sport durchaus typische Entwicklung betrachtet sie jedoch eher mit Skepsis, sie spricht in Bezug auf sein Aufgabenfeld von einem *„schwierigen Punkt"*. Denn wenngleich der Trainer selbstverständlich angehalten ist, im Umgang mit mehreren Athleten in einem Leistungskader weitestgehend objektiv zu bleiben, ist er auch nur ein Mensch, so dass nie völlig ausgeschlossen werden kann, dass er bestimmte Athleten bevorzugt und anderen weniger Aufmerksamkeit widmet. Ihrer Meinung nach sollte sich ein Trainer daher weitgehend aus dem Privatleben seiner ihm anvertrauten Athleten heraus halten, um seine Neutralität bewahren zu können.

Damit psychologische Betreuung im Sport überhaupt greifen kann, muss in dieser Hinsicht entsprechende Aufklärung stattfinden: Welcher Sinn und Zweck wird mit dieser Arbeit verfolgt? Dieses ist heute sicherlich nicht mehr mit den Zeiten ihrer aktiven Laufbahn zu vergleichen, in der es keine Erfahrung mit der Sportpsychologie gab. Vor diesem Hintergrund wurde denn auch die psychologische Betreuung, die ihre Biathlon-Mannschaft in Anspruch nehmen durfte, von den Athleten nicht ernst genommen, da sie den Eindruck hatten, *„Versuchskaninchen"* zu sein.

Als entsprechend wichtig betrachtet *Petra Behle* von daher auch das Bemühen, Athleten bereits frühzeitig für das Thema einer fundierten sportpsychologischen Arbeit zu sensibilisieren – auf diese Weise können sich etwaige Vorurteile gar nicht so stark manifestieren, darüber hinaus werden für solche Athleten dann die Chancen vergrößert, sich möglichst optimal entwickeln zu können. Dieses Ziel, insbesondere schon bei jugendlichen Athleten sportpsychologische Beratung und Betreuung zu etablieren, stellt aus verschiedenen Blickwinkeln eine Herausforderung dar: Es müssen die infrastrukturellen Bedingungen geschaffen werden (u. a. Wie kann ich einen qualifizierten Sportpsychologen finden? Wie kann ich ihn finanzieren?), die Angebote sind ferner der spezifischen Situation jugendlicher Nachwuchsathleten anzupassen.

K24: Aus der Wissenschaft

Im Handlungsfeld der anwendungsorientierten Sportpsychologie sind jugendliche Leistungssportler von besonderem Interesse, denn neben den schon anstehenden und zu lösenden psychosozialen Entwicklungsaufgaben stellt die Bewältigung leistungssportlicher Beanspruchung eine weitere erhebliche Herausforderung im Zuge der Persönlichkeitsentwicklung von Jugendlichen dar. Die zusätzlichen Anforderungen, die durch den (Hoch-) Leistungssport für die jungen Athleten resultieren, wirken sich sowohl auf den psychosozialen Entwicklungsverlauf aus als auch auf deren Denken, Erleben und Handeln, und sie stellen insofern wesentliche Grundpfeiler für das Erwachsenenalter dar (Schweer, 2008).

Den Fokus gerade auch auf junge Athleten auszurichten, ist für *Petra Behle* im Leistungssport besonders wichtig – denn junge erfolgreiche Athleten werden bereits sehr früh *„in den Himmel"* gelobt und mit zahlreichen Annehmlichkeiten konfrontiert, die oft darin resultieren, dass die Motivation höhere Ziele zu erreichen reduziert wird. Starke und sichere Charaktere lassen sich jedoch nicht von äußeren Einflüssen von ihrem Weg abbringen und bestehen auch die harten Zeiten, die oftmals direkt an einen Erfolg anschließen, wenn die Erwartungshaltung des Umfeldes und demnach auch der psychische Druck gestiegen sind.

Im Gespräch mit Petra Behle

Als ich mit dem Skiverband noch gar nichts zu tun hatte, da lebte ein Trainer in meiner Nähe, und der fuhr einen Audi Quattro und trug tolle Klamotten. Da habe ich immer gesagt: „Wow! Ja, das ist ein Ziel!" Aber wenn diese Jugendlichen heutzutage sowieso schon die Forderung stellen, dass sie ein Auto gestellt bekommen und genauso gut eingekleidet werden wie alle anderen, dann fängt da das Problem für mich an. Wie soll man diese Sportler denn noch motivieren? Sie haben doch bereits alles!

Man sollte Nachwuchssportler aufklären, mit was sich die Sportpsychologie beschäftigt und wo sie dem Einzelnen helfen kann. Auch wenn es darum geht, sich womöglich auf das große öffentliche Interesse an manchen Sportarten rechtzeitig vorzubereiten.

Petra Behle ist davon überzeugt, dass der Erfolg sich nur einstellt, wenn die Grundmotivation Leistungssport zu betreiben nicht mit wirtschaftlichem und materiellem Interesse in Verbindung steht, schon gar nicht in jungen Jahren. Der Sport und all seine Erlebnisse und Erfahrungen stärken die Persönlichkeit, wobei ein Rat an richtiger Stelle nur hilfreich sein kann.

Im Gespräch mit Petra Behle

Meine These dazu lautet wie folgt: Die ganze Problematik bei uns im Sport entsteht dadurch, dass junge Sportler bereits in einem viel zu hohen Maße heroisiert werden. Aber das ist meine ganz persönliche Meinung

K25: Was die Presse schreibt

Petra Behle, die in ihrer Karriere 20 Weltcuprennen gewann, findet das Thema Sportpsychologie hoch spannend. „Ich hatte leider keine eigene sportpsychologische Betreuung. In meiner aktiven Zeit hatte die Sportpsychologie noch einen negativen Touch. Es wurde schon mal gesagt:
'Du bist fit, du bist nicht krank, also brauchst du auch keinen Psychologen.' Man hatte keinen Zugang dazu, es war irgendwie tabu." Das hat sich mittlerweile geändert – eine Entwicklung, die Petra Behle begrüßt.
„Im Leistungssport sind heutzutage nahezu alle Bereiche wie Material oder Trainingsmethoden ausgereizt. Die Entscheidung fällt dann oft im Kopf", sagt Petra Behle. Der letzte Schuss beim Biathlon, das Putten beim Golf, der Tiebreak im Tennis – das sind Situationen, in denen vor allem die Nerven mitspielen müssen. „Ich kann es jedem Sportler oder Trainer nur empfehlen, sich mal mit dem Thema Sportpsychologie auseinanderzusetzen", erklärt Petra Behle.

(www.psych.uni-vechta.de/upload/challenges/07-11-22-ov-hsp-17-4c-hd.PDF 28.09.2010)

K26: Was die Presse schreibt Im Jahr 2009
Was für eine Überraschung für die Geburtstagsgäste von Biathlon-Olympiasiegerin Petra Behle und ihrem langjährigen Lebenspartner Matthias. Die beiden feierten am vergangenen Wochenende mit Familien, Freunden und Bekannten zusammen ihren 90. Geburtstag, als sie zu vorgerückter Stunde bekannt gaben, dass sie tags zuvor in engstem Kreis den Bund fürs Leben geschlossen hatten. (www.weltcup-willingen.de/index.php/archiv/artikel/2009/weltcup-news/3325-weltcup-splitter-04022009?format=pdf 28.09.2010)

6.3 Markus Beyer: Der psychische Druck beim Boxen

Markus Beyer (* 28. April 1971 in Erlabrunn) ist deutscher *Boxer* und dreifacher Weltmeister. Er absolvierte zunächst seine mittlere Reife und erlernte den Beruf des Kraftfahrzeugschlossers. Bereits als Jugendlicher feierte er in der ehemaligen DDR zahlreiche Siege, er wurde Schüler-, Jugend-, Junioren- und Senioreneuropameister. Nach der Wiedervereinigung wurde er als Amateur Deutscher Meister im Halbmittelgewicht, er startete ferner bei den Europa- und Weltmeisterschaften und den Olympischen Spielen. 1996 entschied sich *Markus Beyer* für den Einstieg in die Profilaufbahn, er wurde von Wilfried Sauerland promotet und von Ulli Wegner trainiert. 1999 wurde er Weltmeister der WBC (World Boxing Council). Nach seinem Titelverlust im Jahr 2000 gegen Glenn Catley und nach einer dreijährigen Wartezeit gelang es *Markus Beyer* 2003, erneut um den Titel zu kämpfen und sich diesen auch im Kampf gegen Eric Lucas aus Kanada zu sichern. 2004 verlor er allerdings nach Punkten gegen Cristian Sanavia aus Italien, holte sich seinen Titel jedoch kurze Zeit später durch einen direkten Rückkampf zurück. 2006 wurden Gerüchte um einen Rücktritt *Markus Beyers* laut, da er im Vereinigungskampf mit der WBA nach einem schnellen K.O. gegen Mikkel Kessler aus Dänemark verloren hatte. *Markus Beyer* wechselte 2007 sein Management und wechselte zur Arena-Box-Promotion. 2008 siegte er nach Punkten gegen Murat Mahmudov aus Russland. Hervorzuheben ist seine Inanspruchnahme von sportpsychologischer Betreuung ab 2004 (zu den Spezifika sportpsychologischer Arbeit im Sport s. Kap. 3). In seinem Buch *„Mit links und 40 Fieber – Die außergewöhnliche Karriere des Box-Weltmeisters Markus Beyer“* (2009) berichtet er über sein mögliches Karriereende. Seit 2010 engagiert er sich insbesondere für soziale Projekte im Bereich der Jugendarbeit.

Homepage von Markus Beyer
☞ Weitere Informationen finden Sie auf der persönlichen Homepage von Markus Beyer: http://www.markus-beyer.com

AUSGEWÄHLTE ERFOLGE VON MARKUS BEYER	
als Amateurboxer	
Weltmeisterschaften	
3. Platz	1995 Tampere
Europameisterschaften	
2. Platz	1996 Vejle
Junioren-Europameisterschaft	
Europameister	1988 Danzig
2. Platz	1989 Bayamon
als Profiboxer	
WBC-Weltmeisterschaften	
Weltmeister	1999 Telford
Weltmeister	2003 Leipzig
Weltmeister	2004 Erfurt

Die Leistungsanforderungen an Spitzensportler, die wie *Markus Beyer* zu den Weltbesten ihrer Disziplin gehören, sind logischerweise enorm. Der hierdurch ausgelöste psychische Druck ist nun in den Augen von *Markus Beyer* ganz entscheidend ein Abbild der eigenen Erwartungen, denn gerade als einer der Weltbesten hat man *„natürlich keinen Bock darauf (...), verprügelt zu werden."* Unterstützt wird dieser Prozess durch die öffentliche Berichterstattung, die im Vorfeld solcher spektakulären Events entsprechend hoch ist.

K27: WAS DIE PRESSE SCHREIBT

Auch der in der Münchner Olympiahalle ausgetragene Revanche-Kampf Maske gegen Rocchigiani erzielte mit 17,59 Millionen Zuschauern eine wesentlich bessere Quote als Fußball. Von Tennis oder Formel I ganz zu schweigen. So interessierte das Wimbledon-Finale Sampras-Becker lediglich 7,4.

(www.wirtschaftsblatt.at/archiv/204120/index.do 06.02.09)

Zu Spitzenzeiten wurde Maskes wohl wirklich letzter Kampf von ebenso guten 17,59 Mio. Box-Fans verfolgt. 7,20 Mio. 14- bis 49-Jährige und ein Marktanteil von satten 64%.

(www.tv-tipps.net/1699/comeback-von-henry-maske-schlagt-wetten-dass/ 06.02.09)

Die immer wiederkehrenden Erfahrungen dieser Art zeigen *Markus Beyer*, wie bedeutsam neben der physischen Konstitution gerade auch die psychische Stabilität und mentale Fitness für den Erfolg eines Athleten ist. Für ihn kommt es nun in der Wettkampfsituation darauf an, den erlebten Leistungsdruck nicht zu hoch werden zu lassen, denn dies kann dann zu einem „Black out" führen, wodurch der Athlet beginnt, an sich und seinen Möglichkeiten zu zweifeln. *Markus Beyer* sieht hier einen sich selbst verstärkenden Zyklus: Selbstzweifel bekommen mit zunehmendem Auftreten eine Eigendynamik und sind dann in der Folge in künftigen Leistungssituationen immer häufiger präsent. Diese Form des psychischen Drucks ist seiner Meinung nach im Boxsport stärker gegeben als in vielen anderen Sportarten, da es nämlich im Boxen aufgrund der langen Vorbereitungszeiten nur sehr wenige Wettkampfsituationen gibt. Vergleichbare Verhältnisse finden sich bspw. beim Marathon und beim Triathlon.

Im Gespräch mit Markus Beyer

Wenn ich einen Boxkampf verliere, dann ist erst einmal alles vorbei. Dann ist der WM-Titel weg. Jeden Kampf, den ich verlieren würde, wäre jedes Mal Weltmeisterschaft und damit zugleich Verlust des Titels. Nehmen Sie zum Vergleich Fußball, die verlieren mal ein Spiel in der Bundesliga, aber gut eine Woche später gewinnen sie, dann ist alles vergessen. Ein Tennisspieler fliegt mal nach Australien, dann spielt er da zwei Wochen, und in ein paar Wochen spielt er wieder den nächsten Grand Slam; dort kommt er ins Finale und dann ist er der Größte. Das ist schon ein krasser Unterschied zum Boxen.

K28: WAS DIE PRESSE SCHREIBT

Zur Bedeutung der Psyche im Boxsport

Da ist sie wieder, Krasniqis Psyche. Sein letzter Auftritt ist den Box-Anhängern in unguter Erinnerung. Ohne Gegenwehr hatte er sich im Juli vergangenen Jahres vom US-Amerikaner Tony Thompson verprügeln lassen. Auch damals ging es um die große WM-Chance, die Krasniqi schon am 28. September 2005 in Hamburg leichtfertig vergab.

(www.sport.t-online.de/c/16/86/92/14/16869214.html 09.02.09)

Lance Whitaker (USA): In den vergangenen vier Jahren bestritt dieser wegen mentaler Probleme nur neun Kämpfe.

(www.abendblatt.de/daten/2005/05/28/439804.html 09.02.10)

Markus Beyer hat in seiner bisherigen Laufbahn einen Kampf erlebt, in dem aus seiner Sicht die Psyche entscheidend an der Niederlage beteiligt gewesen ist. Die Vorbereitung auf das Ereignis stand bereits unter keinem guten Stern, da sie durch eine Serie von Verletzungen gekennzeichnet war. Am Tag des Kampfes fühlte sich *Markus Beyer* derart verunsichert, dass er im Nachhinein davon überzeugt ist, besser nicht in den Ring gestiegen zu sein. Stattdessen hat er versucht, positiv auf sich einzuwirken und sich selbst zu motivieren: *„Komm, ich bin stark genug, ich krieg das schon hin."* *Markus Beyer* resümiert in seiner Erinnerung zur Niederlage, dass er wegen seiner Verunsicherung zu Beginn nicht wirklich in den Kampf gefunden und die ersten Runden schlichtweg „verschlafen" hat. Zudem hat der Kampfrichter aus seiner Sicht nach einem Niederschlag des Gegners falsch entschieden und den Kampf (zu) vorzeitig beendet.

K29: WAS DIE PRESSE SCHREIBT

Das kann doch wohl nicht wahr sein. Jetzt reiß Dich zusammen, Markus!", schrie er (Ulli Wegner, der Trainer) seinen Schützling in den Pausen an. Doch Beyer wirkte mental blockiert.

(www.spiegel.de/sport/sonst/0,1518,75696,00.html 28.09.2010)

Ulli Wegner schickte ein Fax: "Ich trage die Hauptschuld an der WM-Niederlage von Markus Beyer." Er habe "nicht erkannt, dass für Markus der Druck, den Titel erfolgreich zu verteidigen, zu groß war. Ich hätte ihn durch Gespräche stabilisieren müssen."

(www.berlinonline.de/berliner-zeitung/archiv/.bin/dump.fcgi/2001/1010/sport/0031/index.html 28.09.2010)

Markus Beyer ist aus seiner heutigen Perspektive überzeugt davon, dass er den Kampf hätte gewinnen können, wenn er psychisch stabil und mental fit gewesen wäre. Und die Folgen seiner Niederlage waren gravierend: Mit dieser einen Niederlage verbunden war ein Rückfall in der Weltrangliste aufgrund verschiedener

Titelwechsel, hinzu kamen verletzungsbedingte Kampfabsagen beider Kontrahenten[6].

Als der Tag der Revanche (Chance auf den Weltmeistertitel) nach drei Jahren endlich gekommen war, ist der psychische Druck bei ihm natürlich erneut sehr hoch gewesen. *Markus Beyers* Aktionen im Ring waren nun von dem Gedanken geprägt, *„lass es schnell vorbei sein"*, und er gewann nur knapp nach Punkten. Sein bemerkenswert ehrlicher Kommentar nach dem Fight: *„In Kanada und Amerika hätte ich den Kampf wahrscheinlich nicht gewonnen – aber egal."*

K30: WAS DIE PRESSE SCHREIBT

Markus Beyer ist wieder WBC-Weltmeister im Super-Mittelgewicht. Der 31-Jährige gewann am Samstag in der ARENA in Leipzig vor 6.000 Zuschauern gegen den bisherigen Titelträger Eric Lucas aus Kanada knapp und umstritten nach Punkten. Am Ende des WM-Kampfes hatten zwei der drei Punktrichter den Herausforderer knapp vorne.

(www.boxingpress.de/articles2003.html 28.09.2010)

Auch gegen Danny Green hatte er nun während des Kampfes das Gefühl, die ersten Runden verschlafen zu haben, bevor er sein tatsächliches Leistungspotential entfalten konnte. Psychisch beeinträchtigt hat ihn dann das unfaire Handeln seines Gegners, der schließlich aufgrund eines Kopfstoßes disqualifiziert wurde.

Im Gespräch mit Markus Beyer

Die Angst, zu verlieren, ist immer da und mit einem Titel ist sie dann noch doppelt so groß, weil du genau weißt, wenn du verlierst, stellst du dich wieder hinten an. Jetzt ist es noch schlimmer, denn noch einmal drei Jahre warten, das würde ich nicht machen. Wenn ich jetzt verliere, würde ich sofort aufhören, man wird schließlich auch nicht jünger.

Je näher ein Kampf in der zeitlichen Perspektive rückt, desto größer wird die spürbare Belastung, die auf dem Athleten lastet. Nach eigenen Aussagen ist es *Markus Beyer* lange Zeit nicht leicht gefallen, die erforderliche psychische

[6] Im Boxsport gibt es vier große Verbände, die ihrerseits Titelkämpfe in den verschiedenen Gewichtsklassen ausrichten und demnach auch ihre eigenen Ranglisten führen. Ein Rückfall in der WBC-Weltrangliste kann drei Ursachen haben: der Boxer verliert selber Kämpfe, der Boxer hat länger nicht geboxt oder andere hinter einem Boxer stehenden Titelanwärter haben häufiger als dieser geboxt und gewonnen. Zudem existiert im Boxsport die unabhängige Weltrangliste, in der alle Siege und Niederlagen der Verband-Weltmeister gegeneinander aufgerechnet werden. So kann es passieren, dass ein Boxer, der in der WBC-Weltrangliste einen Rückfall von Platz 1 auf lediglich Platz 2 hinnehmen muss, gleichzeitig in der unabhängigen Rangliste von Platz 25 auf Platz 32 absinkt. Momentan steht Wladimir Klitschko im Schwergewicht auf Platz 1 der unabhängigen Weltrangliste; zudem ist er der Champion in allen vier großen Boxverbänden (www.fightnews.com/rankings-2 05.07.2011).

Standfestigkeit zu entwickeln. Er hat sich viele Dinge viel zu sehr zu Herzen genommen, ist leicht reizbar gewesen und hat sich über gänzlich Unwichtiges völlig unnötig aufgeregt – bis zu dem Zeitpunkt, an dem er erkannt hat, dass es so nicht weitergehen konnte und er sich psychologische Unterstützung gesucht hat. Seitdem hat er es ganz gut im Griff. Allerdings: Für *Markus Beyer* war dies ein schwieriger Schritt, der ihm nach eigenem Bekunden nicht leicht gefallen ist. Bei ihm ist allerdings nunmehr der Punkt erreicht gewesen, an dem er auf eigene Initiative einen Sportpsychologen aufsuchen wollte und dies auch direkt seinem Trainer mitgeteilt hat. Zunächst war der Trainer einverstanden, zögerte dann jedoch, als es an die Umsetzung ging, weil er ein möglicherweise negatives Einwirken auf „seinen" Schützling verhindern wollte.

K31: WAS DIE PRESSE SCHREIBT

Beyer dagegen verdrängt seine mentalen Probleme inzwischen nicht mehr. Er gibt offen zu, dass er psychologische Hilfe bei der Vorbereitung in Anspruch nimmt und darin zeigt sich wahre Stärke und Mut. Was viele übersehen: Beyer hat Herz und er kämpft gegen seine Schwächen an, stellt sich ihnen immer wieder.

(www.boxingpress.de/beyer-green-II-preview.htm 06.02.09)

Trotzdem überwogen für den Wahl-Bremer, der vor dem Kampf erneut die psychologische Hilfe des Hamburger Facharztes und Diplom Psychologen Eckhard Winderl in Anspruch genommen hatte, die positive Aspekte: "Ich hätte mir gewünscht, dass ich ihn umhaue, aber am Ende habe ich den Sieg sicher nach Hause geboxt."

(www.morgenpost.de/printarchiv/sport/article383898/Beyer_boxt_sich_durch.html 06.02.09)

Markus Beyer selbst beschreibt seine erste Begegnung mit dem Psychologen wie einen Schritt auf „*Neuland*": Er war ein wenig skeptisch, hat sich aber darauf eingelassen.

Im Gespräch mit Markus Beyer

Meine frühere Einstellung war dann etwa so: Wenn man zum Psychologen geht, dann hat man einen an der 'Klatsche'. Das war damals verpönt. Und das ist es in gewisser Hinsicht auch heute noch, gerade in einer Sportart wie Boxen.

Auf welche Art und Weise ihm die Arbeit geholfen hat, kann er gar nicht genau sagen – nur, dass er sich wohler und ausgeglichener fühlte, weshalb ihm auch die immer wieder entstehenden Auseinandersetzungen in allen Lebensbereichen weniger belasteten.

K32: WAS DIE PRESSE SCHREIBT Im Jahr 2010
Heute sieht Markus alles mit etwas Abstand. Er bleibt jedoch dem Sport und vor allem dem Boxsport treu. Auch hat er seine Herkunft nicht vergessen. Er ist ein Junge aus dem Volk und kehrte nach einer privaten Krise in seiner Heimat nach Schwarzenberg zurück. Hier engagiert er sich für Kinder. In sozialen Projekten versucht er den friedlichen Umgang miteinander zu vermitteln, denn er als Boxer weiß, dass Boxen als Sport zu sehen ist und nicht als Mittel, um Interessen mit Gewalt durchzusetzen. (www.netzathleten.de/Nachrichten/Markus-Beyer-Das-Buch-ueber-eine-aussergewoehnliche-Boxkarriere/890697383316789887/a 13.12.2010)

6.4 Frank Busemann: Positive statt negative Gedanken

Frank Busemann (* 26. Februar 1975 in Recklinghausen) wurde als ehemaliger deutscher Leichtathlet durch seine Erfolge im Zehnkampf und Hürdensprint bekannt. Als 21-jähriger Nobody errang er in der Königsdisziplin der Leichtathletik, dem Zehnkampf, die Silbermedaille bei den olympischen Spielen in Atlanta. Weitere große Erfolge waren 2002 der deutsche Rekord im Hallen-Siebenkampf in Tallinn sowie die Bronzemedaille bei der Weltmeisterschaft in Athen. 1996 wurde er zum Sportler des Jahres gewählt. Bereits als Neunjähriger sorgte *Frank Busemann* für Aufsehen, als es im gelang, beim Hochsprung 1,40 m zu überspringen. Mit zehn Jahren schaffte er beim Weitsprung 5,15 m. Der gelernte Bankkaufmann erklärt 2003 nach zahlreichen verletzungsbedingten Rückschlägen seinen Rücktritt vom Leistungssport. Heute arbeitet er u.a. als selbständiger Motivationstrainer. Seine Erfahrungen im Leistungssport schildet er in der 2003 erschienen Autobiografie *„Aufgeben gilt nicht"*, im Oktober 2010 erscheint sein Motivationsratgeber *„Steh auf, wenn du am Boden liegst"*. Seit Anfang 2008 widmet er sich neuen Aufgaben im Bereich des Gesundheits-Managements und ist aktuell als Sportlicher Leiter des Cook's Sport Club für den Reiseveranstalter Thomas Cook tätig.

Homepage von Frank Busemann
☞ Weitere Informationen finden Sie auf der persönlichen Homepage von Frank Busemann: http://www.frank-busemann.de

AUSGEWÄHLTE ERFOLGE VON FRANK BUSEMANN	
Olympische Sommerspiele	
2. Platz Zehnkampf	1996 Atlanta
7. Platz Zehnkampf	2000 Sydney
Weltmeisterschaften	
3. Platz Zehnkampf	1997 Athen
U23- Europameisterschaften	
1. Platz 110 m Hürden	1997 Turku

K33: WAS DIE PRESSE SCHREIBT

Nach Ansicht des ehemaligen Weltklasse-Zehnkämpfers Frank Busemann sind „nicht wenige“ Medaillengewinner in der Leichtathletik gedopt. „Ich war ja in Athen vor Ort und habe mir bei einigen Athleten gedacht: Da laufen echte Monster rum! Diese Muskelberge kriegt man doch nicht mit dem guten, alten Training hin“, sagte der Olympia-Zweite von 1996 in einem Interview der Münchner „Abendzeitung“.

(www.faz.net/s/Rub9F27A221597D4C39A82856B0FE79F051/Doc~E00C699515DCE4E48BCBE9E2B4D18E316~ATpl~Ecommon~Scontent.html 20.12.2010)

Im Gespräch mit Frank Busemann

Mentale Fitness bedeutet für ihn folgendes: *...dass einem äußere Einflüsse überhaupt nichts anhaben können, dass es also regnen und winden kann, dass ein Gegner auf einmal stärker sein kann, als vermutet, dass man trotzdem immer wieder kontert und seine ganze Leistung herausbringt. Es nützt nichts, wenn man bestens vorbereitet ist und dann, wenn es darauf ankommt, plötzlich Nervenflattern bekommt.*

*Frank Busemann*s Äußerungen sind von einer sehr klaren Vorstellung zur mentalen Fitness geprägt: sich auf sich selbst zu konzentrieren, also auf seine eigenen Fähigkeiten und auf seine Anstrengungsbereitschaft, und dabei die Verantwortung für die erzielten Leistung zu übernehmen. Dabei beschreibt er sich persönlich als wettkampfstark – ohne genau zu wissen, wie er diese Kompetenz erreicht hat. Allerdings ist er im Zuge seiner langjährigen sportlichen Laufbahn mit sehr vielen Situationen konfrontiert gewesen und hat dadurch gelernt, welche Herausforderungen auf einen Athleten zukommen können und wie er sich diesen gegenüber am besten verhalten sollte. Ein wichtiges Moment spielt für ihn der persönliche Ehrgeiz; mit dem Durchschnitt hat er sich nie zufrieden gegeben, er wollte stets 110% aus sich herausholen. Und diese Leistung konnte er auch in „brenzligen" Situationen abrufen.

> Im Gespräch mit Frank Busemann
>
> *Meine Stärke war eben immer, kontern zu können, wenn es brenzlig wurde. Woran das jetzt liegt, ob einfach an der Natur des Athleten oder an Schlüsselerlebnissen in der Jugend, die einen stark oder schwach machen, das weiß ich nicht.*

Respekt einflößend sind für ihn solche Athleten, die sich bei Wettkämpfen vom äußeren Umfeld in keinerlei Weise beeinflussen lassen. So beschreibt er zwei ehemalige, seiner Ansicht nach mental sehr starke Konkurrenten. Zu wissen, dass diese keinen Fehler machen werden und man selbst seine Bestleistung übertrumpfen muss, um weiterhin um den Sieg kämpfen zu können, setzt andere Athleten psychisch erheblich unter Druck.

Mentale Fitness bedeutet für *Frank Busemann* auch, *„Mut zur Lücke zu haben"*. Der Zehnkampf stellt ganz besondere Anforderungen an den Athleten, und es ist nicht möglich, alle Disziplinen gleich intensiv zu trainieren, so dass immer einige ein wenig auf der Strecke bleiben (müssen). Die „Lücke" von *Frank Busemann* bestand im Hochsprung, einer Disziplin, der er im Training wenig Aufmerksamkeit geschenkt hat, weil er sie (auch mental) gut beherrschte. Diese (positive) Lücke hat er erkannt und genutzt, um so Körper und Psyche nicht über Gebühr belasten zu müssen. Auf diese Weise konnte er seine Aufmerksamkeit auf andere Teildisziplinen lenken, in denen er leistungsbedingt mehr Training investieren musste.

> Im Gespräch mit Frank Busemann
>
> *Es war halt so, dass ich im Training nichts drauf hatte, relativ wenig trainieren musste und erst dann im Wettkampf auf einmal meine Leistung gebracht habe, die eigentlich gar nicht da sein konnte.*

Frank Busemann beschreibt sich als eine Athletenpersönlichkeit, die erst in der Wettkampfsituation seine besten Leistungen abrufen kann. Ungeachtet dieser psychischen Stärken gab es durchaus aber auch bei ihm Phasen in seiner Karriere, in denen er mit mentalen Problemen und Selbstzweifel zu kämpfen hatte. Der diesbezügliche Ausgangspunkt war die Disziplin des Diskuswerfens – plötzlich hat er den Sektor nicht mehr getroffen. Mehr und mehr ist *Frank Busemann* mit der Angst in den Ring gegangen, dass *„das Ding in die Hose geht"*, was sich letztendlich auch in seiner Wurftechnik niedergeschlagen hat. Zunächst versuchte er, das Problem durch vermehrtes Training in den Griff zu bekommen. Aber seine Versagensangst war schon zu stark ausgeprägt, sie hatte sich zudem bereits auf andere Teildisziplinen ausgeweitet, weshalb sich seine Gedanken nur noch um die schlechte Leistung drehten: *„Das muss doch gehen, das muss doch irgendwie gehen.“*

Die Selbstzweifel hatten für *Frank Busemann* zur Folge, intensiv über seine psychische Verfassung nachzudenken. Dadurch reifte bei ihm der Entschluss, den Schritt zu wagen und einen Sportpsychologen zu kontaktieren. Allerdings hat er dessen Hilfe nur kurzfristig in Anspruch genommen, weil er es aus eigener Kraft schaffen wollte, seine Probleme zu lösen. In der Rückschau vertritt er die Auffassung, dass seine Selbstreflexionen ihm die Frage beantworteten, weshalb er in diese (Miss-)Lage gekommen ist und welche Strategien er anwenden muss, um sich hieraus zu befreien. Er bezeichnet sich in dieser Hinsicht als *„eigenbrötlerisch“* – seine Persönlichkeitsstruktur ist durch seine (insbesondere familiäre) Sozialisation so ausgeprägt, Probleme alleine lösen zu müssen.

> Im Gespräch mit Frank Busemann
>
> *Ich meine, wir (mein Vater und ich) waren zwar immer für alles offen, haben uns aber immer irgendwie allein – durchgewurstelt will ich nicht sagen, das hört sich so negativ an -, wir haben halt immer selber Wege gefunden, es zu schaffen.*

Während der Bekämpfung seiner Probleme kam bei *Frank Busemann* dann auch die Angst durch, *„jetzt darfst du überhaupt keinen Fehler machen, weil du nicht mehr viel Zeit in deiner Sportlerkarriere hast.“* Auf diese Weise hat er sich logischerweise noch einen zusätzlichen psychischen Druck aufgebaut. Schließlich hat bei ihm aber dann die Erkenntnis überwogen, dass ihn diese Angst bremst und das Geheimnis darin besteht, in Leistungssituationen mental loslassen zu können. Als er aber dann letztendlich seine Ängste mental abschütteln konnte, war sein Körper nicht mehr in der Lage, die erforderlichen Leistungen abzurufen. Die chronischen Defizite in der Psyche manifestierten sich vermutlich eben auch in seiner physischen Leistungsfähigkeit. Eine ähnlich leistungshemmende Wirkung schreibt er der Verletzungsangst als spezifische Form von negativen Gedanken zu – ein weiterer wichtiger Punkt im Leben eines Leistungssportlers, den es konstruktiv zu managen gilt.

> Im Gespräch mit Frank Busemann
>
> *Wenn man auf die Verletzung wartet, dann kommt sie, und wenn man unsicher ist, dann geht es in die Hose, ganz klar.*

Für den Erfolg spielen nach Meinung von *Frank Busemann* Aufmerksamkeit, Motivation und Visualisierung der bevorstehenden sportlichen Herausforderung in Wettkampfsituationen eine besonders tragende Rolle. Darüber hinaus die Fähigkeit, sich selber Mut zusprechen und seinen eigenen Fähigkeiten vertrauen zu können.

Leichtathletik ist eine Individualsportart, bei der der Athlet auf die hundertstel Sekunde genau eine Rückmeldung über seine eigene erbrachte Leistung erhält.

Exkurs: Kennzeichen von Mannschafts- und Individualsportarten

Mannschaftssport kennzeichnet sich dadurch, dass Gruppen gegen andere Gruppen in Wettbewerb miteinander treten, während in Individualsportarten der Einzelne in Konkurrenz tritt und die individuelle Leistung misst. Mannschaftssportarten sind oftmals komplex, erfordern ein Zusammenspiel und Taktik der Mannschaftsmitglieder. „*‚Hier ist vor allem das Arbeitsgedächtnis gefordert und gefördert', so der Hirnforscher. Tennis, Squash, Fußball und alle anderen Mannschaftssportarten setzen blitzschnelles Wahrnehmen und Reagieren voraus – ein optimales Training für das Gehirn*“ [7]. Mannschafts- oder Individualsportarten bieten für den Einzelnen sowohl Vor- als auch Nachteile. So ist es möglich, Individualsportarten alleine auszuführen, so dass ein individueller Trainingsrhythmus gefunden werden kann. „*Der Individualsport ist häufig eine Möglichkeit, überhaupt einen Zugang zum regelmäßigen Sport zu finden* […]“ (Thomasius, Schulte-Markwort, Küstner & Riedesser, 2008, S. 274). Eine Abhängigkeit vom Team und die Verpflichtung gegenüber diesem entfallen. Die gegenseitige Unterstützung und Motivation sind dagegen Aspekte, die in einem Team eher vorzufinden sind.

K34: Aus der Praxis			
Positive und negative Merkmale von Individual- und Mannschaftssportarten			
Individualsport		Mannschaftssport	
pro	contra	pro	contra
Es müssen keine weiteren Sportler zur Verfügung stehen.	Ansporn durch Teamkollegen fehlt	Trainingsmotivation durch Teamkollegen	Abhängigkeit vom Team
Es kann ein eigener Trainingsrhythmus gefunden werden.	Training wird schneller vernachlässigt	positive soziale Kohäsion	hohe Verpflichtungen gegenüber der Mannschaft

7 www.focus.de/gesundheit/ratgeber/gehirn/training/hirntipps/reaktion_aid_12053.html 03.06.2010

Weiterführende Literatur

Baumann, S. (2002). *Mannschaftspsychologie: Methoden und Techniken.* Aachen: Meyer & Meyer.

Thiel, A. (2002). *Konflikte in Sportspielmannschaften des Spitzensports: Entstehung und Management*. Schorndorf: Hofmann.

Thomasius, R., Schulte-Markwort, M., Küstner, U.J. & Riedesser, P. (2008). *Suchtstörungen im Kindes- und Jugendalter: Das Handbuch: Grundlagen und Praxis*. Stuttgart: Schattauer.

Frank Busemann beschreibt, dass das Suchen nach Ausreden für eine schlechte Leistung gerade in der Leichtathletik häufig zu beobachten ist, obwohl die „Schuld" in den Fähigkeiten bzw. der fehlenden Motivation des Athleten zu finden ist. Deshalb ist es für die Leistung der Sportler wichtig, dass diese ihre Leistungen selber kritisch hinterfragen.

> Im Gespräch mit Frank Busemann
>
> *Beim Leichtathleten bleibt es immer an einem selber hängen. Ich weiß nicht, ob daher auch der Drang kommt, das eigene Versagen immer irgendwie mit Dingen zu erklären, die nicht in der eigenen Macht stehen.*

Schließlich empfindet *Frank Busemann* für die psychische Stabilität eines Leistungssportlers den familiären Rückhalt besonders wichtig – insbesondere das Verständnis für die Situation des Athleten und die Fähigkeit, auftretende Konflikte mit Hilfe dieser sozialen Unterstützung für die Person zu reduzieren.

> Im Gespräch mit Frank Busemann
>
> *Einmal hatte mein Flug Verspätung und dann bin ich eben wiedergekommen und wollte noch trainieren, bevor ich zu meiner Freundin fuhr. Ich habe dann auch noch trainiert, mich damit aber beeilt, weil ich sonst ein schlechtes Gewissen gehabt hätte. Als ich dann nach Hause kam, machte sie die Tür nur so einen kleinen Spalt auf und fragte: ‚Hast du trainiert?', ich sagte ‚Ja', darauf sie ‚Na dann kannst du reinkommen'. Das war Samstagabend 19.00 Uhr.*

Ein Sportler, der sich zwischen seiner Familie bzw. seinem Lebenspartner und dem Sport entscheiden muss, kann den sportlichen Aufgaben nicht die volle (und erforderliche) Aufmerksamkeit widmen.

> **K35: Was die Presse schreibt**
>
> Im Jahr 2009
>
> *Frank Busemann ist vielen dadurch ein Begriff, dass er im Jahre 1996 Olympiazweiter im Zehnkampf und Sportler des Jahres wurde. (...) Doch ein Ereignis stellt alles in den Schatten: 2008 wurden Frank Busemann und seine*

Frau Eltern eines kleinen Jungen. Die Erlebnisse, die das Paar während dieser Zeit meisterte und seine ganz persönliche Sicht der Dinge hat Frank Busemann nun in einem Buch namens „Neun Monate" im hellblau Verlag veröffentlicht.

(...)Ein sehr authentischer Bericht über neun Monate im Leben von Frank Busemann, sehr persönlich, humorvoll und oft anrührend. Weniger ein Ratgeber, als eine sehr offene Schilderung von ganz privaten Erlebnissen.

(www.media-mania.de/index.php?action=rezi&id=13149&title=Neun_Monate 13.12.2010)

6.5 Michael Groß: Sportlicher Erfolg allein macht nicht glücklich

Michael Groß (* 17. Juni 1964 in Frankfurt am Main) ist der bislang erfolgreichste westdeutsche Schwimmsportler. Er gewann insgesamt drei Mal Gold bei Olympischen Spielen, wurde fünf Mal Weltmeister und 13 Mal Europameister. In seiner Laufbahn stellte er 12 Weltrekorde, 24 Europarekorde und 67 deutsche Rekorde auf. Aufgrund seiner enormen Armspannweite von ca. 2,25 m gab man ihm den Beinamen „Albatros". In den 1980er Jahren wurde er zwei Mal zum Weltschwimmer des Jahres gewählt. Nach den Weltmeisterschaften in Australien 1991 beendete er seine aktive Laufbahn. Bereits während seiner sportlichen Karriere bildete sich *Michael Groß* stetig, er studierte Germanistik, Politik- und Medienwissenschaften und promovierte 1994 an der Universität Frankfurt zum Thema „Ästhetik und Öffentlichkeit: Die Publizistik der Weimarer Klassik". Mittlerweile arbeitet *Michael Groß* erfolgreich als selbstständiger Unternehmensberater.

K36: WAS DIE PRESSE SCHREIBT

Michael Groß wurde bei den olympischen Spielen 1984 in Los Angeles von der US-Presse mit „seinem" Spitznamen „Albatros" getauft. Bei einer Arm-Spannweite von knapp 2,11 m und seinem eleganten Schwimmstil allzu verständlich. „Flieg, Albatros, flieg". Mit diesem Satz hat sich nicht nur Jörg Wontorra als TV-Kommentator berühmt gemacht. Auch Michael Groß kam bei diesen Spielen ganz groß raus. Seine zwei Goldmedaillen holte er sich mit Weltrekorden, seine einzigartige Medaillenjagd nahm seinen Lauf.

(www.sporthelden.de/helden.html 28.09.2010)

AUSGEWÄHLTE ERFOLGE VON MICHAEL GROß	
Olympische Sommerspiele	
1. Platz (200 m Freistil; 100 m Schmetterling) 2. Platz (200 m Schmetterling; 4×200 m Freistilstaffel)	1984 Los Angeles
1. Platz (200 m Schmetterling); 3. Platz (4×200 m Freistilstaffel)	1988 Seoul
Weltmeisterschaften	
1. Platz (200 m Freistil; 200 m Schmetterling); 2. Platz (100 m Schmetterling); 3. Platz (4×100 m Lagenstaffel; 4×200 m Freistilstaffel)	1982 Guayaquil
1. Platz (200 m Freistil; 200 m Schmetterling); 2. Platz (4×100 m Lagenstaffel; 4×200 m Freistilstaffel)	1986 Madrid
1. Platz (4×200 m Freistilstaffel); 2. Platz (100 m und 200 m Schmetterling); 3. Platz (4×100 m Lagenstaffel)	1991 Perth
Europameisterschaften	
1. Platz (200 m Schmetterling); 2. Platz (4×200 m Freistilstaffel); 3. Platz (4×100 m Freistilstaffel)	1981 Split
1. Platz (200 m Freistil; 100 Schmetterling; 200 m Schmetterling; 4×200 m Freistilstaffel); 2. Platz (4×100 m Lagenstaffel)	1983 Rom
1. Platz (200 m Freistil; 100 Schmetterling; 200 m Schmetterling;	1985 Sofia

4×100 m Freistilstaffel, 4×200 m Freistilstaffel; 4×100 m Lagenstaffel)	
1. Platz (200 m Schmetterling; 4×200 m Freistilstaffel); 2. Platz (100 m Schmetterling; 4×100 m Freistilstaffel); 3. Platz (200 m Freistil)	1987 Straßburg

Der promovierte Germanist zählte in seiner aktiven Karriere zu den absoluten Topstars, er wurde 1983 und 1985 zum „Weltschwimmer des Jahres" gewählt. Bei der Wahl zum „Sportler des Jahres" stand er sogar vier Mal ganz oben auf der Liste. Der unumstrittene Held der Nation war er unterdessen nie. Vielmehr waren es Respekt und Anerkennung für seine Leistungen, die ihm von der Öffentlichkeit entgegengebracht wurden. Der Ruf des „Stars" passte in seiner Karriere auch gar nicht in seinen Plan, den er mit einer ungeheuren Zielstrebigkeit verfolgte. *„Pflegeleicht bin ich nicht – werde ich auch nie"*; *Michael Groß* machte sich keine besonderen Gedanken über sein öffentliches Erscheinungsbild.

Während seiner gesamten sportlichen Laufbahn hat die mentale Fitness für ihn eine wichtige Rolle gespielt, gleichwohl gab es für ihn und seine Teamkollegen keinerlei professionelle psychologische Unterstützung. Insofern waren in dieser Hinsicht seine Schwimmkollegen und auch er selbst auf sich allein gestellt. Seiner Meinung nach ist für die psychische Stabilität eines Athleten in erster Linie seine jeweilige Persönlichkeitsstruktur ausschlaggebend. Allerdings betrachtet er die diesbezüglichen Anforderungen von Sportart zu Sportart durchaus unterschiedlich – und für den Schwimmsport ist der Aspekt der mentalen Fitness nach seinen Erfahrungen besonders relevant. Dies gilt vor allem für die schwierige Situation auf dem Startblock zu Beginn eines Rennens.

> Im Gespräch mit Michael Groß
>
> *Wenn man da auf dem Startblock steht und die Bahn sieht, dann ist man letztlich hoffnungslos allein. Man sieht sich bereits vor dem Start hin und her schwimmen und weiß: Man muss auf einen Punkt, in einer Minute, all das bringen, was man monate-, jahrelang zuvor trainiert hatte. Hätte man in dieser Situation eine mentale Blockade, dann wäre das natürlich ein Problem für den Sportler.*

In der Einschätzung von *Michael Groß* ist zur Bewältigung gerade dieser schwierigen Situation die Veranlagung des Athleten ein wichtiger Punkt, sie reguliert, ob es dem Athleten mit wenig oder viel Mühe gelingt, die erforderliche richtige „Mischung" zwischen An- und Entspannung zu finden.

Disziplin im Sinne einer hohen Anstrengungsbereitschaft gepaart mit positiven Erfahrungen aus dem Training ermöglichen es dem Athleten dann, locker in den Wettkampf gehen zu können. In der Wettkampfsituation geht es dann für *Michael Groß* „lediglich“ darum, die abgespeicherte Leistung abzurufen.

> Im Gespräch mit Michael Groß
>
> *Das ist im Prinzip wie in der Schule bei der Abiturprüfung. Bei der Abiturprüfung kann man eigentlich nichts mehr verkehrt machen. Man muss nur das, was man sich die ganze Zeit angeeignet hat, einfach ‚rauslassen'. Man muss einfach nur das tun, was man die ganze Zeit auch schon getan hat, und darf sich dabei nicht ablenken lassen.*

Michael Groß bezeichnet sich selbst als eine mental starke Person, der es während seiner aktiven Laufbahn relativ leicht gefallen ist, das erforderliche Gleichgewicht zwischen An- und Entspannung in den relevanten Leistungssituationen zu finden. So konnte er sich bspw. noch eine viertel Stunde vor seinem Finalstart bei den Olympischen Spielen 1984 in Los Angeles *„ganz normal mit Gott und der Welt unterhalten“*. Erst im Bereitstellungsraum, also zehn Minuten (!) vor dem Start, hat er begonnen, sich auf den anstehenden großen Wettkampf zu konzentrieren. Mehr Aufmerksamkeit benötigte er nicht, da man *„ja nichts vollkommen Neues macht“*. Allerdings sind ihm durchaus eine Reihe von Athleten bekannt, die genau mit diesen Problemen zu kämpfen haben – das erforderliche Gleichgewicht zwischen An- und Entspannung stimmt bei ihnen eben nicht, sie gehen viel zu angespannt in den Wettkampf. Solche Athleten sind psychisch instabil und mental nicht fit. *Michael Groß* berichtet auch von den so genannten Trainingsweltmeistern, die sich psychisch selbst im Weg stehen: Noch im Training bringen sie außergewöhnlich gute Leistungen, in der konkreten Leistungssituation setzen sie sich aber dann viel zu sehr psychisch unter Druck, so dass sie ihr tatsächliches Leistungspotential nicht abrufen können. Die Erfahrungen aus dem Training wirken sich also in diesen Fällen nicht im Sinne eines wachsenden Selbstvertrauens und einer besonderen Motivation aus, es geschieht das genaue Gegenteil: Die Erfahrungen aus dem Training führen zu einer Art Verpflichtung, diese Leistung auch im Wettkampf zeigen „zu müssen“, alles andere wird subjektiv als Misserfolg oder Versagen erlebt.

Eine wichtige Devise während seiner aktiven Laufbahn ist für *Michael Groß* immer gewesen, nicht zu einseitig auf den Sieg fokussiert zu sein, um im Kopf entsprechend frei bleiben zu können. Es gibt ein (soziales) Leben neben dem Sport, und dieses Leben sollte man als Athlet auch sinnvoll gestalten.

> Im Gespräch mit Michael Groß
>
> *Ich halte es grundsätzlich für mental problematisch, wenn man vom Kopf her zu eindimensional auf den Sport hin ausgerichtet ist und nichts anderes sonst hat. Es ist immer wichtig im Leben, auf mindestens zwei Beinen zu stehen.*

Wird das eigene Leben hingegen ausschließlich auf den Sport ausgerichtet, entsteht hieraus eine zu starke Abhängigkeit des Athleten – etwa in materieller Hinsicht oder auch mit Blick auf die persönliche Zufriedenheit. Insofern ist es aus der Sicht von *Michael Groß* auch nicht sinnvoll, zu Gunsten der sportlichen Entwicklung die Schullaufbahn vorzeitig abzubrechen. Für ihn persönlich ist es hingegen besonders wichtig gewesen, dass er sein Abitur machen konnte. Ebenso kann eine feste partnerschaftliche Beziehung oder auch die Gründung einer Familie wesentlich zur psychischen Stabilität eines Athleten beitragen. Für das erforderliche Gleichgewicht von An- und Entspannung im Sport sind solche Möglichkeiten der Unabhängigkeit von eben diesem Sport ungeheuer bedeutsam.

Im Gespräch mit Michael Groß

Egal, was heute hier passiert, das Leben geht weiter, man hat immer noch eine andere Option. Umgekehrt schafft Abhängigkeit, die Abhängigkeit von einer einzigen Sache wie dem Sport, mental eine extreme Stresssituation.

Sicherlich muss in dieser Hinsicht zwischen den Optionen in den einzelnen Sportarten unterschieden werden, bei manchen Sportarten sind die zeitlichen Restriktionen erheblich und lassen nur wenige Spielräume zu, sich neben der sportlichen Karriere auch noch mit anderen Dingen zu befassen. Ein hierfür typisches Beispiel ist für *Michael Groß* der Wintersport: Die Athleten müssen für ihr Training (auch während der Sommerzeit) viele verschiedene, auch weit räumlich voneinander getrennte Trainingsorte aufsuchen. Die Bedingungen für den Aufbau eines zweiten Standbeins sind mit solchen Rahmenbedingungen zweifelsohne erschwert, entschuldigen in den Augen von *Michael Groß* jedoch dennoch nicht den Verzicht darauf. Wenn man es will, ist dies auch möglich – und als positive Beispiele benennt er eine Reihe von Athleten, die sich während ihrer sportlichen Karriere etwa ihre weitere berufliche Zukunft durch ein Fernstudium gesichert haben.

Exkurs: Zum Karriereende von Spitzensportlern

Eine solide schulische Ausbildung für junge Leistungssportler und damit verbundene Optionen für eine spätere berufliche Karriereentwicklung sind sicherlich stets von Vorteil. Dies gilt besonders dringlich für die so genannten Randsportarten, in denen also die finanziellen Anreize relativ gering sind, aber auch bei populären und „finanzstarken" Sportarten wie Fußball, Tennis oder Golf sollten die Athleten und ihr betreuendes Umfeld keineswegs naiv sein und nur auf die Karte Sport setzen. Wie die Ausführungen in diesem Buch veranschaulichen, ist nämlich nicht nur das existentielle Risiko, sondern auch der damit verbundene mentale Druck für den Athleten ganz erheblich. Um eine möglichst gute schulische Ausbildung „neben" dem Sport gewährleisten zu können, sind Sportinternate eine denkbare Alternative, denn sie koordinieren die sportliche und schulische Ausbildung junger Talente und orientieren sich dabei an ihren individuellen Ausgangsbedingungen. Ein rechtzeitiges Planen der nachsportlichen Karriere mit Unterstützung der relevanten Bezugspersonen (Eltern, Trainer, Lebenspartner) ermöglicht einen „sanften“ Übergang des Karriereendes.

K37: Was die Presse schreibt

Italiens Schwimm-Diva Federica Pellegrini will nach den Olympischen Spielen 2012 in London ihre Karriere beenden. Die 21-jährige erklärte, sie arbeite derzeit daran, eine "neue Motivation" bis zu den Sommerspielen zu finden. "Es wird hart sein, doch ich muss es unbedingt versuchen, bevor ich in London meine Karriere beenden und mit der Gründung einer Familie beginnen werde", sagte Pellegrini im Interview mit der italienischen Sporttageszeitung Gazzetta dello Sport am Freitag.

(www.focus.de/sport/mehrsport/schwimmen-international-schwimm-diva-pellegrini-hat-karriereende-im-blick_aid_462298.html 11.06.2010)

K38: Aus der Praxis

<table>
<tr><th colspan="4">Beispiele für berufliche Aussichten erfolgreicher Athleten</th></tr>
<tr><td colspan="2">Karrieremöglichkeit</td><td>beispielhafte Vertreter</td><td>Berufsbezeichnung</td></tr>
<tr><td colspan="4">Studium</td></tr>
<tr><td></td><td>Sportmanagement</td><td>Rüdiger Stenzel (Leichtathletik)</td><td>Geschäftsstellenleiter beim Stadtsportbund Bochum</td></tr>
<tr><td></td><td>Politik und Medienwissenschaften</td><td>Michael Gross (Schwimmen)</td><td>Geschäftsführender Gesellschafter; Dozent</td></tr>
<tr><td></td><td>Sportwissenschaften</td><td>Birgit Fischer (Kanu)</td><td>selbstständig Tätigkeit in den Bereichen Vortrag, Training, Tourismus</td></tr>
<tr><td></td><td>Diplomkaufmann</td><td>Oliver Bierhoff (Fußball)</td><td>Manager der deutschen Fußball-National-mannschaft</td></tr>
<tr><td colspan="4">Kommentator</td></tr>
<tr><td></td><td>Fernsehen</td><td>Heike Drechsler (Leichtathletik)
Petra Behle (Biathlon)</td><td>Kommentatorin Schweizer Fernsehen
Kommentatorin ZDF</td></tr>
</table>

Beratung			
	Sport	Dieter Baumann (Leichtathletik)	Berater des LSV
	Wirtschaft	Gerhard Zadrobilek (Radsport)	freier Berater

Weiterführende Literatur

Alfermann, D. (2006). Karriereübergänge. In M. Tietjens & B. Strauß (Hrsg.), *Handbuch Sportpsychologie* (S. 118-125). Schorndorf: Hofmann.

Alfermann, D. (2007). Der Verlust von Expertise und die Folgen: Das Ende der Karriere. In N. Hagemann, M. Tietjens & B. Strauß (Hrsg.), *Psychologie der sportlichen Höchstleistung. Grundlagen und Anwendungen der Expertiseforschung im Sport* (S. 243-259). Göttingen: Hogrefe..

Alfermann, D. (2008). Karrierebeendigung im Sport. In J. Beckmann & M. Kellmann (Hrsg.), *Anwendungen der Sportpsychologie* (S. 499-541). Göttingen: Hogrefe.

Für *Michael Groß* waren die Schule und das Studium neben dem Schwimmen der Schlüssel zu seinem Erfolg. Die Sicherheit, zu wissen, dass er – *wenn das mit dem Sport schief geht* – noch andere Perspektiven hatte, beruhigte ihn immer.

> Im Gespräch mit Michael Groß
>
> *Ich kam von den großen Wettkämpfen, Weltmeisterschaften, Europameisterschaften nach Hause, war Sportler des Jahres – und dann ganz normaler Schüler. Ich habe meine Fünfen geschrieben, wenn ich nicht aufgepasst habe, und hatte mein normales soziales Umfeld.*

Auch war es für ihn äußerst hilfreich, sich den Stellenwert des Sports in seinem Leben vor Augen zu führen; denn ungeachtet des bisweilen aufkommenden Stresses und den Anforderungen im Sport, hat er nie vergessen, dass andere Menschen ganz andere Probleme haben *„und es da letztendlich egal ist, ob man mal etwas schneller oder langsamer schwimmt“*. Gerade die Auseinandersetzung mit den alltäglichen Problemen in seinem sozialen Umfeld ist denn auch in seinen Augen notwendig, um gelassener mit etwaigen auftretenden Problemen in der sportlichen Karriere umgehen zu können. Um dieses aber erkennen zu können, bedarf es schon intellektueller Kompetenz, denn man muss für sich zunächst einen eigenen Bewertungsmaßstab definieren und darauf aufbauend in der Lage sein, sich und sein Verhalten anhand dieses Bewertungsmaßstabes zu reflektieren.

Im Gespräch mit Michael Groß

Einer Intellektualität, die es einem ermöglicht, über sich selbst zu reflektieren, das, was man tut, zu überdenken, mit dem Resultat, dass das alles gar nicht so wichtig ist. Natürlich, es geht zunächst darum, schnell zu schwimmen, schnell zu laufen, weit zu springen und schnell den Berg runter zu fahren. Fertig. Und wenn du unten stehst und gewonnen hast, ist es zwar schön, aber deswegen bist du weder ein besserer noch ein schlechterer Mensch, bist nicht toller.

Sich darüber bewusst zu sein, dass es für andere Menschen sicherlich oftmals wichtigere und auch grundlegendere Angelegenheiten gibt, als schnell zu schwimmen, und sich darüber als Athlet auch im Klaren zu sein, empfindet *Michael Groß* als eine relevante Grundhaltung im Umgang mit dem Hochleistungssport, wobei ihn diesbezüglich auch ganz konkrete Ereignisse in der Vergangenheit geprägt haben.

Im Gespräch mit Michael Groß

Ich bin damals in Frankfurt zum Studium gegangen, das war noch in den 1980er Jahren. Da gab es den SDS, eine linke autonome Szene, die auch Seminare gesprengt hat. Und dann sitzt du da, als Olympiasieger und Sportler des Jahres 1986 wohlgemerkt, und dann kommen da Leute im gleichen Alter und sprengen Seminare und rufen marxistische Parolen. Entweder man ist vollkommen dumm und denkt, ‚Sind die alle bescheuert?', oder man macht sich darüber Gedanken und stellt fest, dass diese Leute ganz andere Sachen bewegen, wesentlich grundsätzlichere Fragestellungen aufwerfen als du mit deinem Schwimmen, wo es nur darum geht, schneller zu schwimmen und um nichts weiter sonst.

Wie bereits angedeutet, sieht *Michael Groß* den Ausgangspunkt psychischer Stabilität und mentaler Fitness eines Athleten in dessen angeborener Grundausstattung. Dem jeweiligen Trainer kommt dann die wichtige Aufgabe zu, dieses Potential zu erkennen und in die richtigen Bahnen zu lenken. Insofern ist der Trainer also eine Art Wegbereiter, der aber nicht versuchen sollte, die Psyche des Athleten grundlegend zu verändern. Hinzu kommt, dass ein Athlet in den unterschiedlichen Lebens- und Leistungsphasen in der Regel mit verschiedenen Trainern konfrontiert sein wird, wobei diese Trainer auch jeweils andere Führungsformen realisieren sollten. *Michael Groß* empfindet gerade für den Karrierebeginn (also in jüngeren Jahren) die Autorität eines Trainers als besonders relevant, während mit zunehmender Erfahrung des Athleten der Aspekt der psychologischen Unterstützung im Vordergrund stehen sollte.

Neben dem Trainer schreibt Michael Groß auch den Eltern eine wichtige Rolle zu, die insbesondere zu Karrierebeginn eines jungen Athleten soziale Unterstützung bieten. Seine Eltern haben ihn dabei stets gelehrt, sich neben dem Sport ein zweites Standbein aufzubauen, da die erfolgreiche Zeit eines Spitzensportlers begrenzt ist.

Im Gespräch mit Michael Groß

Mentale Stärke ist in erster Linie die Stärke, sich nicht vom Sport allein abhängig zu machen, zu wissen, dass es im Leben außer dem Sport auch noch andere Sachen gibt.

Michael Groß hat in dieser Hinsicht von seinen Eltern intensive Unterstützung erfahren, da diese uneingeschränkt bereit gewesen sind, die sportliche Entwicklung ihres Sohnes nach ihren Möglichkeiten zu fördern, wobei sie stets Wert auf eine möglichst optimale schulische und berufliche Ausbildung ihres Sohnes gelegt haben. Viele Stressoren konnten auf diese Weise vermieden werden, die psychische Stabilität und mentale Fitness von *Michael Groß* wurde nicht zuletzt hierdurch entscheidend gestützt.

Im Gespräch mit Michael Groß

Meine Eltern sagten zu mir: ‚Du kannst schwimmen, wir unterstützen dich, fahren dich zum Training. Wir bezahlen auch den ganzen Kram, du kriegst Sporthilfe, insofern wird das ein bisschen abgepuffert – aber nur unter der Bedingung, dass du das Abitur machst und studierst, und das alles jetzt nicht, weil du 14 oder 15 Jahre alt bist und es gesetzlich vorgeschrieben ist, dass du in die Schule gehen musst, sondern weil es uns wichtig ist. Und wenn du da vom Weg abkommst, dann werden wir grantig!' Meine Eltern haben ganz klar einen Rahmen gesteckt und gesagt: ‚Wir unterstützen dich, wir finden es toll, wenn es dir Spaß macht, aber nur, wenn das die zweite Priorität bleibt.

K39: WAS DIE PRESSE SCHREIBT

Michael Groß hat in seiner langen internationalen Schwimmkarriere viele solcher Räume gesehen. Das Unwohlsein, das schon der bloße Gedanke an sie bei manchen Athleten verursacht, kannte er indes nie. „Ich war vor einem großen Finale eigentlich immer gut gelaunt", erinnert er sich. „Ich war immer zum Plaudern und Flachsen aufgelegt." Doch die Lockerheit und freudige Aufgekratztheit des Deutschen wirkten auf die Gegner, die ohnehin oft schon entnervt waren, häufig provokant. Wer sowieso schon Angst vor dem Kampf gegen Groß im Wasser hatte, dem erschien der selbstbewusste Frankfurter spätestens im Bereitstellungsraum endgültig unbesiegbar.

Michael Groß hat nie einen Sportpsychologen in Anspruch genommen, wiewohl die achtziger Jahre, die Ära seiner großen Erfolge, eine erste Hochphase der angewandten Sportpsychologie waren. Michael Groß machte in sportpsychologischer Hinsicht instinktiv alles richtig. „Wahrscheinlich muss man sagen, dass ich auch hierin ein Talent war", glaubt der heute 40-Jährige mit dem Abstand von 13 Jahren zu seinem letzten Wettkampf.

Dieses Talent würden ihm Experten ohne zu zögern bescheinigen. Prof. Hans Eberspächer von der Universität Heidelberg, einer der Pioniere der angewandten Sportpsychologie in Deutschland, begleitete schon 1976 die deutsche

Olympia-Mannschaft nach Montreal. Eberspächer bezeichnet als Kernziel der psychologischen Vorbereitung im Hochleistungssport, dass sich der Athlet im entscheidenden Augenblick geistig ausschließlich im „Hier und Jetzt" befindet. „Ich darf nicht darüber nachdenken, wie viel ich trainiert habe, was von diesem Spiel oder diesem Lauf abhängt, was passiert, wenn ich gewinne oder verliere." [...]

Groß hatte die Botschaft seiner Eltern verinnerlicht, dass der Sport eine schöne und wichtige Sache sei, aber niemals existenziell: „Ich habe immer gleichzeitig an meine Ausbildung, an die 50 Jahre meines Lebens nach dem Sport gedacht."

(www.bild-der-wissenschaft.de/bdw/bdwlive/heftarchiv/index2.php?object_id=30224365 13.12.2010)

K40: WAS DIE PRESSE SCHREIBT

Im Jahr 2009

Groß hat sich nach ersten Gehversuchen im Journalismus 1994 mit einer PR-Agentur selbstständig gemacht. Mittlerweile ist er Inhaber der Agentur Peakom in Frankfurt und beschäftigt 14 Mitarbeiter. Seit 2004 ist Groß zudem Lehrbeauftragter an der Frankfurt School of Finance and Management, Schwerpunkt Unternehmenskultur und Personalführung. Der auch unter dem Spitznamen "Albatros" bekannte Michael Groß ist verheiratet, hat zwei Kinder und lebt mit seiner Familie im Taunus.

(www.karriere.de/beruf/die-wirtschaft-ist-irrationaler-als-der-sport-8855/4/ 13.12.2010)

6.6 Eberhard Gienger: Ganz entscheidend – der konstruktive Umgang mit Niederlagen

Eberhard Gienger (* 21. Juli 1951 in Künzelsau), genannt „Ebse", machte sich in Deutschland als Geräteturner einen Namen, er wurde im Zeitraum von 1971 bis 1981 36 Mal Deutscher Meister und war vor allem im Reckturnen erfolgreich. An diesem Gerät wurde er dreimal Europa- und einmal Weltmeister. Nach ihm wurde der „Gienger-Salto" benannt, ein von ihm kreiertes Flugelement am Reck, bei welchem der Turner sich beim Vorschwung vom Reck löst und einen Salto rückwärts mit einer halben Längsachsendrehung turnt, so dass er dann wieder zum Reck blickt und die Reckstange fassen kann. *Eberhard Gienger* wurde 1974 und 1978 jeweils zum Sportler des Jahres gewählt. Er verließ 1975 die Johannes Gutenberg-Universität in Mainz als Diplom-Sportlehrer, um anschließend bis 1981 ein Russisch- und Englischstudium aufzunehmen. Von 1986 bis 2006 gehörte *Eberhard Gienger* dem Nationalen Olympischen Komitee (NOK) an, von 2006 bis 2010 war er Vize-Präsident des Leistungssports im Deutschen Olympischen Sportbundes (DOSB), der Nachfolgeorganisation des NOK. Er engagierte sich in der FIG (Federation International of Gymnastics), dem internationalen Turnerbund und im Deutschen Turner-Bund und gehörte dem Vorstand der Stiftung Deutsche Sporthilfe an. Seit 2002 ist er für die CDU Mitglied des Deutschen Bundestages. Seit Mai 1990 ist er Geschäftsführer der *„Eberhard Gienger pro-motion GmbH“*.

Homepage von Eberhard Gienger
☞ Weitere Informationen finden Sie auf den persönlichen Homepages von Eberhard Gienger: http://www.gienger-mdb.de http://www.eberhard-gienger.de

AUSGEWÄHLTE ERFOLGE VON EBERHARD GIENGER

Olympische Sommerspiele	
5. Platz Mannschaft, 14. Platz (Mehrkampf)	1972 München
3. Platz (Reck)	1976 Montreal
Weltmeisterschaften	
1. Platz (Reck)	1974 Warna
2. Platz (Pauschenpferd & Reck), 4. Platz (Zwölfkampf)	1978 Straßburg
2. Platz (Reck)	1981 Moskau
Europameisterschaften	
1. Platz (Reck)	1973 Grenoble
1. Platz (Reck), 2. Platz (Sechskampf)	1975 Bern
3. Platz (Barren)	
2. Platz (Barren)	1977 Vilnius
1. Platz (Reck)	1981 Rom

Weltcup	
1. Platz (Reck)	1977 – 1979
Deutsche Meisterschaften	
1971 – 1981 – 36x 1. Platz (darunter auch Mehrkampf, Boden, Ringe, Pferdsprung, Reck, Barren, Pauschenpferd und Mannschaft)	

K41: WAS DIE PRESSE SCHREIBT

Hambüchen ist erst der zweite Turner, der zum Sportler des Jahres (2007) gekürt wird. Vor ihm war dies nur Eberhard Gienger gelungen, der die Wahl 1974 ebenfalls als amtierender Reck-Weltmeister für sich entschieden hatte.
(www.n-tv.de/sport/Neuner-und-Hambuechen-siegen-article284280.html 13.12.2010)

Im Rahmen seiner überaus erfolgreichen sportlichen Karriere hat *Eberhard Gienger* von Beginn an die Bedeutung psychischer Stabilität und mentaler Fitness zur Optimierung seiner Leistungsfähigkeit erkannt. Konzentration und Entspannung sind schon zu seinen sportlichen Zeiten für ihn wichtige Elemente einer erfolgreichen Wettkampfvorbereitung gewesen.

Im Gespräch mit Eberhard Gienger

Als damals ein wichtiger Wettkampf anstand, zog ich mich an einen nahe gelegenen Fluss zurück und warf Steinchen ins Wasser; ich ließ die Wasseroberfläche tanzen und konzentrierte mich ganz auf das, was mich in wenigen Stunden erwartete. Ich ging also, so möchte ich fast sagen, instinktiv in die Natur. Ich wollte dort Kraft schöpfen, mit mir alleine sein und mich auf den großen Moment vorbereiten. Das Schöne an der Sache war, dass der Wettkampf meistens gut ausging, und ich in der Folge an solche 'mentalen' Dinge auch glaubte. Ich kultivierte dies dann regelrecht.

Für ihn ist nach diesem Schlüsselerlebnis die Natur die entscheidende Kraft gewesen, um Ruhe, Entspannung und Konzentration sammeln zu können. In der Natur konnte er seine Übungen noch einmal mental durchgehen, ein für *Eberhard Gienger* ganz zentrales Element der Wettkampfvorbereitung. In späteren Jahren seiner Karriere hat er dann diese Methode der Vorab-Visualisierung im Zuge des Warming-Up bei einem Wettkampf ritualisiert. Ferner schöpfte er Kraft und psychische Energie über die Methode des autogenen Trainings.

Im Gespräch mit Eberhard Gienger

Mit Hilfe dieser mentalen Techniken habe ich meine Übungen fast immer fehlerfrei und optimal durchgeturnt. Und wenn ich mal einen Fehler gemacht habe, meinem Kopf gleichsam erlaubt habe, einen Fehler zu machen, habe ich sofort abgebrochen und die Übung mental noch einmal von vorne begonnen.

Beide Techniken haben *Eberhard Gienger* geholfen, mit anstehenden Leistungs- und Stresssituationen konstruktiver umgehen zu können, weshalb er zu einer durchgehend optimistischen Haltung in Bezug auf anstehende Herausforderungen in seinen Wettkämpfen gelangt ist. Zu einem weiteren unterstützenden Moment im Rahmen seiner bewussten Auseinandersetzung mit den Aufgaben als Turner hat er durch ein ganz konkretes Schlüsselerlebnis in Japan gefunden – die „*positive Beziehung*" zu seinem Arbeitsgerät.

Im Gespräch mit Eberhard Gienger

Ein ganz wichtiger Punkt in meinem Leben war übrigens Japan und auch die Einstellung der Japaner zum Turngerät. Und zwar haben sich die Japaner immer als Riege aufgestellt und vor dem Gerät verbeugt; sie sagten dann so etwas wie ‚Bitte liebes Gerät, lass mich an dir turnen!' Erst dann haben sie trainiert. Als sie fertig waren, haben sie sich erneut in einer Reihe aufgestellt – ich natürlich mittendrin! -, wiederum verbeugt und gesagt: ‚Danke liebes Gerät, dass ich an dir habe turnen dürfen und dass du mich nicht abgeworfen hast.

Zunächst ist ihm die Haltung der japanischen Turner völlig fremd gewesen, und er hat innerlich auch „*etwas geschmunzelt*", nach und nach hat er dann aber für sich in diesen Gesten und Worten sehr viel Wahres entdecken können. Denn dieses Ritual drückt für ihn letztendlich eine Grundhaltung des Athleten zu seinem „Arbeitsgerät" aus – die Japaner versuchen, gemeinsam mit ihrem Arbeitsgerät etwas zu erreichen, also mit dem Gerät eine Art Freundschaft einzugehen und nicht (so sein Eindruck aus Deutschland), das Gerät zu bezwingen. Das eigene Arbeitsgerät stellt also kein Hindernis dar, im Gegenteil, es ist eine zusätzliche Hilfe, um ein angestrebtes Ziel zu erreichen. Vor dem Hintergrund dieser Erfahrungen hat *Eberhard Gienger* dementsprechend fundamental seine Denkstruktur verändert und es gelang ihm künftig, deutlich optimistischer in stressreichen Leistungssituationen zu agieren. Eine solche positive, nach vorne gerichtete und konstruktive Grundhaltung ist für ihn der eigentliche Schlüssel zum Erfolg.

Im Gespräch mit Eberhard Gienger

Wenn Sie nicht von sich selbst überzeugt sind, werden Sie nicht gewinnen. Ich habe immer gesagt: ‚Ich gehe in den Wettkampf, und ich will gewinnen!' Auch wenn ich von vornherein wusste, dass ich der Papierform nach gar nicht gewinnen kann, bin ich dennoch in den Wettkampf gegangen und habe gesagt: Du bist der Beste!

Eine solche optimistische Grundhaltung[8] ist eine Eigenschaft, die jedoch keineswegs in erster Linie angeboren ist, sondern sich in Wechselwirkung mit der jeweiligen sozialen Umwelt entwickelt. Also: Eltern, Geschwister, Lehrer, Trainer und Freunde können sehr viel dazu beitragen, ob eine solche oder aber eine pessimistische und eher destruktive Haltung sich im Zuge der individuellen Erfahrungen schrittweise herausbildet und stabilisiert.

Diese Erkenntnisse der wissenschaftlichen Forschung werden auch durch den Selbstbericht von *Eberhard Gienger* bestätigt.

Im Gespräch mit Eberhard Gienger

Ich hatte eine glückliche Kindheit und eigentlich fast immer das Gefühl, dass die Leute mich mögen und umgekehrt. Optimismus ist eine Grundeigenschaft, die man mir von vorn herein mitgegeben hat. Dieses Gefühl habe ich auch heute noch.

Ungeachtet dieser vorhanden psychischen Stabilität und mentalen Fitness sind auch für *Eberhard Gienger* Niederlagen keineswegs ausgeblieben, gerade auf Welt- oder Europameisterschaften hat auch er in entscheidenden Übungen Fehler gemacht. Sein Rezept, mit solchen Niederlagen konstruktiv umzugehen, hat nun aus einem intensiveren Training bestanden, um somit aufgrund der hierdurch gewonnen zusätzlichen Sicherheit und Kompetenz beim nächsten Wettkampf bessere Leistungen erzielen zu können. So ist er etwa einmal nach einem besonders missglückten Auftritt direkt vom Veranstaltungsort zu seiner Trainingsstätte ins Leistungszentrum Frankfurt/Main gefahren, um zu trainieren – da die Türen verschlossen gewesen sind, ist er durch ein Fenster eingestiegen, um den Frust in ein erfreulicheres Erlebnis beim Turnen umzumünzen. Der Lerneffekt: Ich hätte diese Leistung eigentlich erbringen können, ich bin in der Lage dazu, ich kann auf meine Fähigkeiten setzen.

Ungeachtet all dieser Faktoren, die *Eberhard Gienger* primär in „Eigenregie" zur Stabilisierung seiner psychischen Befindlichkeit genutzt hat, betont aber auch er die Bedeutung des sozialen Umfeldes für den sportlichen Erfolg. Er hält

8 *Optimismus [zu lateinisch optimum „das Beste"] der, Lebenshaltung, die das eigene beziehungsweise das menschliche Dasein oder die Verfassung der Welt im Ganzen als sinnvoll, werthaft und daher „gut" oder doch als besser als ihr Nichtsein bejaht (z. B. Leibniz: die bestehende Welt als die beste aller möglichen Welten)* (www.lexikon.meyers.de)

es dementsprechend für überaus wichtig, sich einer dritten Person anvertrauen zu können, wobei für ihn diesbezüglich vor allem der Trainer und der betreuende Arzt in Frage kommen, dieses Dreiergespann Athlet – Trainer – Arzt muss seines Erachtens unbedingt funktionieren. Vor dem Hintergrund seiner eigenen Erfahrungen im Hochleistungssport erachtet er eine spezifische Unterstützung durch einen Psychologen für schwierig, da dieser immer etwas außerhalb stehen und für den Athleten eine Art „Fremdkörper" bleiben wird. In seinen Augen wird es ihm kaum gelingen können, tatsächlich in den „*inner Circle*" aufgenommen zu werden. Und auch *Eberhard Gienger* bestätigt das von außen noch immer an den Athleten herangetragene Vorurteil: „*Jetzt bist du bald reif für die Klappsmühle.*"

Ungeachtet dieser Skepsis betont er jedoch andererseits auch die Wichtigkeit, sich jemandem anvertrauen zu können und sich ggf. psychologisch auch betreuen zu lassen. Die psychologische Hilfestellung sollte dann allerdings eben vom Arzt und insbesondere auch vom Trainer kommen, da diese den engsten Kontakt zu dem Athleten besitzen, oder der Psychologe arbeitet möglichst oft und kontinuierlich mit dem Athleten, so dass er quasi zum „inner Circle" gehört.

<u>Im Gespräch mit Eberhard Gienger</u>

Es gab da eine Situation, die ich Ihnen gerne schildern möchte. Ich verletzte mich im Vorfeld der Europameisterschaften 1981, hatte einen Faser- und Muskelfaserriss in der Wade. Ich kam beim Bodenturnen nicht mehr richtig beim Doppelsalto herum. In dieser Situation ist mein Trainer auf mich zugekommen und hat gesagt: ‚Komm, wir gehen mal ein bisschen spazieren.' Und dann sind wir durch Rom spaziert. Wir haben uns unterhalten, und irgendwann sagte er in etwa folgendes: ‚Weißt du was, ich denke mal, den Doppelsalto heute, den lässt du weg. Da machst du eine Doppelschraube dafür.' Und die Doppelschraube, die konnte ich in jeder Lebenslage oder Tag und Nacht. Das war für mich eine unglaubliche Erleichterung, denn ich wusste: Okay, jetzt kann nichts mehr passieren, das ist save. Genau das ist etwas, was ich im Grunde genommen von einem Trainer erwarte. Er muss diese psychologischen Kenntnisse haben. Und er ist es auch, der sich weiterbilden müsste. Ein Psychologe könnte das in einer solchen Situation nicht schaffen, weil er zwar weiß, wie man aus diesem ‚Selbstzweifelbereich' herauskommen kann, ihm aber der sportliche Hintergrund fehlt.

Das Problem auf Seiten des Trainers besteht nun darin, dass er viele verschiedene Rollen kompetent übernehmen muss, um angemessen auf die vielschichtigen Bedürfnisse des Athleten reagieren zu können.

Im Gespräch mit Eberhard Gienger

Er muss zugleich Vaterfigur und fachlich versiert sein, er muss psychologisch gut drauf sein, medizinische Kenntnisse aufweisen, er muss meines Erachtens auch massieren können. Er muss auf der einen Seite Autorität und dann auch wieder Freund sein. Man sollte also durchaus mal eine Nacht zusammen durchmachen können, aber wenn er dann etwas zur fachlichen Seite sagt auch anerkennen, dass er derjenige ist, der es besser weiß als man selber. Aber genau das ist eben das Schwierige, denn wenn man zu sehr auf 'Du und Du' ist, dann nimmt man ihn unter Umständen nicht mehr so ernst. Die enge Beziehung zum Trainer muss zugleich eine Respektsbeziehung sein.

Aus seinen vielfältigen Erfahrungen kommt *Eberhard Gienger* zu dem Resümee, dass sich nicht nur zu seiner aktiven Zeit, sondern auch noch heute in Deutschland mit Blick auf die Betreuung der Athleten einiges verbessern kann.

K42: WAS DIE PRESSE SCHREIBT

Zum Ausbau sportpsychologischer Interventionen

Besonders der Ausbau und die Professionalisierung des Beratungs- und Unterstützungsangebotes, auf das die Sportler zusätzlich zu externen Angeboten zurückgreifen können, sollte vorangetrieben werden. Mit Hilfe einer gut funktionierenden sportpsychologischen Betreuung können Überforderungserscheinungen früher erkannt und somit wesentlich effektiver behandelt werden. Positive Auswirkungen hat dies nicht zuletzt auf die Leistungsfähigkeit der Behandelten – und somit auch auf den sportlichen Erfolg der Vereine.

(www.bundestag.de/dokumente/textarchiv/2009/28057869_kw50_wforum_leistungssport/rede_gienger.pdf 13.12.2010)

K43: WAS DIE PRESSE SCHREIBT

Im Jahr 2010

Bei seinem Abschied als Vizepräsident Leistungssport im Deutschen Olympischen Sportbund (DOSB) erhielt Eberhard Gienger (59) bei der 6. Mitgliederversammlung in München Ersatz für seine gestohlene Bronzemedaille von Olympia 1976 in Montreal. Dort hatte der Weltmeister von 1974 ebenfalls am Reck Platz drei belegt. "Das Original wurde mir in meinem Haus gestohlen. Ich weiß auch ziemlich sicher, wer es war", sagte Gienger. Der bis 2014 für eine zweite Amtszeit gewählte DOSB-Präsident sagte bei Giengers Verabschiedung, er habe beim Internationalen Olympischen Komitee (IOC), dessen Vizepräsident er ist, eine Nachfertigung beantragt und freue sich, diese nun aushändigen zu können.

(www.rp-online.de/public/kompakt/sport/938503/Gienger-erhaelt-Kopie-der-gestohlenen-Olympia-Bronzemedaille.html 13.12.2010)

6.7 Sabine Braun: Ich muss es wirklich wollen – die Motivation als Schlüssel für Sieg und Niederlage

Sabine Braun (*19. Juni 1965 in Essen) avancierte ab Mitte der 1980er Jahre zu einer der erfolgreichsten Mehrkämpferinnen in Deutschland. Im Alter von 13 Jahren begann sie mit der Leichtathletik und gewann 1982 die Silbermedaille bei den Junioren-Europameisterschaften. 1989 wurde sie Deutsche Meisterin, 1991 in Tokio Weltmeisterin und konnte sich hiermit einen großen Traum erfüllen. 1992 folgte bei den Olympischen Spielen die Bronzemedaille, 1990 und 1994 wurde sie Europameisterin. In den folgenden drei Jahren konnte sie nicht an ihre vorherigen Leistungen anknüpfen, 1997 wurde sie dann jedoch im Alter von 32 Jahren erneut Weltmeisterin. Im Jahr 2000 konnte sie bei den Olympischen Spielen in Sydney noch einmal den fünften Platz belegen. Sie beendete ihre Karriere 2002 mit einer Silbermedaille bei den Europameisterschaften in München. *Sabine Braun* ist die erste deutsche Leichtathletin überhaupt gewesen, der es gelungen ist, an insgesamt fünf Olympischen Spielen teilzunehmen: Los Angeles (1988), Seoul (1988), Barcelona (1992), Atlanta (1996) und Sydney (2000). Nach ihrem Karriereende erhielt sie ein Stipendium der Deutschen Sporthilfe für die European Business School in Oestrich-Winkel, sie schloss dieses Studium erfolgreich als „Sportökonomin EBS“ ab. Zudem ist sie ausgebildete Industriekauffrau. *Sabine Braun* ist heute als hauptamtliche Nachwuchstrainerin am Olympiastützpunkt in Wattenscheid tätig.

AUSGEWÄHLTE ERFOLGE VON SABINE BRAUN	
Olympische Sommerspiele	
6. Platz	1984 Los Angeles
14. Platz	1988 Seoul
3. Platz	1992 Barcelona
7. Platz	1996 Atlanta
5. Platz	2000 Sydney

Weltmeisterschaften	
1. Platz	1991 Tokio
2. Platz	1993 Stuttgart
1. Platz	1997 Athen
4. Platz	1999 Sevilla
Europameisterschaften	
1. Platz	1990 Split
1. Platz	1994 Helsinki
6. Platz	1998 Budapest
2. Platz	2002 München
Deutsche Meisterschaften	
1. Platz	1989 Hamburg

K44: WAS DIE PRESSE SCHREIBT

Mit einem Paukenschlag ist Sabine Braun von der internationalen Siebenkampf-Bühne abtreten. Die Wattenscheiderin erkämpfte in ihrem letzten großen Wettkampf bei der Leichtathletik-EM (2002) die Silbermedaille und sicherte sich damit ihre drittes europäisches Edelmetall.

(www.spiegel.de/sport/sonst/a-209046.html 20.12. 2010)

Zu Beginn ihrer Karriere machte sich *Sabine Braun* keinerlei Gedanken über die potentielle Sinnhaftigkeit einer gezielten sportpsychologischen Betreuung zur Unterstützung ihrer eigenen Leistungsfähigkeit. Zum einen gab es aufgrund des vorhandenen sportlichen Erfolgs aus ihrer Sicht keinen offensichtlichen Ansatzpunkt, zum anderen war die Sportpsychologie zu diesem Zeitpunkt noch kein öffentlich diskutiertes Thema, mit dem man als Athlet also zwangsläufig konfrontiert wurde. Dies hat sich mittlerweile doch erheblich verändert, und *Sabine Braun* macht für diesen Umstand mehrere Faktoren verantwortlich: Die einzelnen Wettkämpfe haben an Bedeutung gewonnen, die Leistungsdichte ist stetig gestiegen und jedes legale Potenzial, was einen möglichen Leistungsvorteil erbringen kann, gilt es mittlerweile auszuschöpfen – und hierzu gehört in ganz entscheidender Weise auch die psychische Stabilität und mentale Fitness. Von daher kennt *Sabine Braun* mittlerweile immer mehr Athleten, die für sich einen Sportpsychologen engagieren.

Im Gespräch mit Sabine Braun

Je besser man in seinen Leistungen wird, je wichtiger die Wettkämpfe sind, je enger die Athleten beieinander stehen, was das Ergebnis angeht, je mehr also minimale Unterschiede über Erfolg und Misserfolg entscheiden, desto wichtiger wird die psychologische Komponente. Wenn man sein körperliches Potenzial ausgeschöpft hat, kommt man eher auf den Gedanken, woanders nach legalen Möglichkeiten der Leistungsoptimierung zu suchen, seien dies nun Aspekte wie Ernährung oder Motivation. Man beginnt zu fragen, was man im Kopf noch machen kann, um diesen winzigen Vorsprung zum Gegner zu erlangen. Aber diese ganze Psychologie-Sache im Sport ist man erst so in den letzten fünf bis zehn Jahren gekommen.

Die Einsicht, selbst Verantwortung für seine Leistungen übernehmen zu müssen, ist dabei ihrer Meinung nach ein ganz entscheidender Schritt zur Erreichung psychischer Stabilität und mentaler Fitness. Wenn die Leistung nicht stimmt *„hat man natürlich tausend Ausreden parat, wie bspw. ‚An mir lag es nicht.', entweder war es dann der Gegenwind, es war zu kalt oder zu warm oder zu feucht oder der Trainer hat die Pläne falsch geschrieben oder heute war nicht mein Tag oder die Fahrt war so mies."* Die Einsicht, dass der Kopf funktionieren muss, kommt bei vielen Athleten im Zusammenhang mit den Ursachenerklärungen für eigene schlechte Leistungen oftmals sehr spät.

Als psychologisch besonders schwierig beurteilt *Sabine Braun* sportartspezifisch für die Disziplin des Mehrkampfes die zwangsläufigen Pausen; zum einen zwischen den einzelnen Disziplinen, aber auch zwischen dem Aufwärmen und dem Start. Im Leistungssport allgemein bekommt der Athlet gerade beim Warm-Up ein Gefühl dafür, wie leistungsfähig und leistungsbereit er ist, ob es läuft oder eben nicht läuft. Danach muss er die Schuhe wieder ausziehen und in einem Aufenthaltsraum warten – und dies nicht selten länger als eine Stunde. Die Schwierigkeit in diesen Pausenphasen besteht vor allem darin, gleichermaßen die physische und psychische Spannung aufrecht zu erhalten, bis der Wettkampf dann endlich beginnt. Gerade dieses Unterfangen misslingt häufig.

Im Gespräch mit Sabine Braun

Da sitzt man dann und kann die Spannung ja nicht über eine Stunde so weiter halten, das heißt, man geht nun erst mal in den Keller – mental gesehen. Und wenn dann der eigentliche Wettkampf ansteht, zieht man sich die Spikes schließlich wieder an und muss nun versuchen, da die Spannung vom Einlaufplatz wieder zu erzeugen. So dass man dann (...), wenn man am Startblock steht, auch wirklich bereit ist dafür.

Es folgen die Unterbrechungen zwischen den Disziplinen sowie die große Mittagspause, die immer wieder den erneuten Aufbau von Spannung und Motivation verlangen. Wenn die Wettkämpfe an mehreren Tagen stattfinden, kostet der zweite Tag psychologisch eine noch stärkere Überwindung, da der Körper und die Psyche durch die harten Belastungen am Vortag nach einer Pause verlangen – besonders dann, wenn man in der Nacht zwischen den beiden Wettkampftagen schlecht geschlafen hat. Als konstruktive Lösungsmöglichkeit sieht *Sabine Braun* vor allem die Erkenntnis an, dass es den Konkurrenten keineswegs anders ergeht – dies muss man sich als Athlet bewusst machen, um auf diese Weise eine positive und optimistische Haltung zum anstehenden Wettkampf gewinnen zu können.

Im Gespräch mit Sabine Braun

Aber es geht im Grunde ja allen Athleten so. Das heißt, allen tut etwas weh und alle sind müde. Und wenn man das dann so hinbekommt, dass man sagt: Das ist jetzt egal, ich bin gut drauf. Dann kann man seine Leistungen eher bringen als wenn man sich halt selber schlecht redet. Ich habe viele Mehrkämpferinnen gesehen, die haben sich von solchen Dingen extrem runterziehen lassen während des Wettkampfes. Ist mir auch schon passiert.

Sabine Braun ist schließlich zu dem Entschluss gelangt, sich sportpsychologisch betreuen zu lassen. Hierbei hat sie die Beratung zunächst mit einer skeptischen und eher pessimistischen Einstellung begonnen. Sie räumt in der Rückschau selbst ein, dass sich ihre wenig konstruktive Grundeinstellung vermutlich negativ auf mögliche Effekte der Betreuung ausgewirkt haben könnte, da ja der Glaube bekanntlich „Berge versetzen kann" und die Bereitschaft sowie die Motivation, an der eigenen Person zu arbeiten, eine notwendige Voraussetzung für den Erfolg sportpsychologischer Maßnahmen darstellt. Ihre Erfahrung mit einer Kinesiologin[9] bewertet sie als interessant, und sie ist durchaus bereit gewesen, die hier theoretisch erworbenen Kenntnisse auch praktisch umzusetzen. Für das Karrierejahr dieser Zusammenarbeit beschreibt *Sabine Braun* ihre Leistungen als recht gut – allerdings schreibt sie diese Tatsache nicht der Kinesilogie zu. Negative Erfahrungen hat sie hingegen mit der Hypnose gesammelt; nicht zu-

9 Die Kinesiologie (griechisch „Lehre von der Bewegung") wurde in den 1960er Jahren von dem amerikanischen Chiropraktiker George Goodheart entwickelt und dient als Diagnoseinstrument und Therapieform. Das Ziel besteht in der Wiedererlangung der körperlichen, energetischen und geistigen Beweglichkeit einer Person durch Nutzung der körpereigenen Energien. Prozesse im Menschen spiegeln sich in der Vorstellung auch im Funktionszustand seiner Muskeln wider. Daher werden mittels eines Muskeltests Dysfunktionen in den Bewegungsabläufen und "energetische Blockaden" identifiziert, da diese häufig stressbedingt sind. Interveniert wird mit Hilfe homöopathischer und / oder pflanzlicher Arzneimittel bzw. mit Hilfe von Vitaminen.(www.medizinfo.de 20.12.2010)

letzt auch deshalb, weil sie mit der Person, welche die Hypnose[10] durchführte, nicht zurecht gekommen ist. Zudem gefiel ihr nicht, dass die ganze „Strategie" der Arbeit darauf ausgerichtet gewesen ist, ihr zu suggerieren, wie gut sie sei und wie toll sie die anstehenden Herausforderungen bewältigen werde.

> Im Gespräch mit Sabine Braun
>
> *Und vor allem lief das auch nur immer wieder darauf hinaus, dass man mir erzählt hat, wie toll ich bin und wie einfach das alles ist und wie gut ich das meistern werde. Ich sollte mich dann vor den Spiegel stellen und Sachen sagen wie: ‚Ich fühl mich gut. Ich schaffe das. usw.'*

Eine weitere psychologische Maßnahme, die *Sabine Braun* während ihrer aktiven Laufbahn testete, war das so genannte MindWalking[11], bei der sie einen differenzierten Text über das sportliche Geschehen (bspw. den Ablauf eines 800-m-Laufes) schreiben sollte. Diesen Text sollte sie sich immer wieder durchlesen und mental abarbeiten – auch vor dem Wettkampf. Der Transfer auf die reale Wettkampfsituation ist ihr aber nicht wirklich gelungen. Im Nachhinein geht *Sabine Braun* davon aus, dass beide Methoden nicht wirklich zu ihrer Persönlichkeit „gepasst" haben, und sie diese Versuche gemäß dem Motto *„kann man ja mal ausprobieren"* unternommen hat.

> Im Gespräch mit Sabine Braun
>
> *Ich war letztlich nicht in der Lage, irgendwas zu verändern, weder mit MindWalking noch mit Kinesiologie oder Hypnose. Es ist nichts, gar nichts passiert. Zum Ende meiner Karriere hin habe ich das Ganze dann ein bisschen lockerer gesehen und mir gesagt: Na ja, jetzt läufst du halt irgendwie und versuchst das Beste.*

In der Gesamtschau gestaltet sich *Sabine Brauns* Einstellung zu den Einflussmöglichkeiten sportpsychologischer Arbeit nach wie vor skeptisch, wobei sie

---

10 Bei der Hypnose (griech. Schlaf) handelt es sich um ein Verfahren zur Beeinflussung des menschlichen Verhaltens, das über Instruktionen des Hypnotiseurs induziert wird. Hypnose wird bei ganz verschiedenen Erkrankungen eingesetzt, vor allem jedoch zur Erzeugung von Anästhesie (Schmerzkontrolle). Die moderne Hypnose sieht den Patienten als Kooperationspartner und aktiven Gestalter seiner Trance-Prozesse. Es geht also nicht darum, den Patienten zu manipulieren, sondern ihm Möglichkeiten zu eröffnen, latente Fähigkeiten nutzbar zu machen. Es gelten etwa 50-60% der Menschen als hypnotisierbar. (www.heilzentrum-mitte.de 20.12.2010)

11 MindWalking bedeutet: „einen Lebensbereich geistig durchwandern" und die Lösung finden. Der Bereich, um den es dabei geht, mag in Geist und Psyche eines Menschen liegen, in seinem „Seelenleben" also, oder auch in Umwelt, Beruf und Familie. Ziel ist die Förderung der Persönlichkeitsentwicklung. (www.mindwalking.de 20.12.2010)

ihre Skepsis in erster Linie mit der „typischen“ Mentalität der meisten Athleten begründet.

> Im Gespräch mit Sabine Braun
>
> *... dass der Sportler an sich erst mal faul ist. Also ich kennen keinen Leichtathleten, der gerne zu Fuß geht. ‚Also von hier bis da zu Fuß gehen, das ist eigentlich schon ein bisschen viel. Ich habe doch ein Auto.*

Sie geht deshalb davon aus, dass Athleten eben dazu neigen, nur solche Methoden auszuprobieren, die möglichst schnell und mit wenig Aufwand Erfolg versprechen. Die Motivation, eine dauerhafte psychologische Betreuung in Anspruch zu nehmen, muss bei vielen erst noch geweckt werden, hier wäre dann ein grundsätzliches Umdenken erforderlich.

> Im Gespräch mit Sabine Braun
>
> *Ich denke also, jeder springt auf das an, was einem gerade angeboten wird, was sich plausibel anhört und nicht zu aufwendig erscheint.*

Weitere Hemmnisse im Kontext der sportpsychologischen Arbeit sind zum einen die Undurchschaubarkeit seriöser und unseriöser Angebote, also die fehlende Transparenz (s. a. Kap. 4). Hinzu kommen die zum Teil sehr langen Wartezeiten (teilweise bis zu einem halben Jahr; dies kann auch damit zusammenhängen, dass die seriösen und erfolgreichen sportpsychologischen Anbieter die vorhandene Nachfrage nicht bewältigen können). Gerade zweiterer Punkt führt dann zu einem Dilemma: Denn Athleten, die endlich den Schritt gewagt haben, psychologische Unterstützung in Anspruch zu nehmen, wollen sofort handeln – bevor sie ihre Haltung überdenken bzw. der Zug in der Karriereentwicklung bereits abgefahren ist.

Mit Blick auf die fehlende Transparenz vertritt *Sabine Braun* die Auffassung, dass in diesem Bereich viel mehr Öffentlichkeitsarbeit und Aufklärung betrieben werden müsste; sie findet es schade, dass es so schwierig ist, einen guten Psychologen zu finden. Denn trotz aller eigener Skepsis betont sie die Nachhaltigkeit sportpsychologischer Beratung und Betreuung für die Karriere – Athleten sollten frühzeitig, also von Beginn ihrer Karriere, und dauerhaft betreut werden, nicht erst nach mehreren Jahren im Leistungssport, vor allem nicht nur in Krisenzeiten, in denen die erwartete Leistung nicht erreicht wird.

> **K45: Was die Presse schreibt**
>
> *Inzwischen wird die psychologische Betreuung unter Sportlern und Trainern immer mehr akzeptiert: „Bei älteren Trainern haben wir noch mit Vorurteilen zu tun, die die Psychologie immer gleich mit persönlichen Problemen, mit der ‚Couch‘ in Verbindung bringen. Jüngere Trainer und die meisten Sportler gehen aber sehr unbefangen und offen mit uns um“, sagt Eberspächer.*

Was nicht zuletzt auch damit zu tun hat, dass sich die Sportpsychologie als seriöse wissenschaftliche Disziplin etabliert hat. Als die sportpsychologische Praxis vor gut 20 Jahren erstmals eine Hochkonjunktur erlebte, betraten allerhand Scharlatane die Szene und versprachen Vereinen und Athleten Wunderdinge. Mittlerweile wird das Bild jedoch von Leuten wie Eberspächer bestimmt. Es gibt 20 Professuren in Deutschland, die Arbeitsgemeinschaft Sportpsychologie hat 240 Mitglieder und die Sportpsychologie ist für Sportstudierende Pflichtfach. In der Zeitschrift „Sportpsychologie" werden vierteljährlich empirische Untersuchungen zu Themen von der Wirkweise mentalen Trainings bis hin zur Rolle der Psychologie in der Rehabilitation veröffentlicht. Nur im absoluten Spitzensport, so Eberspächer, ist es schwierig, auf der Grundlage gesicherter Wissenschaft zu praktizieren: „Wir arbeiten mit Weltmeistern und Olympiasiegern. Da ist es kaum möglich, für eine Studie eine Vergleichsgruppe zusammen zu bekommen." Die Praktiker verlassen sich hier nicht zuletzt auf die Erfahrungen der Kollegen aus beinahe 30 Jahren Praxis.

Unter Athleten und Trainern setzt sich indes die Einsicht durch, dass der psychologische Faktor bei wachsender Leistungsdichte den Ausschlag zwischen Sieg und Niederlage geben kann. „Wir können den Sportler dazu bringen, verlässlich das zu leisten, was er kann", sagt Wolfgang Wölfle, der die deutschen Leichtathleten psychologisch betreut. Wie viel das konkret ausmacht, bei einem Olympischen Finale etwa, wagt natürlich kaum ein Psychologe zu quantifizieren. Zu viele Faktoren spielen bei einer sportlichen Spitzenleistung eine Rolle, als dass man sie isolieren und messen könnte.

(www.bild-der-wissenschaft.de/bdw/bdwlive/heftarchiv/index2.php?object_id=30224365 20.12.2010)

K46: WAS DIE PRESSE SCHREIBT

Im Jahr 2009

Etwa zwei Drittel ihres Arbeitstages verbringt die zweimalige Siebenkampf-Weltmeisterin mit pädagogischer Trainingsarbeit auf dem Platz, ein Drittel ist sie mit administrativen Aufgaben – wie der Vorbereitung von Talentsichtungs-Veranstaltungen mit bis zu 1.500 Kindern – befasst.(...) "Mit 60 will ich nicht mehr jeden Tag im Stadion stehen", sagt Braun, für die Sicherheit im Leben so viel bedeutet – auch wenn diese nicht wirklich existiert.

(www.ard.ndr.de/berlin2009/wm_geschichte/braun108.html 13.12.2010)

6.8 Rudi Cerne: Das soziale Umfeld muss stimmen – der Athlet und seine Bezugspersonen

Rudi Cerne (* 26. September 1958 in Wanne-Eickel), ehemaliger deutscher Eiskunstläufer, hat sich mittlerweile sehr erfolgreich als Fernsehmoderator etabliert. Von 1999 bis 2006 moderierte er u. a. das Aktuelle Sportstudio, seit 2002 ist er der Anchor-Man der äußerst erfolgreichen TV-Sendung „*Aktenzeichen XY ungelöst*". Nach seinem Abitur ging *Rudi Cerne* 1979 als Zeitsoldat zur Bundeswehr. Bereits ein Jahr zuvor gewann er seinen ersten Titel bei den Deutschen Meisterschaften, er belegte 1984 einen zweiten Platz bei den Europameisterschaften sowie im gleichen Jahr den vierten Platz bei den Olympischen Spielen in Los Angeles. 1984 beendete er seine Karriere als Amateursportler und wurde Eislaufprofi bei der weltweit erfolgreichen Revue „Holiday on Ice". Zeitgleich ließ er sich zum Eiskunstlauftrainer ausbilden.

Homepage von Rudi Cerne
☞ Weitere Informationen finden Sie auf der persönlichen Homepage von Rudi Cerne: http://www.rudicerne.de

AUSGEWÄHLTE ERFOLGE VON RUDI CERNE	
Olympische Winterspiele	
4. Platz	1984 Los Angeles
Weltmeisterschaften	
11. Platz	1980 Dortmund
10. Platz	1983 Helsinki
Europameisterschaften	
4. Platz	1982 Lyon
2. Platz	1984 Budapest
Deutsche Meisterschaften	
1. Platz	1978 Dortmund
1. Platz	1980 Garmisch-Partenkirchen
2. Platz	1981 Unna
2. Platz	1982 Mannheim
3. Platz	1983 Oberstdorf
3. Platz	1984 Unna

K47: WAS DIE PRESSE SCHREIBT
Als er seine aktive Karriere beendet, bleibt er der Eisbahn treu, berichtet bei Eiskunstlauf-Ereignissen nun von der anderen Seite der Bande – als Reporter der ARD. Cerne überzeugt, wechselt zum ZDF, wo er lange Jahre das "Aktuelle Sportstudio" moderiert. Als man ihm auch die Moderation des Kriminal-Magazins "Aktenzeichen XY -ungelöst" anbietet, hat Rudi Cerne auch noch den Sprung aus dem Sport in die "seriöse" Moderatorenriege geschafft. (www.geschichte.nrw.de/artikel.php?artikel[id]=970&lkz=de 20.12.2010)

Rudi Cerne gehört zu der Gruppe von Höchstleistungssportlern, denen es gerade zu Karrierebeginn recht leicht gefallen ist, Erfolge zu erzielen. Ohne größere Anstrengung wurde er 1970 der Beste bei den Junioren, und auch in der Meisterklasse konnte er sich rasch nach vorne arbeiten, allerdings kam er hier nie über einen vierten Platz hinaus. Im jugendlichen Alter von etwa 14 Jahren bestand sein vorrangiges sportliches Ziel in der Qualifikation für die Europameisterschaften. Aus heutiger Sicht haben ihn gerade diese Ambitionen keineswegs positiv motivieren können, vielmehr fühlte er sich in seinem Training gehemmt, weshalb er in der Folge die Trainingsintensität reduzierte. Hinzu kam, dass in dieser Entwicklungsphase der Pubertät für ihn Freizeitaktivitäten wie bspw. sein erstes Mofa oder eben auch das Interesse am anderen Geschlecht wichtiger wurden als „sein" Sport. Die Folge war ein deutlicher Leistungseinbruch bei den Deutschen Meisterschaften (1974/75, Platzierungen fünf und sechs).

Nach diesem sportlichen Rückschritt verspürte *Rudi Cerne* den Wunsch, etwas für seine psychische Stabilität und mentale Fitness zu tun, denn er erkannte durchaus seine Schwachpunkte: Sein vorrangiges Problem auf dem Eis bestand darin, dass er seine Kür nicht 100% beherrschte – im Durchschnitt war bei fünf Durchläufen nur ein wirklich guter dabei. Angesichts dieser schlechten Quote fehlte es ihm (nicht verwunderlich) an dem erforderlichen Selbstbewusstsein, darauf zu vertrauen, dass er die Kür im Wettkampf erfolgreich laufen könnte. Seine Einstellung zum Wettkampf umreißt er mit den Worten: *„Oh Gott, das kann heute im Leben nichts werden!"* Das positive Gegenbeispiel hatte er in der Person eines Trainingskollegen, der in der Wettkampfsituation stets seine Leistung relativ zum Training deutlich steigern konnte.

Hilfe holte sich *Rudi Cerne* zunächst von seinem Konditionstrainer. Er versuchte, ihm mit kleinen Hilfsmitteln wie etwa einer Entspannungs-CD das Leben zu erleichtern. Auf diese Weise gelang es *Rudi Cerne* durchaus, vor wichtigen Wettkämpfen ruhiger und lockerer zu werden. Durch den Tipp seines Bruders baute er zudem in der Folgezeit Kontakt zu einer Therapiegruppe auf, die u. a. in der Technik des autogenen Trainings geschult wurde. Da er allerdings der einzige Leistungssportler innerhalb der Gruppe war und somit auch im Vergleich zu den übrigen Teilnehmern mit ganz anderen Problemlagen zu kämpfen hatte, fühlte er sich dort nicht gut aufgehoben und gewann zunehmend das Gefühl, auf dem falschen Weg zu sein.

Obwohl sie in seinen Augen eine sehr wichtige Rolle einnehmen, werden mentale Aspekte in den verschiedenen Bereichen des gesellschaftlichen Miteinanders viel zu wenig beachtet, dies gilt in der Bewertung von *Rudi Cerne* gerade auch für den Bereich des Sports. Er selber erinnert sich genau an ein Ereignis aus der Vergangenheit – ein „Schlüsselerlebnis", wie er es nennt und das ihn psychisch regelrecht befreit hat: Während seiner aktiven Zeit beschäftigte er sich immer wieder mit der Frage, was er denn eigentlich nach seiner sportlichen Laufbahn machen solle, also *„was danach kommt"*. So auch im Zuge eines Gespräches mit dem Personalchef seines Sponsors, der ihm daraufhin eine berufliche Perspektive in diesem Unternehmen in Aussicht stellte. Hierdurch fühlte er sich „von den ewigen Zukunftsängsten befreit", er konnte fortan psychisch weitaus gefestigter seine sportlichen Ziele verfolgen.

Im Gespräch mit Rudi Cerne

Da ist bei mir innerlich ein Hebel umgeklappt, ich war plötzlich frei von allen beruflichen Sorgen und Zukunftsängsten, bin zur Europameisterschaft gefahren und dort Zweiter geworden. Ich bekam danach sogar einen Vertrag für „Holiday on Ice". Zumindest habe ich da gemerkt, wie enorm wichtig eine gewisse berufliche Unabhängigkeit für einen Sportler ist.

K48: Was die Presse schreibt	
Zur Top Ten der Geldrangliste (Stand: Januar 2011)	
Tiger Woods (Golf)	69,0 Millionen Euro
Roger Federer (Tennis)	47,0 Millionen Euro
Phil Mickelson (Golf)	46,0 Millionen Euro
Floyd Mayweather Jr. (Boxen)	35,0 Millionen Euro
LeBron James (Basketball)	35,0 Millionen Euro
Lionel Messi (Fußball)	34,0 Millionen Euro
David Beckham (Fußball)	30,0 Millionen Euro
Cristiano Ronaldo (Fußball)	29,5 Millionen Euro
Alex Rodriguez (Baseball)	28,5 Millionen Euro
Usain Bolt (Leichtathlet)	10,0 Millionen Euro
(www.exklusiv-golfen.de/news/top-ten-reichste-sportler-2010-10973 31.01.2011)	

Für den sportlichen Erfolg stellt der Trainer in den Augen von *Rudi Cerne* die entscheidende Unterstützungsfunktion für den Athleten dar, zwischen Trainer und Athlet sollte von daher wechselseitig absolutes Vertrauen bestehen. Insofern sieht er ein etwaiges Hinzuziehen eines Sportpsychologen eher kritisch. Gerade im Spitzensport ist mittlerweile der Betreuungsstab zum Teil sehr groß geworden, er ist aber natürlich auch abhängig von den jeweiligen finanziellen Möglichkeiten. Zu seiner aktiven Zeit in den 1970er und 1980er Jahren wurden Athleten, deren Betreuung über die Person des Trainers hinausging, eher belächelt. Diese Zwei-Personen-Konstellation war die Regel und aus der Sicht *Rudi Cernes* auch am Effektivsten.

<u>Im Gespräch mit Rudi Cerne</u>

Wenn es zwischen Trainer und Athlet nur ein klein wenig knistert, kannst du es vergessen. Ich weiß wirklich nicht, ob das auch mit einem Psychologen funktioniert, der selbst nie Eiskunstläufer war. Ich glaube eher nicht. Je mehr Leute auf dich einreden, und davon gibt es jede Menge, desto verunsicherter wirst du.

In seinen Augen sollte es stets nur eine zentrale Bezugsperson geben, dies vor allem mit Blick auf die Rückkoppelung des Leistungsstandes und der Leistungsergebnisse. Entscheidend für einen guten Trainer ist dementsprechend dessen fachliche Kompetenz, deren Grundlage auch eigene Erfahrungen in der jeweiligen Sportart sind. Auf diese Weise fällt es dem Trainer leichter, sich in die Sichtweise seines Athleten zu versetzen und seine Probleme wirklich zu verstehen – eine entscheidende Grundlage, um ein positives Vertrauensverhältnis zum Trainer aufbauen resp. fördern zu können.

<u>Im Gespräch mit Rudi Cerne</u>

Auch wenn jemand im Alter aufs Eis geht und zwei, drei Schritte vormacht, dann weißt du sofort, ob der es mal konnte oder nicht. Der muss nicht springen, der muss nur drei Bewegungen machen, dann weiß ich das.

In seiner Rückschau wird deutlich, wie wichtig für *Rudi Cerne* zentrale Bezugspersonen für die psychische Stabilität und mentale Fitness (und damit auch für sein Leistungsvermögen) gewesen sind. In diesem Zusammenhang berichtet er von einem weiteren Schlüsselerlebnis, einer Begegnung mit einem Arzt. Ganz unbewusst hat er ihm durch die Vermittlung eines Rituals ganz entscheidend geholfen, vor wichtigen Leistungssituationen die notwendige Balance zwischen An- und Entspannung zu finden und sich auf die bevorstehende Übung konzentrieren zu können.

<u>Im Gespräch mit Rudi Cerne</u>

Das war so ein Typ mit Ausstrahlung. Er sprach kaum ein Wort Deutsch und machte mit mir Autogenes Training. Der nahm sich für mich 20 Minuten Zeit.

und dabei bin ich fast eingepennt. Am Schluss der Sitzung sagte er zu mir: 'Sie kommen auf die Treppe.' Der wusste nicht das Wort 'Podest' zu sagen – 'Sie kommen auf die Treppe.' Es gibt Menschen, bei denen bekomme ich Gänsehaut, wenn sie reden. Du kannst dich gar nicht konzentrieren, weil du fast am Wegnicken bist. Genauso einer war das. Das war für mich auch so eine Art Anker, ohne dass er das selbst wusste. Ich habe ihn jetzt nicht gefragt, ob ich öfters zu ihm kommen kann, sondern habe mir stattdessen seine Worte ins Ohr gesagt: 'Kommen Sie, ich mache das jetzt, setzen sie einfach sich hin.' Und dann am Schluss immer: 'Sie kommen auf die Treppe.'

Im Vergleich zur heutigen Eiskunstlaufszene bewertet *Rudi Cerne* das sportliche Leistungsniveau zu seiner aktiven Laufbahn als erheblich hochwertiger, es fehlt an souveränen Athleten, an *„richtigen Männern"*, bei denen es um Leistung und nicht um Kostüme geht. Auch das Training hat sich vor dem Hintergrund dieser Entwicklung in seinen Augen verändert: Zwischen Trainer und Athlet bestand ein ganz klares hierarchisches Gefälle zugunsten des Trainers, seine Autorität wurde nicht in Frage gestellt. Von daher war dann auch ein etwaiger Trainerwechsel äußerst schwierig, wenn ein Trainer *„den Athleten mal härter angepackt hat"*. Für *Rudi Cerne* sollte der Trainer neben dem Aspekt der Leistungsförderung im Idealfall für die jungen Talente ebenso eine wichtige erzieherische Rolle einnehmen, er sollte die Athleten auf das weitere soziale Leben vorbereiten und nicht nur als eine Art „Dienstleister" angesehen werden.

<u>Im Gespräch mit Rudi Cerne</u>

Wenn heute so trainiert würde, wie es zu meiner Zeit der Fall war, da bin ich mir sicher, der eine oder andere würde das Jugendamt alarmieren. Da hast du auch mal eine gepfeffert gekriegt. Das war ganz normal. Da hat auch kein Vater gesagt: ‚Was machen Sie da mit meinem Sohn?'.

Heutzutage gilt: Entsprechend zu Befunden aus der Führungsforschung muss Trainer sein Verhalten entlang dem Kontinuum „Aufgaben-" und „Persönlichkeitsorientierung" variieren, wobei ein entsprechendes Ausmaß an unbedingter Wertschätzung dem Athleten gegenüber von großer Bedeutung ist. Im positiven Fall orientiert sich der Trainer als Führungsperson somit an den Bedürfnissen seines Schützlings, dennoch verliert er nie das Ziel der Leistungsentwicklung aus den Augen.

K49: Was die Presse schreibt

Im Jahr 2009

Seit 2002 moderiert er äußerst erfolgreich diese für das ZDF und für die Polizei überaus wichtige Fahndungssendung, bei der für ihn stets die Aufklärungsquote wichtiger ist als die Einschaltquote. Dabei schärfte er vor allem sein eigenes Profil und bewies, dass es neben der Arbeit in der Sportredaktion des ZDF durchaus möglich ist, eine Sendung wie "Aktenzeichen

> *XY...ungelöst" erfolgreich wiederzubeleben.*
>
> *Rudi Cerne verleiht Ihrer Veranstaltung seine ganz persönliche Note. Er ist ein Sportexperte und besticht nicht nur vor der Kamera sondern auch als Moderator von Galaveranstaltungen wie z.B. der Sportler des Jahres-Gala, Sport- oder Businesstalks sowie Messeauftritten.*
>
> *Wie keinem anderen ist es Rudi Cerne gelungen, trotz seiner umfangreichen Einsätze im Bereich Sport die Seriosität und Ernsthaftigkeit für eine Sendung wie "Aktenzeichen XY...ungelöst" an den Tag zu legen, die ihm inzwischen auch abseits der Kamera zu einem der beliebtesten Moderatoren und gefragtesten Testimonials gemacht hat.*
>
> (www.rundumerfolgreich.de/referenten_rudi_cerne.php 13.12.2010)

6.9 Thomas Helmer: Der Druck der Öffentlichkeit

Thomas Helmer (* 21. April 1965 in Herford) ist ein ehemaliger deutscher *Fußballspieler*. Er wurde in seiner aktiven Karriere drei Mal Deutscher Meister (1994, 1997 und 1999) und zwei Mal DFB-Pokal-Sieger, 1996 gewann er den UEFA-Pokal und wurde Europameister. Thomas Helmer zählte in den 1990er Jahren zu den besten deutschen Defensivspielern. Nach seinem Abitur spielte er zunächst für Arminia Bielefeld, wechselte dann zu Borussia Dortmund, wo er sich zu einem der Leistungsträger entwickelte. Vom 1992 bis 1999 spielte *Thomas Helmer* für den FC Bayern München, mit dem er mehrfacher Deutscher Meister wurde, danach wechselte er zum englischen Premier-League-Aufsteiger FC Sunderland. 2002 beendete er seine aktive Karriere und arbeitet derzeit als Sportjournalist für das DSF. Privat engagiert er sich für die SOS Kinderdörfer und unterstützt den Verein Dunkelziffer e.V. in Hamburg (Hilfe für sexuell missbrauchte Kinder).

Internetseite über Thomas Helmer
☞ Weitere Informationen über Thomas Helmer finden Sie u.a. auf der folgenden Website: http://www.fussballdaten.de/spieler/helmerthomas

AUSGEWÄHLTE ERFOLGE VON THOMAS HELMER	
UEFA-Cup	
1. Platz, FC Bayern München	1996 Bordeaux
Champions League	
2. Platz, FC Bayern München	1999 Barcelona
Europameisterschaften	
2. Platz	1992 Schweden
1. Platz	1996 England
Deutscher Pokal	
1. Platz, Borussia Dortmund	1989 Berlin
1. Platz, FC Bayern München	1998 Berlin
2. Platz, FC Bayern München	1999 Berlin
Ligapokal	
1. Platz, FC Bayern München	1997 Leverkusen
1. Platz, FC Bayern München	1998 Leverkusen
Deutsche Meisterschaften	
1. Platz, FC Bayern München	1994
1. Platz, FC Bayern München	1997
1. Platz, FC Bayern München	1999

K50: Was die Presse schreibt

Die Seele des Thomas Helmer, der seit Dienstag bei Hertha BSC unter Vertrag steht, detonierte am 26. Mai des Jahres (1999) beim Champions-League-Finale zwischen Bayern München und Manchester United in Barcelona.

Bayern-Trainer Ottmar Hitzfeld lässt Helmer auf der Bank. Als noch zehn Minuten zu spielen sind und der 1:0-Vorsprung zu verteidigen ist, bringt er Thorsten Fink, nicht Helmer.

Eine Minute vor dem Ende kommt Salihamidzic ins Spiel. Der routinierte Abwehrspieler Thomas Helmer bleibt draußen – der Rest ist bekannt.

Helmer bedenkt seinen Trainer nach dem Spiel mit jener Geste, mit der sich schon mal Stefan Effenberg aus der Nationalmannschaft verabschiedete, und allerlei anderen deutlichen Zeichen der Verachtung.

(www.tagesspiegel.de/sport/thomas-helmer-hat-ein-problem-er-ist-zu-schlau-fuer-seine-kollegen/89698.html 20.12.2010)

Aus der Sicht von *Thomas Helmer* spielen psychische Stabilität und mentale Fitness gerade für den Volkssport Fußball eine besonders wichtige Rolle, um dem psychischen Druck in den verschiedenen Leistungssituationen Stand halten zu können. Diese Fähigkeit trennt letztendlich die berühmte Spreu vom Weizen, denn die für einen guten Fußballer erforderlichen physischen Kompetenzen lassen sich seines Erachtens vergleichsweise einfach aneignen. Vor allem in der ersten Bundesliga besteht bei den Vereinen eine sehr hohe und ergebnisorientierte Erwartungshaltung – man darf nicht verlieren, selbst ein Unentschieden wird kaum akzeptiert. Aufgrund der erheblichen Leistungsdichte im Fußball zählen letztendlich also nur Siege, um als erfolgreich wahrgenommen zu werden. Von daher setzen sich im Fußball eben die Athleten durch, die physisch und psychisch konstant konstruktiv mit auftretenden Belastungen umgehen können. Vor dem Hintergrund seiner eigenen beruflichen Erfahrungen beschreibt *Thomas Helmer*, dass diese Form der mentalen Stärke von den Fußballern im Laufe ihrer sportlichen Karriere „automatisch" gelernt wird bzw. gelernt werden muss, und zwar in ähnlicher Weise, wie sie auch den Umgang mit interner und externer Kritik erlernen (müssen). Kritik erfahren die Fußballer durch die öffentliche Meinung, natürlich auch durch den Verein in Form von Management und Trainer, aber ebenfalls seitens des eigenen persönlichen Umfeldes. Zu lernen, sich damit positiv auseinander zu setzen und diese Kritik letztendlich für sich gewinnbringend zu verarbeiten, ist notwendig, damit sie sich nicht verletzend auswirkt und auf diese Weise die persönliche Leistungsfähigkeit beeinträchtigt. Gerade den Medien schreibt er einen hohen Einfluss zu.

Im Gespräch mit Thomas Helmer

Es gibt ja viel Situationen, in denen einen am Anfang Kritik sehr verletzt, und in denen man später dann relativiert und sagt: 'Okay, das machen die in der

Zeitung immer so, oder das sagt der Trainer immer so.' Das hindert einen aber nicht daran, trotzdem gute Leistungen zu erbringen. Da werden die Jungs erst einmal hochgejubelt und dann kommt der große Fall, denn irgendwann fällt man halt und wird schlechter. Das aufzufangen ist, glaube ich, das Schwierigste. Da ist es dann wichtig, dass in diesen Momenten jemand da ist, dem ein Spieler sich anvertrauen kann.

Für *Thomas Helmer* ist nun in diesem Kontext ganz entscheidend, dass eine wichtige Vertrauensperson im sozialen Umfeld des Athleten vorhanden ist. Also: Diese soziale Unterstützung muss nicht zwangsläufig von psychologisch geschulten Kräften erfolgen, vielmehr ... " *geht (es) einfach nur darum, mit jemandem zu reden*". Insofern kann auch bspw. ein Elternteil diesen Part übernehmen. Schwierig wird es dementsprechend dann für den Athleten, wenn er für sich keine solche Vertrauensperson in seinem näheren Umfeld wahrnimmt, an die er sich wenden kann.

An dieser Stelle sind dann auch die Spezifika einer Mannschaftssportart zu bedenken. In einer Einzelsportart kann sicherlich auch der Trainer leichter die Rolle des vertrauenswürdigen Ratgebers ausfüllen, in einer Mannschaftssportart wie im Fußball hält *Thomas Helmer* dieses nicht für möglich – der Trainer muss mindestens zwanzig Spieler trainieren, dementsprechend viel Verantwortung trägt er und dementsprechend viele Aufgaben hat er zu erfüllen. Hinzu kommt, dass sich auch der Trainer mit dem Druck der Öffentlichkeit und den Medien auseinandersetzen muss.

Im Gespräch mit Thomas Helmer

Ich glaube nicht, dass er dann auch noch Seelsorger für die Spieler sein kann. Zumindest nicht für jeden einzelnen. Das ist nicht möglich.

Thomas Helmer kann sich den Einsatz eines sportpsychologischen Beraters im Profifußball grundsätzlich durchaus vorstellen, er sieht aber auch mögliche Probleme, insbesondere mit Blick auf den Status des Trainers innerhalb des Teams. Ein „starker" Trainer wird innerhalb seines Teams keine Probleme haben (sportpsychologische Unterstützung wird also nicht benötigt), während ein unsicherer Coach seine Position in der Mannschaft durch eine weitere Person möglicherweise gefährdet sieht und deshalb zu dem Entschluss gelangt, niemanden für das Team zu engagieren. Ein anderes Problem sieht er in dem vielfach immer noch zu stark negativ besetzten Image der Sportpsychologie.

Im Gespräch mit Thomas Helmer

Da gibt es immer diese Hemmschwelle. Da gibt es viele Vorbehalte, was denn die Psychologen da eigentlich machen.

In der Gesamtschau bewertet *Thomas Helmer* den Stellenwert von psychischer Stabilität und mentaler Fitness im Vergleich zur physischen Stärke eines Fußballers im Verhältnis 70% (psychische Komponenten) gegenüber 30% (physische Komponenten). Als besonders problematischen Aspekt betrachtet er die permanente (öffentliche) Erwartung an die Spieler, dass sie aufgrund ihres hohen Gehaltes *„zu funktionieren haben“*. Statt vorhandene Probleme (auch mithilfe sportpsychologischer Unterstützung) anzugehen und auf entsprechende nachhaltige Effekte zu setzen, wird seitens der Vereinsführung eher ein neuer Spieler eingekauft.

> Im Gespräch mit Thomas Helmer
>
> *Du kriegst viel Geld, also funktioniere gefälligst! Wie du das machst, ist uns im Prinzip egal. Und wenn nicht, dann nehmen wir halt einen Anderen.' Das ist einfach diese lasche Einstellung.*

Die Schnelllebigkeit im Profifußball und die damit verbundene Relevanz kurzfristiger Erfolge bringt es zudem mit sich, dass sich Vereine mehrheitlich (noch) scheuen, in eine sportpsychologische Unterstützung zu investieren, wenngleich ein diesbezüglicher Bedarf in den Augen von *Thomas Helmer* unstrittig ist – viele Athleten verfügen zwar über fußballerisches Talent, sie können dieses aber in den wichtigen Leistungssituationen nicht oder nur unzureichend entfalten, weil sie der auftretenden Belastung nicht gewachsen sind.

> Im Gespräch mit Thomas Helmer
>
> *Der Verein braucht keine Spieler, die ihre optimale Leistung erst nach geraumer Zeit abrufen können. Der Spieler möchte das vielleicht. Der könnte sagen, okay ich kann drei Jahre warten, aber der Verein sagt natürlich nicht: Ich warte drei Jahre, bis du mal soweit bist. Er hat diesen permanenten Druck im Nacken und deswegen ist das mit der sportpsychologischen Betreuung im Fußball eine so schwierige Sache.*

Darüber hinaus ist die Skepsis der Athleten gegenüber psychologischen Hilfen nicht zu unterschätzen, da es in dieser Hinsicht viele unseriöse Angebote gibt. Auch wenn er selbst keine eigenen Erfahrungen mit einem solchen Sportpsychologen gemacht hat – das Beispiel, bei dem Fußballer über glühende Kohlen laufen sollten, um ihre mentale Fitness zu verbessern, bestätigt *Thomas Helmer* in seinen Vorbehalten.

> Im Gespräch mit Thomas Helmer
>
> *Solche Techniken oder auch Leute, die so etwas verbreiten, sind nicht gerade förderlich für den Bereich.*

Seit der erfolgreichen Implementierung eines Sportpsychologen in das Team der Fußballnationalmannschaft im Jahr 2004 durch Jürgen Klinsmann und dem tragischen Selbstmord des Torwarts Robert Enke wird im Fußball nun vermehrt psychologische Unterstützung seitens der Vereine in Anspruch genommen.

Hierzu zählen 2010 u. a. Hannover 96, Borussia Dortmund, FC Bayern München, TSG Hoffenheim und Werder Bremen.

K51: AUS DER PRESSE

Zu Äußerungen des Sportpsychologen Dr. Hans-Dieter Herman (22.03.2008)

SPIEGEL: *Sie arbeiten seit Ende 2004 für den Deutschen Fußball-Bund, inzwischen auch beim Zweitligisten TSG 1899 Hoffenheim. Ist die Sportpsychologie im Fußball salonfähig geworden?*

Hermann: *Ich hatte zu Beginn meiner Tätigkeit bei der Nationalmannschaft das Glück, dass Oliver Kahn auf einer Pressekonferenz auf Anfrage mehrerer Journalisten sagte: Es sei überfällig, dass auch im Fußball Psychologen mitarbeiten. Das hat mir enorm beim Einstieg geholfen. Entscheidend ist jedoch, dass es ein Verständnis dafür gibt, dass Sportpsychologie vorrangig Training ist: Training im Kopf und für den Kopf – zur Leistungsoptimierung. Die Amerikaner gehen schon lange offen damit um, die kommen mit 20 Psychologen zu den Olympischen Spielen.*

SPIEGEL: *Ist das nicht übertrieben?*

Hermann: *Das mag vielleicht hoch angesetzt sein. International ist die Thematik jedoch einfach normal. Kürzlich habe ich erfahren, dass der FC Sevilla ein Team von zwölf Psychologen hat, die sich von der Jugend bis zu den Profis um alle Spieler kümmern.*

(www.spiegel.de/spiegel/0,1518,542771,00.html 13.12.2010)

K52: WAS DIE PRESSE SCHREIBT

Zu Äußerungen des Sportpsychologen Prof. Dr. Bernd Strauß (12.09.2004)

Alle Bundesligatrainer stehen unter enormem Erfolgsdruck. Sie müssen gewinnen, sonst sind sie ihre Jobs los. Einen Psychologen zu konsultieren empfinden viele Trainer als Kompetenzverlust. Sie wollen alle Fäden allein in der Hand halten, um zu zeigen, dass sie Herr der Lage sind. Dieses Denken ist längst überholt. Ein guter Coach teilt seine Macht – das können wir vom amerikanischen Sport lernen. In den USA werden im Basketball, Baseball, Eishockey und Football Heerscharen von Assistenten beschäftigt, unter anderem auch Psychologen. Erfolg ist immer das Ergebnis einer Teamleistung.

(www.stern.de/sport/sportwelt/mentaltraining-ein-guter-coach-teilt-seine-macht-529617.htm 07.09.10l)

Idealtypisch beschreibt *Thomas Helmer* den Trainer im Fußball wie folgt: Er verfügt über psychologische Kompetenzen, kann seine Spieler infolgedessen auch in mentaler Hinsicht unterstützen, darüber hinaus steht er als vertrauenswürdiger Ansprechpartner für jeden Einzelnen zur Verfügung. Dieses würde sich in seinen Augen dann sehr positiv auf die Leistungsentwicklung eines Teams auswirken. Die Beziehung des Athleten zum Trainer ist vom Grundsatz her nicht wesentlich anders als die zu einem Vorgesetzten oder auch zu einem Lehrer: Wenn man sich mit seinem Chef oder dem Lehrer besser versteht, kann man motivierter arbeiten – gleiches gilt im Sport. Allerdings ist es äußerst schwierig, dass ein Trainer (selbst bei bester Absicht) für alle Spieler innerhalb des Teams zu einer Vertrauensperson werden kann. Vielfach beschränkt sich das Themenspektrum auf den sportlichen Bereich und endet vor der privaten Ebene. Vor dem Hintergrund seiner persönlichen Erfahrungen geht *Thomas Helmer* davon aus, dass sich die Spieler gerade in Bezug auf den Trainer keinen zu engen Kontakt wünschen; die Spieler sind froh, wenn sie auch entsprechende Freiräume ohne ihn haben, da während des Trainings ohnehin genug Zeit miteinander verbracht wird.

> <u>Im Gespräch mit Thomas Helmer</u>
> *Ich glaube auch, dass ein Trainer damit überfordert wäre, weil er ja mindestens zwanzig Leute hat. Er trägt die Verantwortung für alles. Er hat viel zu viele andere Aufgaben und muss immer auch dem Verein Rechenschaft ablegen. Er muss selbst in der Lage sein, diesen ganzen Druck auszuhalten und der Öffentlichkeit gerecht werden. Ich glaube nicht, dass er dann auch noch Seelsorger für die Spieler sein kann. Zumindest nicht für jeden einzelnen. Das ist nicht möglich.*

Das entscheidende Moment, damit Fußballer ihren Trainern Vertrauen entgegenbringen können, ist in den Augen von *Thomas Helmer* dessen Glaubwürdigkeit. Die Mehrheit der Spieler begegnet dem Trainer zunächst mit Misstrauen, was sich durch die spezifischen Bedingungen im Fußball erklären lässt: Jedes Team ist ein äußerst sensibles Gebilde mit einem Kader von mehr als 20 Spielern, von denen ein großer Teil nicht aufgestellt werden kann, wodurch stets ein gewisses Unzufriedenheitspotenzial vorhanden ist.

> <u>Im Gespräch mit Thomas Helmer</u>
> *Davon sind in der Regel 11 bis 12 richtig zufrieden, weil sie spielen dürfen – und der Rest ist unzufrieden. Egal was der Trainer sagt, was für eine Körpersprache er hat, er wird von allen ganz genau beobachtet. Am schärfsten natürlich von denen, die nicht spielen: Inwiefern redet er Mist, sagt er etwas Vernünftiges, inwieweit glaube ich ihm, bringt uns das weiter oder nicht? Bietet der Trainer jetzt irgendeine, wenn auch nur geringe Angriffsfläche, zeigt er irgendeine kleine Schwäche, dann kommt er da nicht mehr raus. Und es gewinnt an Dynamik. Und wenn dann noch der Erfolg ausbleibt, entsteht Unzufriedenheit, das geht ganz schnell. Und praktisch ab dem Zeitpunkt ist das Misstrauen da.*

Thomas Helmer sieht denn auch den Trainerberuf im Fußball als einen Beruf mit extrem hohen Belastungen an. Es muss ihm gelingen, stets und für möglichst alle Spieler eine Autoritätsperson zu sein, dabei darf er vor den Spielern keine Blöße zeigen. Ferner ist der Trainer oftmals die Schnittstelle zwischen den Spielern, den Funktionären und den Medien. Diese schwierige Situation ist für ihn denn auch ein möglicher entscheidender Grund für den häufigen Wechsel von Fußballtrainern in den Vereinen.

K53: AUS DER PRAXIS	
Beispielhafte Darstellung möglicher Beschäftigungsverhältnisse als Vereinstrainer im Fußball	
Thomas Schaaf (*1961): 1987-1995 Jugendtrainer bei Werder Bremen 1995-1999 Amateurtrainer bei Werder Bremen seit 1999 Trainer der Profimannschaft bei Werder Bremen (www.monstersandcritics.de; www.wikipedia.de 03.09.10)	Felix Magath (*1953): 1995-1997 Hamburger SV 1997-1998 1. FC Nürnberg 1998-1999 Werder Bremen 1999-2001 Eintracht Frankfurt 2001-2004 VfB Stuttgart 2004-2007 FC Bayern München 2007-2009 VfL Wolfsburg seit 2009 FC Schalke 04 (www.whoswho.de/; www.wikipedia.de 03.09.10)

K54: AUS DER PRAXIS
Zitate von Fußballtrainern zu ihrem Beruf
Es macht mir Spaß, mein Leben ganz schwer zu machen. Deshalb bin ich Fußballlehrer. (Fred Rutten) (www.welt.de/sport/fussball/article2876633/Bochums-Trainer-Marcel-Koller-droht-Entlassung.htm 07.09.10l)
Ich habe einen Zahnarzt-Termin und bekomme ein neues Gebiss. Ich werde nicht beim Training sein. Schreibt deshalb nicht, ich wäre gefeuert. (Hans Meyer) (www.welt.de/sport/fussball/article2876633/Bochums-Trainer-Marcel-Koller-droht-Entlassung.html 07.09.10)
Ich bin jetzt seit 34 Jahren Trainer und habe gelernt, dass 2 und 2 niemals 4 ist. (Leo Beenhakker) (www.welt.de/sport/article1285999/Armin_Veh_ist_auf_dem_Weg_zum_Untrainer_des_Jahres.html 07.09.10)

K55: WAS DIE PRESSE SCHREIBT Im Jahr 2010
Die Aufgaben waren klar verteilt bei Yasmina Filali, 35, und Thomas Helmer, 45. Sie verziert Muffins und Lebkuchenhäuschen, er ist für das Ausrollen und Ausstechen des Teigs verantwortlich. Im Kinderhospiz Sternenbrücke buk das Paar gestern gemeinsam mit den dort lebenden Kindern und deren Familien Plätzchen. *Schon seit Jahren setzen sich die Schauspielerin und der ehemalige Fußballprofi für soziale Einrichtungen ein. Besonders die Projekte der Sternenbrücke liegen ihnen am Herzen. Für Filali ist das eine Selbstverständlichkeit.* (www.abendblatt.de/hamburg/persoenlich/article1708179/Yasmina-Filali-und-Thomas-Helmer-backen-gute-Taten.html 13.12.2010)

6.10 Patrik Kühnen: Der Trainer als Anstoß

Patrik Kühnen (* 11. Februar 1966 in Püttlingen) ist zu seiner Zeit als Tennisprofi vor allem mit der deutschen Mannschaft erfolgreich gewesen. Er hat insgesamt drei Mal den Davis Cup gewonnen (1988, 1989, 1993) und sich zweimal mit dem deutschen Team den bei der ATP-Mannschaftsweltmeisterschaft in Düsseldorf gesichert (1989, 1994). Sein größter Erfolg im Einzel war das Erreichen des Viertelfinales beim Grand Slam Turnier in Wimbledon. Seine beste Platzierung in der Weltrangliste war Platz 43 im Einzel (15. Mai 1985) und Rang 28 im Doppel (5. Juli 1993). Seit 1998 ist *Patrik Kühnen* Tennisexperte für das Robinson-Club-Tennis-Team und führt Tenniscamps durch und arbeitet er als Co-Kommentator u. a. für ARD, Sport1, Sky und Eurosport. Von 1998 bis 2002 war er Coach des B-Kaders des Deutschen Tennis Bundes, seit 2003 ist er Kapitän des Deutschen Davis Cup Teams und seit 2008 Turnierdirekter der BMW Open by FWU AG in München. Im August 2010 hat *Patrik Kühnen* sein Buch *„game. set. match. Deutschland. Der Weg zum Spitzenerfolg“* (New School Verlag) auf den Markt gebracht, sein neuestes Projekt ist die virtuelle Tennisschule New-School-of-Tennis: www.new-school-of-tennis.de.

Homepage von Patrik Kühnen
☞ Weitere Informationen finden Sie auf der persönlichen Homepage von Patrik Kühnen: http://www.patrikkuehnen.de/pkweb

AUSGEWÄHLTE ERFOLGE VON PATRIK KÜHNEN	
Wimbledon	
Viertelfinale	1988
Halbfinale Doppel (Partner: Gary Müller)	1993
Daviscup (Team)	
1. Platz	1988 Göteborg
1. Platz	1989 Stuttgart
1. Platz	1993 Düsseldorf
World-Team-Cup	
1. Platz	1989 Düsseldorf
1. Platz	1994 Düsseldorf
Deutsche Meisterschaften	
1. Platz	1987 Mainz
1. Platz	1990 Dresden
1. Platz	1993 Team, Mannheim
1. Platz	1996 Team, Mannheim

K56: WAS DIE PRESSE SCHREIBT

Die beiden Bundestrainer Patrik Kühnen und Barbara Rittner haben ihre langjährige Zusammenarbeit mit dem Deutschen Tennis Bund (DTB) bis Ende 2012 verlängert.

"Wir sind mit der Arbeit unserer Teamchefs sehr zufrieden. Beide haben in der Vergangenheit aus ihren Möglichkeiten das Beste gemacht und Mannschaften mit Potenzial und Teamgeist geformt", sagte DTB-Präsident Georg von Waldenfels.

Kühnen führt das Davis Cup Team des DTB seit Herbst 2002 an und hat seitdem bei insgesamt 18 Partien auf der Bank gesessen. Sein größter Erfolg als Kapitän war das Halbfinale 2007, in dem die deutsche Mannschaft in Moskau Gastgeber Russland nur knapp mit 2:3 unterlag. In der Weltgruppe 2011 startet Deutschland vom 4. bis 6. März mit einem Auswärtsspiel in Kroatien.

(www.spox.com/de/sport/mehrsport/tennis/1010/News/deutscher-tennis-bund-verlaengert-vertraege-mit-patrik-kuehnen-und-barbara-ritter-bis-2012.html 13.12.2010)

Bereits als Profi hat *Patrik Kühnen* Erfahrungen mit sportpsychologischer Betreuung machen können, die ihm auf dem Platz geholfen haben, mit seinen Emotionen umzugehen und sich auf das Wesentliche zu konzentrieren. Gerade im Tennis ist es aus seiner Sicht sehr wichtig, sich nicht durch negative Emotionen wie zum Beispiel Aggressionen aus der Bahn werfen zu lassen, sondern jedes Mal aufs Neue wieder voll und ganz auf den nächsten Ball zu konzentrieren.

Im Gespräch mit Patrik Kühnen

Ich denke, dass der mentale Aspekt ein ganz entscheidender Baustein ist, um sein volles Potenzial entfalten zu können. Viele Tennisspieler trainieren immer wieder intensiv ihre Schläge und verbessern ihre Fitness. Dabei ist es oft die Psyche und das jeweilige „Mind Set", welches in vielen Matches über Sieg oder Niederlage entscheidet.

Auch über den eigentlichen Sport hinaus kann eine psychologische Betreuung hilfreich sein, um erfolgreich zu sein.

Im Gespräch mit Patrik Kühnen

Mir hat es sehr geholfen, manch persönliches Thema offen anzugehen, um auf dem Platz mein ganzes Potential abzurufen.

Laut *Patrik Kühnen* gibt es sehr viele Beispiele von Spielern, die sich durch sportpsychologische Unterstützung und die Integration ins Training sowie in die Matchpraxis verbessert haben. Auffallend ist, dass man z. B. in den USA offener mit diesem Thema umzugehen scheint als in Deutschland. *Patrik Kühnen* hat während seiner Zeit als Spieler mit einer Sportpsychologin aus den USA zusammen gearbeitet und davon, wie er sagt, sehr profitiert. Er beobachtet aber auch, dass heutzutage viele deutsche Profis diesem Thema offener gegenüber stehen als noch vor ein paar Jahren.

Patrik Kühnen hatte insofern Glück, als dass er mit einem Trainer zusammengearbeitet hat, welcher dem sportpsychologischen Bereich sehr aufgeschlossen gegenüber stand und seinen Athleten ermutigt hat, entsprechende Unterstützung für seine Leistungsentwicklung in Anspruch zu nehmen. Diese positive Erfahrung prägt auch heute noch sein eigenes Verhalten als Trainer.

Wenn er das Gefühl hat, dass es einem Spieler helfen könnte Unterstützung heranzuziehen, sucht er zunächst das Gespräch, um herauszufinden, ob die jeweilige Person offen für einen solchen Ansatz ist. Wenn sie es wünschen, begleitet er auch seine Athleten bei den ersten Treffen, um eventuelle Vorbehalte leichter abzubauen und um selbst einen Eindruck zu bekommen, wie mit dem Spieler zusammengearbeitet werden sollte. Dann gilt es der Sache eine Chance zu geben und diese neuen Inhalte über einen bestimmten, meist längeren Zeitraum in das Training zu integrieren. Er hat auch schon die Erfahrung gemacht, dass der ein oder andere Spieler sehr unsicher war, was ihn wohl erwarten würde und mancher bereits nach kurzer Zeit das Interesse verloren hatte. Auch aus diesem Grund ist das Vertrauensverhältnis von Spieler und Trainer eine wichtige Basis für eine erfolgreiche Zusammenarbeit. Neben der Vermittlung von Autorität und der Notwendigkeit, hart und diszipliniert zu arbeiten, ist andererseits ein positives zwischenmenschliches Klima zwischen Trainer und Spieler zur Verbesserung der Leistung wichtig. Im Idealfall ist für Kühnen die Beziehung zu seinen Spielern freundschaftlich, jedoch respektvoll, um neben den alltäglichen Trainingsumfängen auch herauszufinden, welche Probleme seine Athleten belasten. Die Beziehung von Trainer und Spieler stellt sich gerade im Tennis so dar, dass beide gemeinsam viele Wochen im Jahr zusammen verbringen, auf Turnieren unterwegs sind und oft im gleichen Hotel übernachten. Auftretende Schwierigkeiten müssen demnach vor Ort gelöst werden, wofür gegenseitiges Vertrauen eine wichtige Grundlage darstellt.

> Im Gespräch mit Patrik Kühnen
>
> *Man sollte als Trainer seinen Spieler so gut kennen und verstehen, dass man ihm helfen kann, wenn Probleme auftreten. Gerade in Zeiten, in denen ein Spieler viele Niederlagen verarbeiten muss, zeigt sich oft, wie fest das Band zwischen Trainer und Spieler wirklich ist. Für das Verhältnis ist natürlich wichtig, dass Dinge, die untereinander besprochen werden, von beiden Seiten vertraulich behandelt werden.*

Patrik Kühnen hat ein enges, vertrauensvolles Verhältnis zu seinem Trainer erlebt, der immer für ihn da gewesen ist und viele Abende mit langen Gesprächen mit ihm verbracht hat. Zu diesem Zeitpunkt war er 18 Jahre alt – also in einem Alter, in dem eine Vertrauensperson besonders wichtig für die weitere Persönlichkeits- und Leistungsentwicklung eines Athleten ist.

Im Gespräch mit Patrik Kühnen

Wir sind damals diesen Weg gemeinsam gegangen. Er war für mich jemand, dem ich voll und ganz vertrauen konnte. Er hatte auch die Gabe, Druck von mir zu nehmen und konnte mir selbst in Zeiten von Misserfolgen Spaß vermitteln. Dafür muss ein Trainer seinen Spieler sehr gut kennen und das nötige Feingefühl mitbringen. Das entsteht aber auch nur dann, wenn der Spieler den Trainer an sich heranläßt.

In seiner Trainerrolle verfolgt er nunmehr die Strategie, Trainingsinhalte, die das Bewusstsein schärfen, und die den natürlichen Lehrprozess in Gang setzen, in das Training zu integrieren und seinen Athleten dann Hilfe anzubieten, wenn er spürt, dass sie diese brauchen. Wenn er das Gefühl hat, dass zusätzliche sportpsychologische Betreuung für einen Spieler hilfreich sein kann, bespricht er dies mit dem jeweiligen Spieler abseits des Tenniscourts. *Patrik Kühnens* Antrieb besteht darin, seinen Spielern seine volle Unterstützung, sein gesamtes Know How zu geben, damit diese ihr bestes Potenzial erreichen und ausschöpfen können. Um dieses zu erlangen, reicht es nicht aus, „nur“ Schläge oder Fitness zu trainieren, sondern neben Technik und Taktik auch die Konzentrationsfähigkeit stetig zu verbessern, da diese oftmals über Sieg oder Niederlage entscheidet. Ein „Einmischen“ in den mentalen Bereich ist für den erfolgreichen Trainer notwendig, um das volle Potential des Spielers fördern zu können. Hierzu ist es auch hilfreich und dienlich, wenn der Trainer auch über entscheidende private Dinge informiert ist, da sich diese positiv wie auch negativ auf die Leistungsfähigkeit des Athleten auswirken. Dies lässt sich nicht durch Zwang erreichen und ist in hohem Maße von dem Vertrauensverhältnis zwischen Trainer und Spieler abhängig.

Im Gespräch mit Patrik Kühnen

Als Trainer erkennst du auch, aus welchem Umfeld der Spieler kommt und wie sein Werdegang war. Das Elternhaus, die Erziehung und auch die Schule sind prägende Faktoren, die Einfluss nehmen können auf die weitere Entwicklung eines Spielers.

Erfolg setzt ein 100% Engagement voraus. Dies ist mit einem intensiven Arbeits- bzw. Trainingsaufwand verbunden. Ein konkretes Ziel vor Augen zu haben und die damit verbundene Einstellung dieses Ziel zu erreichen, geben dem Spieler den nötigen Drive, den er benötigt, um konstant und konzentriert für sein Ziel zu arbeiten, zu trainieren. Es ist wichtig, sich vor Augen zu führen, was man wirklich erreichen will, um die dafür richtige Strategie zu entwickeln.

Im Gespräch mit Patrik Kühnen

Wo will ich hin und was tue ich dafür? Dies ist eine sehr entscheidende Frage, die sich jeder Spieler offen und vor allem ehrlich selbst beantworten sollte.

Letztendlich ist es also die Motivation jedes einzelnen Athleten, die dafür ausschlaggebend ist, ob überhaupt die Möglichkeiten für eine positive Entwicklung im Leistungssport gegeben sind.

Im Gespräch mit Patrik Kühnen

Man muss sich klar machen, was man erreichen will und natürlich auch wissen, warum. Das setzt die Motivation frei, die man braucht, um langfristig für das Erreichen seiner Ziele zu arbeiten. Ich wollte sportlich immer das Beste aus mir herausholen und hatte als Jugendlicher immer den Traum, einmal im Wimbledon oder im Davis Cup für Deutschland zu spielen.

Da ein solcher Weg nicht nur im Tennis, sondern auch in anderen Sportarten im Jugendalter geebnet wird, kommt dem Elternhaus eine ganz wichtige Funktion zu, denn sie nehmen zweifelsohne großen Einfluss darauf, wie sich die Persönlichkeit eines jungen Athleten entwickelt.

K57: WAS DIE PRESSE SCHREIBT

Im Jahr 2010

Manch ein Besucher der BMW Welt in München mag sich verwundert die Augen gerieben haben – das Bild aber blieb: Davis Cup-Teamchef und BMW Open- Turnierdirektor Patrik Kühnen ließ Kinderaugen glänzen und verteilte, als Nikolaus verkleidet, Tickets für die BMW Open by FWU AG 2010.

(www.7-forum.com/news/Patrik-Kuehnen-startet-als-Nikolaus-stim-3112.html 13.12.2010)

6.11 Lothar Leder: Mit Disziplin zum Ziel

Lothar Leder (* 3. März 1971 in Worms) ist es als ersten Triathleten gelungen, die Ironman-Distanz in weniger als acht Stunden zu bewältigen. In seiner Laufbahn konnte er insgesamt 15 Triathlon-Titel gewinnen, in den Jahren 1997 und 1998 erreichte er jeweils den dritten Platz beim Ironman Hawaii. Er wohnt und trainiert in Darmstadt und startet für den DSW 1912 Darmstadt. *Lothar Leder* ist mit der Triathletin Nicole Leder verheiratet, er betreibt zusammen mit dem ehemaligen Radprofi Holger Loew Sportgeschäfte in Darmstadt und Frankfurt a.M.

Homepage von Lothar Leder
☞ Weitere Informationen finden Sie auf der persönlichen Homepage von Lothar Leder: http://www.lothar-leder.de

AUSGEWÄHLTE ERFOLGE VON LOTHAR LEDER	
Ironman Hawaii	
3. Platz	1997 und 1998 (jeweils mit bester Laufzeit)
Quelle Challenge Roth	
1. Platz	2002
1. Platz	2003
5. Platz	2004
4. Platz	2005
Ironman Florida	
3. Platz	2004
MarcHerremanClassic	
1. Platz	2004 Antwerpen
Ironman Europe Roth	
1. Platz	1996
1. Platz	2000
1. Platz	2001

K58: WAS DIE PRESSE SCHREIBT
Der 37-jährige Ironman ist in diesem Jahr schon in Südafrika im Meer geschwommen, auf Mallorca Rad gefahren oder auf Zypern gelaufen. Business as usual für einen Profi-Triathleten, der seit neun Monaten unter dem akuten Verdacht stand, im vergangenen Jahr Epo genommen oder Blutdoping be-

> *trieben zu haben. Gestern gab die Deutsche Triathlon-Union (DTU) bekannt, dass das Ermittlungsverfahren gegen Leder eingestellt wird. Die Anti-Doping-Kommission des Verbandes sei "nach eingehender Untersuchung" zum Ergebnis gekommen, dass "die Einnahme von verbotenen Substanzen oder die Anwendung unerlaubter Maßnahmen" nicht nachgewiesen werden kann.*
>
> (www.fr-online.de/sport/triathlon---marathon/aus-mangel-an-beweisen/-/1473466/2971900/-/index.html 20.12.2010)

Lothar Leder beschreibt seine Kindheit als relativ unspektakulär: Er ist in einem Dorf groß geworden, hat sich dem Kinderturnen gewidmet, ist viel Rad gefahren und hat Fußball gespielt. Da seine Eltern ihm jedoch untersagten, im Verein Fußball zu spielen, schloss er sich mit zwölf Jahren einem Schwimmverein an. Etwa vier Jahre später las er zufällig einen Bericht über den Ironman in Hawaii und war seitdem fasziniert von dieser Sportart. Er verfolgte ab sofort das Ziel, selber einmal daran teilzunehmen.

> Im Gespräch mit Lothar Leder
>
> *Das hat mich fasziniert. Ich kaufte mir gleich ein Buch darüber und seitdem war es mein Traum, so etwas selbst mal zu machen.*

Sein Umfeld war zunächst nicht sehr angetan von dieser Idee, so äußerte sich etwa sein damaliger Schwimmtrainer: *Das ist Quatsch, das machst du nicht.* Davon ließ sich *Lothar Leder* jedoch nicht beeinflussen und nahm seit seinem 17. Lebensjahr an kleineren Triathlons teil, die für „Jedermann" gedacht waren; parallel dazu widmete er sich seiner beruflichen Ausbildung und begann eine Lehre als Bankkaufmann. Nachdem er diese erfolgreich abschließen konnte, hat er sich für zwei Jahre als Zeitsoldat bei der Bundeswehr in der Sportkompanie verpflichten lassen, bevor er wieder als kaufmännischer Angestellter in die Bank zurückkehrte. Es wurde ihm jedoch schnell klar, dass er neben seinem sehr trainings- und damit zeitintensiven Sport keine Vollzeitarbeit ausführen konnte. In der Konsequenz ging er zunächst auf eine Halbtagsstelle, bis er sich dann mit 23 Jahren ganz gegen seinen Beruf als Bankangestellter (und damit auch explizit gegen die Meinung seiner Eltern) und für eine Karriere als Profisportler entschied.

> Im Gespräch mit Lothar Leder
>
> *Das war ein sehr, sehr großer Schritt für mich, gerade weil meine Eltern sehr konservativ eingestellt sind. Und dann noch in so einer Randsportart.*

Die Entscheidung, ins Profilager zu wechseln, ist ihm dabei keineswegs leicht gefallen, sie ist das Ergebnis einer schrittweisen Entwicklung gewesen. In seiner sportlichen Laufbahn steckte er sich stets kleine, kurzfristige Ziele, so dass diese auch für ihn in absehbarer Zeit erreichbar waren und er immer vor Augen hatte, wofür er arbeitete: So wollte er bspw. zunächst in die Jugendnationalmannschaft, d.h. er musste sich unter den besten Zehn bei den Deutschen Meisterschaften platzieren. Nachdem er dieses Ziel erreicht hatte, eröffnete sich der Zugang zur Sportkompanie und damit auch zu größeren internationalen Wettkämpfen.

Um seine Sportart professionell betreiben zu können, ist es notwendig gewesen, entsprechende Sponsoren zu finden. Im Gegensatz zu sehr populären Disziplinen wie Fußball, Tennis oder Golf wenden sich Sponsoren allerdings nicht von alleine mit Angeboten an Triathleten. Vielmehr müssen die Athleten viel Zeit und Energie verwenden, um potenzielle Geldgeber zu finden. *Lothar Leder* betont, dass in dieser Hinsicht in erster Linie der persönliche Kontakt wichtig ist, den muss man sich jedoch zunächst „erarbeiten".

Rückblickend beschreibt er vor allem die Phase als pubertierender Jugendlicher mit so hohen sportlichen Ambitionen als sehr schwierig, da er an vielen alterstypischen Aktivitäten zugunsten seines Trainings nicht teilnehmen konnte. In dieser Zeit waren vor allem sehr viel Disziplin und Durchhaltewillen gefragt.

Im Gespräch mit Lothar Leder

An eine normale Jugend war da nicht zu denken. Ich denke auch, dass das für mich die härteste Zeit war. Was macht man denn als normaler Jugendlicher auf dem Dorf, wenn die Schule aus ist? Klar, da wird getrunken, Mofa gefahren, Party gemacht und ich bin stattdessen geschwommen, habe mehr trainiert, war in den Ferien in Trainingslagern, und dort herrscht schon ein sehr hohes Maß an Disziplin. Kein Alkohol, drei Mal Training. Das war für mich das Schwerste. Ich wurde dann auch manchmal ausgelacht von meinen Freunden.

Exkurs: Alltagsprobleme von Jugendlichen

In einer Untersuchung von Seiffge-Krenke (1995) wurden von den dort befragten Jugendlichen als häufigste Alltagsprobleme benannt: die Sorge, schlechte Noten zu bekommen, ferner sich zu verlieben oder sich einsam zu fühlen sowie mögliche Streitigkeiten mit Lehrern, Eltern oder Freunden. Außerdem zählten die Unzufriedenheit mit dem eigenen Aussehen und das Ertragen von Erniedrigungen, aber auch politische Ereignisse, welche die eigene Zukunft beeinflussen, und kritische Lebenssituationen zu den Belastungsfaktoren. Eine zentrale Entwicklungsaufgabe im Jugendalter besteht in der Übernahme und Akzeptanz der eigenen Geschlechtsrolle und der körperlichen Veränderungen. „[...] die berufliche Entwicklung ist für viele unklar [...] soziale und wirtschaftliche Bedingungen verschlechtern sich immer mehr [...] Probleme in der Schule, bei der

Suche nach einer passenden Ausbildung, in der Ausbildung selbst sowie finanzielle Probleme erschweren die berufliche Orientierung noch mehr.“[12]

Im Leistungssport tätige Jugendliche sehen sich der Herausforderung zwischen Schule und Sport gegenübergestellt. Sowohl Schule als auch der Sport nehmen dabei an Quantität und Qualität im Verlauf des Jugendalters zu und verschärfen die Situation somit. „Vor allem in der Schule: Die meisten können später eben nicht von ihrer sportlichen Karriere zu leben, deshalb ist die schulische Ausbildung das A und O. Jugendliche Leistungssportler bringt das in extreme Zeitprobleme: Sobald sie in den Bereich der nationalen Spitzenklasse kommen, gibt es zwei Trainingseinheiten pro Tag, da kommt man schnell auf eine Wochenarbeitszeit von 50 bis 60 Stunden. Fahrten zum Training, Essen, Hausaufgabenbetreuung, Unterbringung am Trainingsort – das muss alles geregelt werden.“[13]

K59: Aus der Wissenschaft			
Entwicklungsaufgaben nach Lebensspanne			
Lebensabschnitt	**Lebensalter**	**zentrale Entwicklungsaufgaben**	**zusätzliche mögliche Anforderungen an Leistungssportler**
Adoleszenz	11 bis 21 Jahre	Beziehungen zu Altersgenossen; Schule bzw. Ausbildung	Zeit- und Anforderungsbewältigung von Training, Trainingslagern und Wettkämpfen
Frühes Erwachsenenalter	21 bis 40 Jahre	Eintritt ins Berufsleben	Zeit- und Anforderungsbewältigung von Training, Trainingslagern und Wettkämpfen, Umgang mit dem Karriereende
(eigene Darstellung)			

12 www.gesundheitsseiten24.de/menschliche-psyche/psychische-probleme-jugend.html 06-12.2010

13 www.sport.ard.de/sp/weitere/news200805/06/probleme_nachwuchsleistungssport.jsp 03.06.2010

Weiterführende Literatur

Gerber, M. (2008). *Sport, Stress und Gesundheit bei Jugendlichen.* Schorndorf: Hofmann.

Göppel, R. (2005). *Das Jugendalter: Entwicklungsaufgaben, Entwicklungskrisen, Bewältigungsformen.* Stuttgart: Kohlhammer.

Seiffge-Krenke, I. (1995). Stress, *Coping, and Relationships in Adolescence.* Mahwah: Erlbaum.

Das Positive, was der Sport *Lothar Leder* immer wieder gegeben hat, bekräftigte ihn jedoch wiederholt in seinem Handeln. So ist er wegen des Sports sehr viel gereist: Bereits mit 21 Jahren hatte er fast die ganze Welt gesehen, die damit verbundenen Eindrücke und Erfahrungen sind für ihn rückblickend sehr wichtig und prägend gewesen, ein Gewinn, der „normalen" Jugendlichen in seinem Heimatdorf sicherlich nicht vergönnt gewesen ist.

Um im Triathlon erfolgreich sein zu können, ist von psychologischer Seite neben der eisernen Disziplin insbesondere auch ein gewisses Maß an Egoismus ausschlaggebend – ein Aspekt, den *Lothar Leder* als typisches Merkmal für eine Einzelsport – im Vergleich zu Mannschaftssportarten wahrnimmt. So beschreibt er denn auch die Aufenthalte mit der Nationalmannschaft bei verschiedenen Wettkämpfen als psychisch anstrengend, da in solchen Situationen die direkte, unmittelbare Konkurrenz zwischen den Athleten des eigenen Landes meist eine sehr wichtige Rolle spielte. Während Fußballer oder Handballer als ein Team unterwegs sind, fahren Individualsportler immer alleine.

> Im Gespräch mit Lothar Leder
>
> *Wir sind immer alleine, wir sind immer gegeneinander. Wenn man dann zwei oder drei Wochen unterwegs war, hat es oft gekracht.*

Und es kommt ein weiteres Moment auf der mentalen Ebene dazu: Der Individualsportler kann sich nicht verstecken, seine individuelle Leistung ist erkennbar und offensichtlich. Dies impliziert einen permanenten Stressfaktor, der für einen Mannschaftssportler in dieser Form eben nicht gegeben ist. Entscheidende Strategien, um diese Herausforderung immer wieder aufs Neue bewältigen zu können: Die Fähigkeit zu intensiver Konzentration, gepaart mit einem starken Durchhaltewillen.

> Im Gespräch mit Lothar Leder
>
> *Das geht bei einem Sport wie Radfahren oder Triathlon überhaupt nicht. Einfach, weil du dich immer bewegen musst, du kannst nicht einfach anhalten. Wir müssen immer Vollgas geben im Kopf.*

Auch *Lothar Leder* charakterisiert sich als einen Athleten, für welchen der Erfolg im Kopf beginnt, und zwar ganz konkret im Zuge der Vorbereitung bereits einige Tage vor einem Wettkampf. Dann spielt er in Gedanken durch, worauf es später in der Wettkampfsituation ankommen wird – wie er vom Schwimmen zum Radfahren wechselt, danach vom Radfahren zum Laufen, wie jeder hier erforderliche Handgriff beim Umziehen „sitzt" und effektiv durchgeführt wird. Diese Form der gedanklichen Vorbereitung ist für ihn der entscheidende Grund dafür, dass er im Triathlon erfolgreich ist und in seiner Sportart insbesondere für seine Stärke bei den Wechseln bekannt geworden ist.

Er berichtet von dem notwendigen Gleichgewicht zwischen An- und Entspannung, so lässt er es die letzten zwei Tage vor einem Wettkampf ruhig angehen, er liegt dann zur Entspannung auch schon mal einfach auf seinem Bett und blättert Autozeitschriften durch. Sehr wichtig für ihn ist es, sein Material bereitzustellen und für den Wettkampf vorzubereiten.

> Im Gespräch mit Lothar Leder
>
> *Es wird alles zurechtgelegt für den Wettkampftag, schön ordentlich, so nach der Devise: Wenn es im Zimmer ordentlich ist, dann ist es auch im Kopf ordentlich.*

Eine stets besondere Herausforderung für die Psyche stellt in seinen Augen im Triathlon die Bewältigung der Marathonlaufstrecke dar, da sie im Training aufgrund der zu langen erforderlichen Regenerationszeiten nicht in vollem Umfang trainiert werden kann.

> Im Gespräch mit Lothar Leder
>
> *Die Leute haben Angst vor dieser Strecke, da ist eine Riesenmauer. Das sieht man gerade wieder bei den Anfängern. Das größte Problem ist dann der Kopf. Das Wichtigste ist, die Strecke bereits vor dem Wettkampf mental zu bewältigen.*

Der entscheidende Schlüssel zum Erfolg? Für *Lothar Leder* ganz eindeutig die Disziplin, also der unbedingte Wille, die sich gesteckten Ziele zu erreichen, dafür zu arbeiten und zu kämpfen. Hinsichtlich dieser Fähigkeit (und auch Bereitschaft) unterscheiden sich die Athleten voneinander, zum Teil ganz erheblich. Gerade da sieht *Lothar Leder* seine entscheidenden Stärken, obwohl er sich selbst nicht als wirklich großes Talent charakterisieren würde.

Er ist nun der festen Überzeugung, dass jeder Athlet die erforderliche psychische Stabilität und mentale Stärke erlernen kann, der diesbezüglich entscheidende Punkt ist für ihn die absolute Konzentration auf ein subjektiv wichtiges Ziel. Eine Bereitschaft (und auch Fähigkeit), die gerade in unserer heutigen Zeit aus seiner Sicht bei vielen Jugendlichen nicht mehr in ausreichender Form vorhanden ist. Die Schnelllebigkeit, die unsere heutige Gesellschaft kennzeichnet, macht er für diese Entwicklung verantwortlich. Vor allem sein Vater war in dieser Hinsicht für ihn Vorbild und wichtige Bezugsperson, da er selber nach der Beschreibung von *Lothar Leder* ein Kämpfer mit einem Hang zum Extremen ist.

> Im Gespräch mit Lothar Leder
>
> *Das Geheimnis von so einem Rennen über acht Stunden ist einfach nur die Konzentration. Wenn man immer bei der Sache bleibt, hat man auch ein gutes Rennen. Aber das muss von einem selbst kommen, von Innen heraus. Das kann einem keiner antrainieren von Außen.*

Die Vielzahl an Wettkampferfahrungen und ganz speziell vor allem auch die erlebten Niederlagen und das, was man daraus lernen konnte, haben ihm geholfen, sich zu stabilisieren und mental fit zu werden.

Bestätigt gefunden hat *Lothar Leder* seine Einstellung ganz konkret in einem gemeinsamen Trainingslager mit einigen Rennradprofis, die ihn wegen ihrer eisernen Disziplin und mentalen Kraft beeindruckt haben – nur die physisch und psychisch absolut Stärksten haben Erfolg und kommen in ihrer Disziplin weiter.

> Im Gespräch mit Lothar Leder
>
> *Oder als wir 200km Rad fuhren, da wurde erst gepinkelt, wenn der Mannschaftsführer gesagt hat, dass wir pinkeln gehen. Das ist so ein mentales Spielchen. Oder wenn sie vorne fahren in der Führung, in Zweierreihe, dann ist einer meist stärker als der andere, der Schwächere sagt jedoch nicht: ‚Komm' wir hören auf.', sondern beide fahren so lange, bis einer richtig aufgibt, bis einer gebrochen ist im Kopf. Da läuft sehr viel psychologisch ab. Das ist so hart bei denen, weil die auch so eine brutale Disziplin haben. Wenn du das nicht mitmachst, fällst du durchs Raster. Also für mich sind die Radprofis die Härtesten. Die sind sehr, sehr hart im Kopf.*

Allerdings sieht *Lothar Leder* durchaus sportartspezifische Unterschiede. Für Sportarten, die auf extreme Ausdauer ausgerichtet sind (etwa 100 km-Läufe oder das „Race-across-America“) und somit ihren Schwerpunkt primär auf die totale Erschöpfung des Körpers legen, ist in seinen Augen psychische Stabilität und mentale Stärke weniger ausschlaggebend. Gleiches gilt für solche Sportarten, die Grenzerfahrungen und den „schnellen Kick“ versprechen, das hat für ihn weniger etwas mit physischer oder psychischer Kraft zu tun.

Exkurs: Extremsportarten

Extremsportler suchen ihre persönlichen körperlichen und psychischen Grenzen, bei denen sie oftmals ein hohes Risiko eingehen, um ihre Leistungsgrenze zu erfahren.

„Extremsportarten sind eigentlich normale Sportarten, die in ihrer Ausführung auf die Spitze getrieben werden um den Nervenkitzel zu erhöhen. Das Risiko muss möglichst hoch sein. So wird aus Skilaufen beispielsweise Speed Skiing und aus Fahrradfahren wird Downhill. Die Grenzen des menschlich Möglichen sollen erreicht und am besten überschritten werden, denn in unserer spaßigen Überflussgesellschaft ist es offenbar schwer, seinem langweiligen Dasein den nötigen ‚Thrill' zu geben."[14]

Oftmals handelt es sich bei Extremsportlern um Spitzensportler, die den besonderen „Kick" suchen. Entsprechende Ereignisse werden sorgfältig geplant und oftmals durch ein Team unterstützt, um das Risiko einzugrenzen.

K60: Aus der Praxis	
Beispielhafte Extremsportarten	
Wildwasserschwimmen	Base-Jumping
Klippenspringen	Free-Solo-Klettern
Snowbord-Freestyle	Skydiving
Mountainbike Downhill	Tieftauchen
Skatebord Fahren	Einhandsegeln
Triathlon	Motorradakrobatik
(www.sucht.lawicki.de/index.php?option=com_content&view=article&id=280:extremsportarten-qthrillingq&catid=148:sportsucht--extremsportarten&Itemid=204 03.06.10)	

Weiterführende Literatur

Bette, K.-H. (2004). *X-treme: zur Soziologie des Abenteuer- und Risikosports*. Bielefeld: Transcript-Verlag.

Rupe, C. (2000). *Trends im Abenteuersport: touristische Vermarktung von Abenteuerlust und Risikofreude.* Münster: LIT.

K61: Was die Presse schreibt
Lothar Leder im Gespräch mit dem Psychologieprofessor Dr. Michael Macsenaere
Michael Macsenaere: *Wie gehen Sie mit Erfolg um? Wie mit Misserfolg?*
Lothar Leder: *Wenn das Rennen schlecht war, hat man es sofort abgehakt. Wenn man verliert, liegt die Schuld immer bei einem selbst. Es gibt keine Entschuldigungen beim Ironman. "No excuses" heißt es auf Hawaii – und das stimmt zu hundert Prozent.*

14 www.extreme-sportarten.de/; 03.03.2010

Michael Macsenaere: *Was passiert nach Siegen?*

Lothar Leder: *Wenn du gewinnst, wird bei den nächsten Rennveranstaltern angerufen. Da schmerzen deine Füße nicht, du hast weniger Probleme mit dem Körper. Ich habe Athleten gesehen, die haben einen Weltcup gewonnen und am nächsten Tag acht Stunden trainiert. Aber dieses Loch, das dann doch kommt, das kenne ich auch, das ist ganz schlimm, auch nach einem Sieg. (...) Die Leute denken, ich wäre ein Killer und ein Optimist. Aber in Wirklichkeit bin ich ein negativ denkender Mensch.*

(*www.faz.net/s/RubABE881A6669742C2A5EBCB5D50D7*EBEE/Doc~E3D77(0376DD114158AA9E31F03E1620C1~ATpl~Ecommon~Scontent.html 22.06.2006)

K62: WAS DIE PRESSE SCHREIBT

Im Jahr 2010

Trotz der großen Nachfrage ist Organisator Horst Wanner stolz auf die 'familiäre Atmosphäre', wie er sagt: 'Die Teilnehmer schätzen die Qualität.' Mit 1000 Startern war der 23. Karlsfelder Triathlon auch am Sonntag wieder gut besucht. In der olympischen Kurzdistanz setzten sich die Profis Lothar (2:03:35 Stunden) und Nicole Leder (beide Team Erdinger Alkoholfrei, 2:19:21) durch, das Ehepaar hatte sich erst am Samstag angekündigt.

(www.sueddeutsche.de/s5A38e/108939/Ehepaar-Leder-siegt-in-Karlsfel.html 21.07.2011)

6.11 Jens Lehmann: Die Gruppendynamik im Fußball

Jens Lehmann (* 10. November 1969 in Essen) gehört sicherlich weltweit zu den renommiertesten Torwarten im Fußball. 1988 machte er sein Abitur am Gymnasium in Essen-Heisingen. Von 1992 bis 1998 studierte er einige Semester Volkswirtschaftslehre an der Universität in Münster. Seine Profikarriere begann er 1991 beim FC Schalke 04. Nur sechs Jahre später führte er die Mannschaft zum Sieg im UEFA-Cup. Anschließend wechselte *Jens Lehmann* zum AC Mailand, von dem er aber rasch nach Deutschland zum BV Borussia Dortmund zurückkehrte. Mit Dortmund wurde *Jens Lehmann* 2002 Deutscher Meister, zwei Jahre später errang er mit dem Arsenal London den englischen Meistertitel. Seine größten Erfolge erzielte *Jens Lehmann* als Mitglied der deutschen Nationalmannschaft, der er von 1998 bis 2008 angehörte; insbesondere im Rahmen der Weltmeisterschaften in den Jahren 2002 und 2006 sowie bei der Europameisterschaft 2008. 2010 beendete er seine aktive Profilaufbahn und war im Kinofilm „Themba – Das Spiel seines Lebens“ zu sehen. Er arbeitet nunmehr als Fußballkommentator, u. a. für den TV-Sender Sky. Zudem unterstützt *Jens Lehmann* u. a. die "Stiftung Jugendfußball". 2010 veröffentlichte er seine Autobiographie

„Der Wahnsinn liegt auf dem Platz". Ab März 2011 stand er für zwei Spiele wieder im Tor von Arsenal London.

Homepage von Jens Lehmann
☞ Weitere Informationen finden Sie auf der Fanpage von Jens Lehmann: http://jenslehmann.bplaced.net/index.htm

AUSGEWÄHLTE ERFOLGE VON JENS LEHMANN	
Weltmeisterschaften	
2. Platz	2002 Südkorea / Japan
3. Platz	2006 Deutschland
Europameisterschaften	
2. Platz	2008 Österreich / Schweiz
UEFA-Pokal	
1. Platz, FC Schalke 04	1997 Mailand
Englische Meisterschaften	
1. Platz, Arsenal London	2004
Deutsche Meisterschaften	
1. Platz, BV Borussia Dortmund	2002

K63: WAS DIE PRESSE SCHREIBT
Jens Lehmann, Neuers großes Idol, wechselte 1998 von Schalke zum AC Mailand und verlor seinen Stammplatz schon nach vier Spielen. Im Oktober bekam er eine neue Chance, patzte, verschuldete einen Elfmeter und wurde von Trainer Capello auf der Stelle ausgewechselt. Rossi kam rein, hielt den Elfer – und Lehmann war weg vom Fenster. Nach nur sechs Monaten kehrte er in die Bundesliga zurück. (www.bild.de/BILD/sport/fussball/bundesliga/2010/12/18/alfred-draxler/warum-neuer-an-koepke-und-lehmann-denkt.html 20.12.2010)

Nachdem Jens Lehmann den Einzug in die nächste Runde mit seiner Parade gegen Cambiassos Schuss gesichert hatte, gab es bei der deutschen Mannschaft kein Halten mehr. Geschlossen stürmten Spieler, Trainer und Betreuerstab den Platz. Lehmann aber ließ sich zunächst nicht von seinen Kollegen feiern. Entschlossen lief er in Richtung Trainerbank, hin zu dem Mann, mit dem ihm privat so wenig verbindet. Wer jetzt noch Zweifel daran hatte, dass sich im deutschen Lager eine verschworene Gemeinschaft gebildet hat, wurde nun eines Besseren belehrt. Lehmann lief zu Kahn und umarmte ihn..

(www.spiegel.de/sport/fussball/0,1518,424543,00.html 2012.2010)

Für *Jens Lehmann* stellt der Bereich der psychischen Stabilität und mentalen Fitness den wichtigsten Faktor im Profifußball dar, wobei für ihn mentale Stärke aus dem subjektiven Wissen resultiert, *technisch kompetent und physisch fit zu sein*. Der Spieler nimmt also seine Leistungsstärke aus dem Vertrauen, über eben diese beiden Fertigkeitsdimensionen in hohem Maße zu verfügen. *Jens Lehmann* hat selber viel mentales Training gemacht, u. a. auch Meditation, die seiner Meinung nach zu den anstrengenden aber auch erfolgversprechenden Methoden zählt.

Aus einem Interview mit Jens Lehmann

Es gibt die Psyche, die Fitness und die Taktik.

(www.selbstmanagement-zentrum.de/heidelberg/content/view/43/157/20.12.2010)

Allerdings ist dies kein zwangsläufiger, weil eben ein subjektiver Prozess, und ganz entscheidend für die Entwicklung der mentalen Fitness sind die Sozialisationserfahrungen im Elternhaus, da die Eltern bereits sehr früh den Grundstein für den Umgang des Athleten mit Belastungssituationen legen. Dementsprechend ist für *Jens Lehmann* das Erleben einer funktionierenden, intakten Familie sehr hilfreich, vor allem auch die frühkindlichen Erfahrungen, die bereits während des ersten Lebensjahres gemacht werden. Das hier entstehende Ur-Vertrauen oder Ur-Misstrauen (und die damit zusammenhängenden sicheren oder eher unsicheren Bindungserfahrungen) sind für den förderlichen resp. hemmenden Umgang mit Stress- und Belastungssituationen von hoher Bedeutung. Allerdings können unzureichende positive Erfahrungen im Elternhaus sehr wohl durch relevante andere Bezugspersonen außerhalb der Familie kompensiert werden und insofern signifikant den Aufbau mentaler Fitness fördern.

Speziell in der Jugendphase hält *Jens Lehmann* den Aspekt einer fundierten sportpsychologischen Betreuung und Beratung für wichtig, da die Heranwachsenden neben den entwicklungstypischen Herausforderungen eben erhöhten Belastungen in der Schule und beim Leistungssport gegenüberstehen. Auch sieht er für den Bereich des Fußballs, dass zudem der Übergang vom Jugend- zum Profifußballer für den Athleten nicht selten eine erhebliche Verantwortung der Familie gegenüber mit sich bringt. Zum einen stellt der Athlet in dieser Situation oft den Hauptversorger der Familie dar, zugleich steht er als prominente Figur im Fokus der Öffentlichkeit und insbesondere der Medien.

Jens Lehmann bezeichnet aus seiner eigenen Erfahrung einige Trainer als gute Psychologen, andere wiederum haben aus seiner Sicht nur sehr geringe oder auch gar keine diesbezüglichen Kompetenzen. Da nun aber der Trainer (vor allem für jüngere Spieler) eine ganz wichtige Vertrauensperson darstellt, hält er eine grundsätzliche sportpsychologische Schulung von Trainern für wichtig. Zur Förderung einer positiven Vertrauensbeziehung sollte der Trainer mit Blick auf sein Entscheidungsverhalten in erster Linie *Transparenz und Konsequenz über die Zeit* zeigen. Unklare, zum Teil widersprüchliche Aussagen oder Verhaltensweisen sind hingegen für die Spieler wenig zielführend.

Den Einsatz eines Sportpsychologen betrachtet *Jens Lehmann* als hilfreich, sofern dieser von den jeweiligen Athleten freiwillig kontaktiert wird. Wichtig für eine effektive Intervention ist zudem, dass sich der Sportpsychologe mit der Gruppendynamik einer Fußballmannschaft adäquat auseinandersetzen kann. So reagieren in seinen Augen Fußballer als Mannschaftssportler zu Beginn skeptisch auf einen Sportpsychologen. Für Einzelsportarten sieht er hingegen einen Sportpsychologen umso wichtiger an, da der Druck in diesem Bereich einzig und allein auf dem Individuum lastet – es gibt keine Mitspieler, es gibt nur Konkurrenten.

Exkurs: Gruppensozialisation

In der sozialpsychologischen Literatur wird unter einer Gruppe der Zusammenschluss von zwei oder mehr Personen verstanden, die „gemeinsame Normen, Überzeugungen und Werte" vertreten. Personen einer Gruppe stehen in „impliziter oder expliziter" Beziehung zueinander, was bedeutet, „dass das Verhalten eines jeden Folgen für den anderen hat". Bedeutsam für das Handeln und die Interaktion von Gruppenmitgliedern ist ein spezifisches Gruppenziel (Proshansky & Seidenberg, 1965, zit. n. Häcker & Stapf, 1998, S. 339).

Gruppen sind dynamische Größen, die in ihrer Entstehungsphase verschiedene Stadien durchlaufen, bevor die einzelnen Mitglieder eine Einheit bilden. Einige Gruppen, wie bspw. Sportmannschaften, entsprechen in unserer Wahrnehmung eher dem „typischen" Bild einer Gruppe – sie agieren aufgabenbezogen miteinander und werden als Einheit wahrgenommen, sie orientieren sich an gemeinsamen Zielen und den entsprechenden Handlungsergebnissen. Bei aufgabenbezogenen Gruppen wird insbesondere die Leistungsfähigkeit der potenziellen Mitglieder beurteilt. Stimmen die Gruppe insgesamt und die einzelnen Mitglieder in ihren Ansichten und Erwartungen überein, sind zunächst gute Voraussetzungen für den Gruppenerfolg gegeben. Entscheidend ist im Laufe des „Lebens" innerhalb der Gruppe, dass jedes Mitglied seine Rolle kennen lernt und einnimmt. Sobald zunächst neue Mitglieder nicht mehr mit besonderer Aufmerksamkeit bedacht werden müssen, erreichen sie den Status des „Vollmitglieds“, sie erhalten dann auch Zugang zu bisher zurückgehaltenen Informationen. Eine hohe Bindung an die Gruppe wird durch eine befriedigende Rollenverteilung erreicht. Je stärker sich die „Kohäsion“ innerhalb der Gruppe (Gruppenzusammenhalt) gestaltet, desto ausgeprägter ist die Motivation der einzelnen Mitglieder, sich zu engagieren. Eine starke gemeinsame Ausrichtung auf das zu erreichende Ziel fördert dabei die Gruppenleistung positiv. Sobald eine Gruppenstruktur mit entsprechenden Normen gefestigt ist, erfolgt die Phase der höchsten Leistungsfähigkeit der Gruppe, da sämtliche Ressourcen für das Ziel investiert werden können. Bei einem hohen Zugehörigkeitsgefühl kann oftmals beobachtet werden, dass schwächere Mitglieder über ihre eigenen Leistungen hinaus wachsen. Sofern einzelne Mitglieder das Gefühl haben, dass ihre Bedürfnisse in der Gruppe nicht mehr erfüllt werden, oder aber die Gruppe empfindet, dass ein einzelnes Mitglied seiner Aufgabe nicht gerecht wird, besteht zum einen die Möglichkeit, dass die Aufgaben und Ziele der Gruppe sowie die Rollen der einzelnen Mitglieder neu ausgehandelt werden. Eine andere Alternative ist es, sich voneinander zu distanzieren. Der aktive Ausschluss einzelner Mitglieder führt dabei zu „sozialen Schmerzen“ (Eisenberger, Liebermann & Williams, 2003), die zu einem niedrigeren Selbstwertgefühl der Person beitragen können.

Weiterführende Literatur

Antons, K. (2001). *Gruppenprozesse verstehen: gruppendynamische Forschung und Praxis.* Opladen: Leske + Budrich.

Edding, C. (2009). *Handbuch alles über Gruppen: Theorie, Anwendung, Praxis.* Weinheim: Beltz.

Eisenberger, N. I., Lieberman, M. D. & Williams, K. D. (2003). Does rejection hurt? An fMRI study of social exclusion. *Science*, 302, 290-292.

Moreland, R.L. & Levine, J.M. (1982). Socialization in small groups: Temporal changes in individual-group relations. In L. Berkowitz (Ed.), *Advances in experimantal social psychology* (Vol. 15, pp. 137-192). New York: Academic Press.

Stahl, E. (2007). *Dynamik in Gruppen: Handbuch der Gruppenleitung*. Weinheim: Beltz.

Die Voraussetzung für ein gutes Spiel sieht *Jens Lehmann* im spielerischen Element. Hierdurch kann sich natürlich zum Teil hoher Druck bei einem Spieler aufbauen, der zudem durch den Trainer oder das soziale Umfeld noch verstärkt werden kann. Seiner Erfahrung zeichnen sich nun mental fitte Spieler dadurch aus, dass sie eben unter solchen Bedingungen erfolgreicher sind. Als konkretes Beispiel nennt er das Pokalspiel Dortmunds gegen Real Madrid im Jahr 1998, bei dem er selbst eine optimale Leistung abrufen konnte – hierbei lastete ein hoher Druck auf ihm, da er nur drei Tage zuvor in einem anderen Spiel vom Platz gestellt wurde. Ein Schlüssel der mentalen Fitness stellt dabei die Konzentrationsfähigkeit dar, wobei *Jens Lehmann* für sich keine spezifischen Übungen verfolgt, um seine Konzentrationsfähigkeit zu fördern.

Exkurs: Konzentrationsfähigkeit

Als Konzentration wird die Sammlung und Ausrichtung der „Aufmerksamkeit auf eng umgrenzte Sachverhalte" bezeichnet, sie „bedingt Spannung, Energie, Vitalität, Übung. Dagegen schränken Ermüdung, Sättigung, körperliche und seelische Mängel, Reizüberflutung die Konzentrationsfähigkeit ebenso ein wie Interessenmangel und störende situative Umstände" (Häcker & Stapf, 1998, S. 461). Aufmerksamkeitsstörungen sind die häufigsten neuropsychologischen Störungen, die in diesem Kontext diagnostiziert werden. Demzufolge ist es ein wichtiges Ziel, die Konzentrationsfähigkeit zu ausgewählten Zeitpunkten bündeln zu können. Übungen zur Förderung der Konzentrationsfähigkeit werden häufig mithilfe von Übungsblättern durchgeführt, auf denen bspw. Zahlen oder Buchstaben(-kombinationen) gesucht, Durchstreichaufgaben gelöst bzw. Zahlen oder Buchstaben verbunden werden müssen (s. dazu u. a. Krowatschek, Krowatschek, & Wingert, 2007; Witting, Dörken & Dürken, 2009). Hilfreich für eine gezielte Verbesserung der Aufmerksamkeitsleistung ist das Wissen darüber, ob etwa die selektive Aufmerksamkeit, die geteilte Aufmerksamkeit oder die Dauerkonzentrationsspannung geschult werden soll. Bei der selektiven Aufmerksamkeit müssen aus einer Vielzahl von Reizen die zur Problemlösung benötigten Reize gefiltert werden können. Bei der geteilten Aufmerksamkeit besteht die Herausforderung darin, Aufgaben parallel zu bearbeiten. Bei der Dauerkonzentration ist es notwendig, über einen langen Zeitraum hinweg die Konzentration halten zu können. In der klinischen Psychologie gibt es zur Schulung entsprechender Defizite ausgearbeitete Programme, mittlerweile auch für den PC (Kulke, 2009; s. dazu u. a. Nintendo DS Spiele „Konzentration und Aufmerksamkeit 1.-4. Klasse" von Franzis).

Weiterführende Literatur

Krowatschek, D., Krowatschek, G. & Wingert, G. (2007). *Marburger Konzentrationstraining für Jugendliche (MKT-J)*. Dortmund: Modernes Lernen.

Kulke, H. (2009). Therapie der Aufmerksamkeit. In G. Finauer (Hrsg.), *Therapiemanuale für die neuropsychologische Rehabilitation* (S. 7-39). Berlin: Springer.

Witting, U., Dörken, Y. & Dürken, Y. (2009). *Bewegte Konzentrationsförderung*. Wiebelsheim: Limpert.

Zulley, J. (2009). *Wach und fit: mehr Energie, Leistungsfähigkeit und Ausgeglichenheit*. Frankfurt am Main: Mabuse-Verlag.

Die heutigen Topspieler schätzt Jens Lehmann in der Regel als intelligent ein, wenn auch nicht immer sehr gebildet. Diese Intelligenz kann sich mental negativ auswirken, wenn ein Spieler „zuviel“ denkt – *denn ein solcher Spieler neigt dazu, sich um zu viele Faktoren zu viele Gedanken zu machen.*

Aus einem Interview mit Jens Lehmann

Eine Minute nach Spielende habe ich noch nicht die Intelligenz, um das Spiel zu beurteilen.

(www.mitglied.multimania.de/memoryx33/seite_4.htm 07.09.10)

K64: WAS DIE PRESSE SCHREIBT

Eine erstaunlich dünne Erfolgsbilanz ist das für einen Torwart seiner Klasse, aber irgendwie passt das auch zum radikalen Individualisten Lehmann, der weniger Mannschaftsspieler als Einzelsportler und in der Seele eine Künstlernatur ist. Er ist ein Mann mit tausend Macken – das sagen Leute, die ihn kennen und mögen.

(www.sueddeutsche.de/sport/fussball-jens-lehmann-hoert-auf-mann-mit-tausend-macken-1.4376 20.12.2010)

K65: WAS DIE PRESSE SCHREIBT

Im Jahr 2010

In seiner Biographie beschreibt Torwart Jens Lehmann den Wahnsinn, der angeblich auf dem Platz liegt. Mad-Jens erzählt, und das mit Humor. Ein einfacher Charakter war er ja nie, der Jens, immer hart an der Grenze zum Unberechenbaren. Mal schreit er den eigenen Abwehrmann an, mal den Gegenspieler, er attackiert als Kung Fu Lehmann oder pinkelt hinter die Bande, ja, Mad-Jens, wie ihn die Engländer nennen, hat einiges erlebt während seiner langen Karriere.

Den auf dem Platz liegenden Wahnsinn beschreibt Jens Lehmann nun mit seinem ganz eigenen trockenen Humor. So kennt man ihn auch aus Interviews, die bisweilen irritierend offen und direkt waren, und eben auch komisch. (...) Lehmann hat studiert, VWL, und das merkt man in den Interviews und eben auch in seiner Biographie.

(www.buechervielfalt.de/biographie-jens-lehmann-beschreibt-den-wahnsinn/ 13.12.2010)

6.13 Katrin Apel und Peter Sendel: Frauen grübeln zu viel – und Männer?

Katrin Apel (* 04. Mai 1973 in Erfurt) zählte als deutsche Biathletin in den Jahren 1995 bis 2007 zur Weltspitze. Insgesamt errang sie 14 Medaillen bei Olympischen Winterspielen und Weltmeisterschaften in Einzeldisziplinen und mit der Staffel. Außerdem konnte sie vier Weltcupsiege auf ihrem Konto verbuchen. Sie verfügt über eine abgeschlossene Ausbildung zur Erzieherin (1993) und besitzt den Dienstgrad eines Hauptfeldwebels bei der Bundeswehr. 2010 schloss sie ihre Ausbildung als Ergotherapeutin ab und nimmt an Sponsoren- und PR-Terminen teil. Als Teilnehmerin des Projektes *Tour der Hoffnung* hilft sie krebskranken Kindern.

Homepage von Katrin Apel
☞ Weitere Informationen finden Sie auf der persönlichen Homepage von Katrin Apel: http://www.katrin-apel.de

AUSGEWÄHLTE ERFOLGE VON KATRIN APEL	
Olympische Sommerspiele	
1. Platz, Staffel	1998 Nagano
1. Platz, Staffel	2002 Salt Lake City
2. Platz, Staffel	2006 Turin
Weltmeisterschaften	
1. Platz, Staffel	1996 Ruhpolding
1. Platz, Mannschaft	1996 Ruhpolding
1. Platz, Staffel	1997 Osrblie
1. Platz, Staffel	1999 Kontiolathi/Oslo
2. Platz, Sprint	2000 Oslo/Lathi
2. Platz, Staffel	2000 Oslo/Lathi
2. Platz, Staffel	2001 Pokljuka
2. Platz, Massenstart	2004 Oberhof

K66: WAS DIE PRESSE SCHREIBT
Nach einer Saison mit durchschnittlichen Leistungen, die durch Probleme mit der Schulter geprägt waren, schaffte Apel erstmals seit elf Jahren keine Nominierung für die Biathlon-Weltmeisterschaften 2007 in Antholz und erklärte am 26. Februar 2007 ihren Rücktritt vom Biathlonsport zum Saisonende. (www. Wikipedia.org/wiki/Katrin_Apel 13.12.2010)

Peter Sendel (* 6. März 1972 in Ilmenau) gewann in seiner aktiven Laufbahn als Biathlet bei den Olympischen Spielen 1998 in Nagano eine Gold- und eine Silbermedaille, ferner wurde er zweifacher Weltmeister mit der Staffel (1997 in Osrblie, 2003 in Chanty-Mansijsk). Er absolvierte eine Ausbildung zum Facharbeiter der Datenverarbeitung, ist Sportsoldat und betreibt seit 1978 Biathlon. Seit 2006 ist er an der Trainerakademie in Köln als Student eingeschrieben und fungiert derzeit als Bundestrainer der Juniorinnen.

Homepage von Peter Sendel
☞ Weitere Informationen finden Sie auf der persönlichen Homepage von Peter Sendel: http://www.petersendel.de

AUSGEWÄHLTE ERFOLGE VON PETER SENDEL	
Olympische Winterspiele	
1. Platz & 8. Platz	1998 Nagano
2. Platz	2002 Salt Lake City
Weltmeisterschaften	
3. Platz (Mannschaft)	1994 Canmore
2. Platz (Staffel)	1996 Ruhpolding
1. Platz (Staffel)	1997 Osrblie
3. Platz (Staffel)	2000 Oslo/Lathi
4. Platz (Massenstart)	2000 Oslo/Lathi
1. Platz	2003 Chanty-Mansijsk

K67: WAS DIE PRESSE SCHREIBT

Den Lohn für seinen unbändigen Kampfgeist konnte Peter Sendel gestern (05.02.1997) erst mit Verspätung entgegennehmen. Völlig erschöpft sank er nach dem Teamwettbewerb der Männer über zehn Kilometer bei der Biathlon-Weltmeisterschaft in den Schnee. Sein Körper bebte, die Betreuer mußten ihn stützen und in den Ruheraum führen. Während sich Frank Luck (Oberhof), Mark Kirchner (Scheibe-Alsbach) und Carsten Heymann (Altenberg) bei der Siegerehrung für Platz zwei hinter Weißrussland und vor Polen feiern lassen konnten, musste sich Sendel erholen. Der 24 Jahre alte Biathlet hatte sich in Osrblie total verausgabt, um seinen Mannschaftskameraden auf den letzten zwei Kilometern noch folgen zu können. "Im Ziel sah ich nur noch Sternchen", sagte Sendel. "Allerdings habe ich noch mitbekommen, dass wir Zweite geworden sind." Eine Stunde nach dem Zieleinlauf lachte der Sportsoldat aus Oberhof wieder.

(www.welt.de/print-welt/article633826/Erschoepfter_Peter_Sendel_verpasst_die_Siegerehrung.html 13.12.2010)

Beide Athleten sehen bislang das Thema der Sportpsychologie überwiegend noch gar nicht im Alltag der Biathleten angekommen. Ihrer Erfahrung nach wird psychologische Unterstützung (wenn überhaupt) bislang nur in Eigeninitiative aufgesucht und in Anspruch genommen, zumal auch in den offiziellen Einrichtungen keine entsprechenden Experten tätig sind. *Peter Sendel* ist die gesamte Thematik sehr fern, er kennt sie lediglich aus der Literatur.

Für *Katrin Apel* würde eine sportpsychologische Betreuung durchaus Sinn machen, um ein höheres Leistungspotenzial bei den Biathleten „herausholen" zu können, für sie sind psychische Stabilität und mentale Fitness gerade in ihrer Sportart ein entscheidender Schlüssel zum Erfolg. Ein immer wieder genannter Faktor ist in diesem Zusammenhang die Angst vor dem Schießen, das häufig der Grund für auftretende Leistungseinbrüche bei den Athleten ist.

<u>Im Gespräch mit Peter Sendel</u>

Ich bin in der glücklichen Lage, dass ich relativ ordentlich schieße, und ich gehe auch in den Schießstand und weiß, okay, ich kann Null schießen und das mache ich jetzt auch so. Bei [anderen Kollegen] sieht das ein bisschen anders aus. Wenn [man] mit der Angst schon rangeht, dann ist es auch schon vorbei.

Mannschaftswettbewerbe verstärken nach Meinung beider Biathleten sogar den Druck auf einem Athleten, also etwa bei Staffelläufen bei international wichtigen Turnieren, wobei vor allem der Schlussläufer erhebliche Verantwortung trägt, da seine Leistung oft über die letztendliche Platzierung entscheidet. Je erfolgreicher Athleten in einer Sportart sind, umso höher sind selbstverständlich dann auch die öffentlich formulierten Ansprüche. Dieser durch die Medien zum Ausdruck kommende Erwartungsdruck lastet bei allen Wettbewerben auf den Athleten, aber eben besonders stark bei den Mannschaftswettbewerben. Viel

Routine und Nervenstärke sind gefragt, um erfolgreich mit solchen Belastungen umgehen zu können. Deutsche Biathleten gehören dabei weltweit zur Leistungsspitze und überzeugen immer wieder mit herausragenden Leistungen.

Exkurs: Erfolgreiche Sportarten in Deutschland

Sport nimmt in unserer Gesellschaft eine hohe Bedeutung ein. 2009 sind etwa 27,3 Millionen Sportler in Deutschland im Deutschen Olympischen Sportbund über diverse Verbände organisiert (DOSB, 2009)[15], zahlreiche weitere Sportler sind außerhalb von Verbänden im kommerziellen Sport zu finden (u.a. Fitness-Studios). Im Folgenden findet sich eine Übersicht über Sportarten, in denen deutsche Athleten wiederholt zu den Favoriten und Siegern zählen. Auf der Basis olympischer Sommer- bzw. Winterspiele entsteht folgendes Ranglistenkonzept international erfolgreicher Sportarten in Deutschland.

K68: Aus der Praxis	
international erfolgreiche Sportarten in Deutschland	
Olympische Sommersportarten	**Olympische Wintersportarten**
Reiten (1)	Bob (1)
Rudern (1)	Biathlon (1)
Kanusport (1)	Nordische Kombination (2)
Schwimmen (2)	Alpiner Skisport (3)
Feldhockey (2)	Skispringen (4)
Radsport (3)	Eisschnelllauf (4)
Leichtathletik (3)	
Tischtennis (4)	
Tennis (4)	
(www.olympia-lexikon.de/Hauptseite 03.06.2010)	

Weiterführende Literatur

Neumann, G. (2005). *Sportpsychologische Betreuung des deutschen Olympiateams 2004: Erfahrungsberichte – Erfolgsbilanz – Perspektiven*; ausgewählte Beiträge anlässlich des Workshops "Sportpsychologische Betreuung

15 www.dosb.de/fileadmin/fm-dosb/downloads/bestandserhebung/DOSBBestandserhebung2006.pdf 27.08.2010

des deutschen Olympiateams für Athen 2004" am 25. November 2004 in Bonn. Köln: Sport und Buch Strauß.

Sinn, U. (1996). *Olympia : Kult, Sport und Fest in der Antike*. München: Beck.

Wimmert, J. (2004). *Die Olympischen Spiele.* Nürnberg: Tessloff.

In entscheidenden Situationen einen „kühlen Kopf" zu bewahren und sich nicht von unwichtigen Dingen ablenken zu lassen – das macht für *Peter Sendel* psychische Stabilität und mentale Fitness aus: *„Die Konzentration auf die Aufgabe ist der Schlüssel zum Erfolg"*.

Dass das in der Theorie aber leichter gesagt ist, als es in der Praxis dann auch umgesetzt werden kann, schildert *Katrin Apel* aus eigener Erfahrung. Sie berichtet über die kumulative Wirkung von Misserfolgserlebnissen, die sich gerade in Wettkampfsituationen manifestieren und die Leistungsfähigkeit negativ beeinflussen – auch wenn im Training die „perfekte" Leistung abrufen werden konnte.

> Im Gespräch mit Katrin Apel
>
> *Da weiß ich, okay, ich hab die Stabilität im Moment, weil es geht ja auch so ein bisschen hoch und runter, und dann denke ich mir: Na ja, da kann mir jetzt nicht viel passieren oder so. Aber wenn ich schon mit einem unsicheren Gefühl in einen Wettkampf reingehe, na ja, dann ist bei mir meistens eh schon alles zu spät.*

Peter Sendel und *Katrin Apel* charakterisieren sich selber als sehr unterschiedliche Sportlerpersönlichkeiten, vor allem mit Blick auf die psychische Stabilität und mentale Fitness. So beschreibt *Peter Sendel* sich selbst als jemanden, der mit einem sicheren Gefühl in einen Wettkampf geht und dem, was auf ihn zukommt, zunächst grundsätzlich optimistisch entgegen sieht. Grübeln über mögliche Schwierigkeiten und Probleme kommt bei ihm selten vor. Von daher ist er auch der Auffassung, gelegentlich von außen falsch wahrgenommen zu werden, da er durch seine durchaus positive Haltung zum Wettkampf für einen Beobachter zum Teil oberflächlich wirken kann.

Ganz anders hingegen *Katrin Apel*: Sie beschreibt sich als einen grundsätzlich etwas pessimistisch veranlagten Menschen. Sportliche Verunsicherungen (bei ihr insbesondere die Probleme beim Schießen im Stehen) werden in ihren Augen durch den erheblichen Druck der Medien, der auf die Athleten gerichtet wird, verstärkt. Vor dem Hintergrund ihrer ohnehin eher negativen Weltsicht übertragen sich entsprechende Verunsicherungen auf ihre Laufleistungen und führen zu einem insgesamt negativ gefärbten Bild.

Exkurs: „Sportlerpersönlichkeiten"

In der Psychologie wird der Effekt, dass sich eine Vorhersage erfüllt, weil sich die betreffende Person oft unbewusst so verhält, dass ihre Vorhersagen und Befürchtungen eintreten, self-fullfilling-prophecy genannt. Vorurteile oder Erwartungen, die von außen an eine Person herangetragen werden (aber auch Erwartungen, die man sich selbst auferlegt), manifestieren sich in dem Denken und dem Verhalten, sie wirken sich in positiver oder negativer Form auf die Leistungsentwicklung aus. Im Rahmen sportpsychologischer Forschungen wurde zudem wiederholt der Frage nachgegangen, ob es „die" Sportlerpersönlichkeit gibt – wird doch in den Medien oftmals von „herausragenden Sportlerpersönlichkeiten" gesprochen. Ein gesicherter Zusammenhang zwischen Sport und Persönlichkeit bzw. die Existenz „der" Sportlerpersönlichkeit konnte empirisch bislang jedoch nicht nachgewiesen werden. Conzelmann (2001, S. 43ff.) konnte gleichfalls keine konsistenten Persönlichkeitsunterschiede zwischen verschiedenen Sportlergruppen ausmachen (s. a. Dieterle & Lendi, 2004). Die Annahme, dass Sport zur Persönlichkeitsentwicklung beiträgt, konnte bislang ebenso wenig bestätigt wie widerlegt werden, wie die These, dass die individuelle Persönlichkeitsstruktur zum Sporttreiben animiert (Deitersen-Wieber, 2003).

Trotz dieser wissenschaftlichen Befunde werden ausgewählte Athleten wie bspw. *Henry Maske*, *Michael Schuhmacher* oder auch *Boris Becker* als „Sportlerpersönlichkeiten" gekennzeichnet, die ihren Sport durch ihre herausragenden Leistungen bekannt gemacht haben. Alle drei Athleten zeichnen sich durch einen früheren Karrierebeginn und baldige Erfolge aus. Beeindruckend war, dass diese Sportler bereits in jungen Jahren wiederholt außergewöhnliches geleistet haben. Auch hielten ihre Erfolgsserien im Seniorenbereich an, sie erfuhren sogar eine Steigerung. *Boris Becker* wurde jüngster Sieger des legendären Wimbledon Turniers. *Boris Becker* und *Michael Schumacher* waren darüber hinaus die ersten deutschen Athleten, die einen Weltmeistertitel in ihrer Sportart gewinnen konnten. Alle drei Athleten widmeten sich bereits sehr früh ihrem Sport sehr intensiv; *Boris Becker* trainierte an einem Leistungszentrum, *Henry Maske* besuchte ein Sportinternat. Neben ihren sportlichen Leistungen waren sie insbesondere für ihre herausragende Trainingsdisziplin und ihren unbedingten Willen, das Beste geben zu wollen, bekannt. *Henry Maske* wurde aufgrund seiner auffallenden technischen Präzision und seiner sympathischen und fairen Art als „Gentleman" bezeichnet. *Boris Becker*, *Michael Schuhmacher* und *Henry Maske* schrieben Sportgeschichte.[16]

16 www.whoswho.de/; www.wikipedia.de 06.12.2010

Weiterführende Literatur

Deitersen-Wieber, A. (2003). *Sport und Persönlichkeit: unter besonderer Berücksichtigung der arbeitsbezogenen Persönlichkeitsforschung*. Münster: LIT Verlag.

Dieterle, P. & Lendi, T. (2004). *Verletzung, Identität und Gesundheit. Eine qualitative Studie zum Umgang von Sportlerinnen und Sportlern mit stark einschränkenden Verletzungen*. Hochschule für angewandte Psychologie (HAP): Zürich.

Sich bei einer pessimistischen Wettkampfeinstellung sportpsychologisch betreuen zu lassen, steht für viele Athleten allerdings noch außer Frage, da zu viele Vorurteile mit dem Beruf des Psychologen assoziiert werden. Gerade im Trainingsplan von Spitzensportlern stellt dabei die zusätzliche Zeitinvestition eine erhebliche Schwierigkeit dar, zumal der Erfolg psychologischen Trainings sehr schwer zu messen ist.

> Im Gespräch mit Peter Sendel
>
> *Das ist auch zeitmäßig schwer zu machen. Wir sind im Jahr oder im letzten Olympia-Jahr fast 300 oder 250 Tage waren wir ja unterwegs. Und dann noch irgendwo Stunden zu finden, für solche, wo man denkt, unwichtigen Sachen. Für einen Sportler ist das jetzt nichts Messbares. Für den Trainer ist das auch nichts Messbares.*

Entscheidend für die Inanspruchnahme sportpsychologischer Betreuung ist ferner auch die Frage der Angebotstransparenz. Athleten benötigen Informationen darüber, an wen sie sich bei einem Wunsch nach mentaler Stärkung wenden können, um dieses dann auch tatsächlich anzugehen. *Peter Sendel* sieht diesbezüglich trotz des noch eher negativ besetzten Images der Sportpsychologie gerade bei den Trainern eine immer größer werdende Offenheit für diesen Teil der Betreuung von Athleten. Interessant ist in diesem Zusammenhang, dass sich wohl mit Blick auf die mentale Fitness durchaus klassische Geschlechtsstereotype widerspiegeln, da Trainer von Leistungssportlerinnen seiner Meinung nach eine höhere Bereitschaft zur Inanspruchnahme eines Sportpsychologen zeigen. *Peter Sendel* vermutet, dass Frauen wohl vergleichsweise häufiger zu pessimistischen Einstellungen neigen und vielfältige Eventualitäten berücksichtigen, während Männer „so etwas“ nicht machen.

K69: AUS DER WISSENSCHAFT

Unterschiede im Gehirn von Mann und Frau sind tatsächlich vorhanden", bestätigt der Wissenschaftler Gereon Fink. (...) Allerdings: Über typisch männliches oder weibliches Verhalten sagen sie wenig aus. (...) ob wir ein Verhalten als typisch männlich oder typisch weiblich einschätzen, resultiert daraus, wie wir es wahrnehmen und bewerten – sprich, in welche Schublade wir denjenigen stecken. Der typische Mann hat seine Emotionen unter Kontrolle, ist zielstrebig, ehrgeizig und durchsetzungsstark. Die Frau gilt als emotional, sozial orientiert, sicherheitsbedürftig und intuitiv.

(www.focus.de/gesundheit/ratgeber/psychologie/gesundepsyche/tid-5586/psychologie-typisch-maennlich-typisch-weiblich_aid_54528.html 29.09.2010)

Schon das Verständnis von „Gesundheit" scheidet die Geschlechter: Verbinden Frauen Gesundheit eher mit Wohlbefinden und Körpererleben, reicht für viele Männer bereits die Abwesenheit von Krankheit aus, um von Gesundheit zu sprechen.

(www.ikk-classic.de/aktiv-gesund/gesundheitstipp-des-monats-typisch-mann-typisch-frau.html 29.09.2010)

Schon bei Mädchen und Jungen fallen Unterschiede im Gesundheitsverhalten ins Auge: Jungen äußern sich kaum über Krankheitssymptome und verdrängen diesbezügliche Ängste, sie tendieren auch eher zu Extremsportarten und konsumieren unkritisch leistungssteigernde Mittel. Mädchen haben oft aufgrund der medialen Vorbilder ein gestörtes Verhältnis zu ihrem Körper und neigen zu gesundheitsschädlichen Diäten.

(www.gender-mainstreaming.net/gm/frauen-und-maenner-im-alltag,did=13484.html 29.09.2010)

Im Gespräch mit Peter Sendel

Im Schießen ist das so, das kann man extrem sehen an den Mädels, die jetzt in der Mannschaft sind, die sind frisch reingekommen, aus dem Junioren-Alter, haben geschossen, das war supergut, ohne nachzudenken, frech ... Die haben sich hingelegt, da haben wir Männer uns am Kopf gegriffen, die schon lange Biathlon machen, und haben gesagt: wie schießen denn die? Die haben sich hingelegt und waren aber so etwas von schnell und sicher, weil sie sich keine Rübe gemacht haben. Jetzt haben sie Erfolg, jetzt sind sie auch alle Weltmeister, jetzt müssen sie auf einmal zeigen, dass sie schießen können. Vorher war es egal. Jetzt wissen sie, ich muss jetzt schießen wie früher, wie war denn das, hingelegt und bumms aus, geht's schief.

In den Augen beider Athleten wird ein positiver Umgang mit den psychischen Belastungen im Leistungssport nicht in erster Linie erworben, sie betonen, dass es sich bei der mentalen Fitness eines Sportlers eher um eine Wesensart handelt. Speziell für den Bereich des Biathlon sehen sie aber auch deutliche Einflüsse aufgrund der jeweiligen Tagesform, dies betrifft vor allem die Leistung beim Schießen – entsprechende starke bzw. schwache Tagesergebnisse bestimmen das konkrete Wettkampfergebnis in erheblichem Maße. Von daher kommt den so genannten Reaktionsprogrammen im Training ein hoher Stellenwert zu. Ergänzend hierzu versuchen die Biathleten, in Eigeninitiative ihre Konzentration auf den Wettkampf zu bündeln, indem sie verschiedene individuelle Strategien am konkreten Wettkampftag einsetzen (Playstation spielen, Joggen usw.), um dann ihr Leistungspotential möglichst optimal abrufen zu können.

Damit sportpsychologische Beratung erfolgreich sein kann, sind jedoch hinreichende sportartspezifische Kompetenzen bei dem jeweiligen Psychologen unabdingbar, nur so kann er spezifische Anforderungen und belastungsauslösende Situationen für die Athleten adäquat erkennen und verstehen. Ausschließlich vor diesem Hintergrund ist eine optimale Beratung denkbar, so *Peter Sendel*. In analoger Weise sind die Biathlontrainer alle selbst ehemalige Leistungssportler und können sich entsprechend gut in die kritischen Situationen hineinversetzen, da ihnen die spezifischen Anforderungen dieser Sportart (etwa beim Verfolgungsrennen) durchaus vertraut sind.

Für *Peter Sendel* und *Katrin Apel* spielt der Vertrauensaspekt in der Beziehung des Athleten zum Trainer eine ganz entscheidende Rolle, um gemeinsam erfolgreich zu sein. Hierzu gehört das Einfühlungsvermögen des Trainers und insbesondere auch sein Umgang mit auftretenden Misserfolgen – diese sollten akzeptiert und nicht direkt verurteilt werden, vielmehr kann der Trainer vor dem Hintergrund seiner hohen fachlichen und methodischen Kompetenz vorgeben, was in welcher Situation am besten zu tun ist.

> Im Gespräch mit Peter Sendel
>
> *Wenn das seit zehn Jahren so ist, da hat man natürlich Vertrauen zum Trainer und weiß: Okay, wenn der mir das so sagt, das Training ist zu der Zeit richtig, dann glaubt man das auch.*

Neben dieser fachlichen Kompetenz betont *Katrin Apel* die zwischenmenschliche Ebene, die ihr ebenfalls für eine erfolgreiche Zusammenarbeit wichtig erscheint. Inwieweit dies in den privaten Bereich hineinreicht, hängt sicherlich zum einen von den jeweiligen Persönlichkeiten ab, zum anderen aber auch von dem Alter der Athleten. Unbedingt erforderlich ist allerdings stets der Respekt des Athleten gegenüber seinem Trainer. Dadurch dass im Biathlon sowohl der Einzel- als auch der Mannschaftsaspekt gefragt sind, sind auf Seiten des Trainers erhöhte kommunikative Kompetenzen erforderlich. Denn natürlich kann sich der Trainer nicht exklusiv einem einzelnen Athleten widmen, er ist stets für eine Gruppe von Biathleten verantwortlich – und an dieser Stelle sind eine Reihe von gruppendynamischen Effekten denkbar, angefangen vom positiven und leistungsförderlichem Konkurrenzdenken bis hin zu Ausgrenzungs- und leistungshemmenden Phänomenen.

Im Gespräch mit Peter Sendel

Nicht die ganze Mannschaft. Eben die vier ältesten gegen die vier jüngsten. Und da ist dann richtig was los. Das macht einfach Spaß, in der Mannschaft oder in der Gruppe.

Als Leistungssportler, die selber sehr früh mit ihrem Sport begonnen haben und den Weg zum Hochleistungssport über die Sportschule gegangen sind, betonen sowohl *Katrin Apel* wie auch *Peter Sendel* den möglichen Nutzen psychologischer Unterstützung gerade im Nachwuchsbereich. Die erheblichen Belastungen für junge Athleten mit Pubertät und schulischen Anforderungen neben dem Sport könnten auf diese Weise leichter aufgefangen werden. Auf diese Weise bleiben ausreichende Energien für den Sport vorhanden, die Langzeitmotivation der Athleten bleibt erhalten, und sie können die schwierige Phase des Jugendalters konstruktiver bewältigen.

Im Gespräch mit Peter Sendel

Und diese Sache, die Jungs geistig so weit zu bringen, dass sie diese Coolheit mal vergessen und sich um das Training kümmern, das ist das Wichtige.

K70: WAS DIE PRESSE SCHREIBT

Im Jahr 2010

Sendel wohnt heute in Jüchsen bei Meiningen, ist verheiratet und hat mit seiner Frau eine Tochter. Er ist Ehrenbürger von Großbreitenbach.

(www.wikipedia.org/wiki/Peter_Sendel/ 13.12.2010)

Seit September bin ich (Katrin Apel) in der m&i Fachklinik in Bad Liebenstein als Ergotherapeutin angestellt. Nach den vielen Jahren Leistungssport ist dies für mich eine ganz neue Erfahrung und gleichzeitig auch eine große Herausforderung. Mein neuer Job macht mir viel Spaß. Es ist viel Neues für mich, aber zum Glück habe ich sehr nette Kollegen, die mir den einen oder anderen Tipp geben und versuchen auf meine vielen Fragen eine Antwort zu finden.

(www.katrinapel.de/cms85/design/17.12.2010:_Es_gibt_Neuigkeiten!.html 20.12.2010)

6.14 Dieter Thoma: Die Kraft des Vertrauens

Dieter Thoma (* 19. Oktober 1969 in Hinterzarten) avancierte in den 1990er Jahren zu den weltbesten Skispringern. Er gewann im Laufe seiner Karriere insgesamt 13 Medaillen mit vollen Medaillensätzen bei Weltmeisterschaften und Olympischen Spielen. *Dieter Thoma* begann im Alter von sechs Jahren mit dem

Skispringen und feierte 1986 mit der Mannschaft seinen ersten großen Erfolg als Junioren-Weltmeister. Seinen Durchbruch konnte er in der Wintersaison 1988/89 erzielen, als er den vierten Platz bei der Vierschanzentournee belegte. In der folgenden Saison gewann er als erster deutscher Skispringer nach 30 Jahren die Vierschanzentournee; im gleichen Jahr wurde er zudem Skiflugweltmeister. Bei den Olympischen Spielen 1994 in Lillehammer gewann er Gold und Bronze. Nach der technischen Umstellung auf den V-Stil hatte *Dieter Thoma* zunächst einige Leistungsschwierigkeiten, bevor er sich 1997 zurück in die Weltspitze meldete. 1998 errang er die Silbermedaille bei den Olympischen Spielen in Nagano, 1999 holte er sich zum Abschluss seiner aktiven Karriere noch einmal den Titel bei den Weltmeisterschaften in Ramsau/Bischofshofen. Im gleichen Jahr beendete *Dieter Thoma* seine beeindruckende Karriere mit dem Neujahrsprung, da er nach der achten Knieoperationen sich gesundheitlich nicht mehr in der Lage sah, aus eigener Kraft einen Weltcup zu gewinnen. Heute betätigt sich der ehemalige Athlet als Experte, Firmenberater oder Referent und gibt sein Wissen aus jahrelangem Hochleistungssport weiter.

Homepage von Dieter Thoma
☞ Weitere Informationen über Dieter Thoma finden Sie u.a. hier: http://www.skiclub-hinterzarten.de/index.php?id=44 www.spielendhelfen.de http://www.5-sterne-redner.de/referenten/dieter-thoma

Ausgewählte Erfolge von Dieter Thoma	
Olympische Winterspiele	
1. Platz und 3. Platz	1994 Lillehammer
2. Platz	1998 Nagano
Nordische Skiweltmeisterschaften	
3. Platz	1991 Val di Fieme
2. Platz	1995 Thunder Bay
2. Platz, Großschanze	1997 Trondheim
3. Platz	1997 Trondheim
1. Platz	1999 Ramsau

<u>Skiflug Weltmeisterschaften</u>

1. Platz, Einzel	1990 Vikersund
3. Platz, Einzel	1998 Oberstdorf

K71: Was die Presse schreibt

<u>Zur Karriere von Dieter Thoma</u>

Nach der Saison 1998/99, die ihren krönenden Abschluss mit dem Gewinn der WM-Mannschaftsgoldmedaille fand, trat Dieter Thoma aufgrund vieler Verletzungen und starker Schmerzen vom Leistungssport zurück. Insgesamt acht Knieoperationen, zwei komplizierte Oberschenkeloperationen sowie ein Armbruch und einige Gehirnerschütterungen waren der Hintergrund.

(www.wikipedia.org/wiki/Dieter_Thoma_(Skispringer) 20.12.2010)

Mit Blick auf die grundsätzliche Fragestellung, was denn für ihn psychische Stabilität und mentale Fitness ausmacht, hat *Dieter Thoma* eine präzise Vorstellung.

<u>Im Gespräch mit Dieter Thoma</u>

Ein klarer Kopf, volle Aufmerksamkeit und Kontrolle über sich selbst. Sich frisch und sicher fühlen. Alle unwichtigen Nebengedanken ausschalten. Ein Gefühl für deinen eigenen Körper, eine Art innere Aufmerksamkeit, das ist der Schlüssel.

Und für ihn wird dieser Aspekt mit zunehmender Leistungshöhe immer wichtiger, vor allem in den Bereichen des Hoch- und Höchstleistungssports, in denen sich die Besten der Welt messen und an ihre physischen und psychischen Grenzen gehen (müssen). Sicherlich kommt es in vielen Disziplinen auf technische Kompetenzen und kognitive Fähigkeiten eines Athleten an, auch komplexe Bewegungsabläufe zu erlernen und zu verinnerlichen. Von der mentalen Seite ist aber der Glaube an sich selbst ganz entscheidend, ansonsten können in besonderen Belastungssituationen zum Teil sogar relativ simple Bewegungsabläufe nicht mehr abgerufen werden.

<u>Im Gespräch mit Dieter Thoma</u>

Und beim Skispringen ist gerade das sehr wichtig. Um im Wettkampf zu gewinnen, müssen deshalb der Glaube an sich selbst, die günstigen äußeren Bedingungen und die gelernte Technik und das gefühlte Timing am Schanzentisch eine Einheit bilden.

In den Augen von *Dieter Thoma* ist eine solche Stärke keineswegs unveränderlich bei einem Athleten vorhanden oder nicht vorhanden, sondern sie wird schrittweise tagtäglich nach dem Prinzip „learning by doing" erworben. Psychische Stabilität und mentale Fitness lassen sich also nicht auf einer theoretischen Ebene aneignen, sie sind das Ergebnis einer Vielzahl von Erfahrungen, die sich dann über die Zeit sowohl hilfreich als auch hemmend auswirken können.

> Im Gespräch mit Dieter Thoma
>
> *Als junger Hüpfer, ohne Erfahrung mit Verletzungen und Stürzen, jagst du meist mit vollem Risiko völlig ‚kopflos' die Schanze hinunter. Mit zunehmenden Stürzen, Verletzungen und anschließenden Krankenhausaufenthalten steigt jedoch der Respekt vor diesem Sport; mit der Folge, dass man mit steigendem Alter und gerade in Extremsituationen vorsichtiger wird, weniger Risiken eingeht und damit unter Umständen seine Potenziale nicht voll ausschöpft.*

Ein wichtiger Aspekt der mentalen Fitness in Sportarten mit beträchtlichem Gefahrenpotenzial (also neben dem Skispringen etwa auch das Boxen oder der Motorsport) ist die Kontrolle des eigenen Respekts vor der Aufgabe und der Angst, um das optimale Leistungspotenzial abrufen zu können. Hierfür ist erforderlich, auch nach negativen Erfahrungen den Glauben an sich selbst zu bewahren bzw. diesen immer wieder neu zu gewinnen, seinen Fähigkeiten zu vertrauen und seine Motivation entsprechend zu erhalten bzw. sie stetig wiederherzustellen.

Für *Dieter Thoma* kommt dem Trainer bei diesem Prozess eine grundlegende Rolle zu. Den Einsatz eines Sportpsychologen stellt er sich an dieser Stelle hingegen problematisch vor: Seiner Erfahrung nach lassen Athleten häufig keine weiteren Personen, insbesondere „Fremde", an sich heran. Ebenso beschreibt er seine ganz persönlichen Erfahrungen mit „selbsternannten Experten" als nicht zielführend: Sie seien in Stresssituationen nervöser als er selbst gewesen, und ihr Auftreten wirkte daher eher unwissend und hilflos, denn sie sind nie von einer Schanze gesprungen.

Den Weg zu mentaler Fitness können für *Dieter Thoma* von daher nur gut geschulte Trainer oder Physiotherapeuten bereiten, da die Athleten ihnen in der Regel vertrauensvoll gegenüber treten. Er äußert auch die Vermutung, dass ein Athlet *nicht bewusst (*etwas*) mit Psychologie zu tun haben* will. Erfolg versprechend ist von daher also der „indirekte Weg", nämlich die Aneignung entsprechender Kompetenzen seitens (in der Regel) der Trainer, die dann als psychologisch geschulte Vertrauenspersonen ihr Wissen in der Arbeit mit dem Athleten einbringen und weitergeben können.

> Im Gespräch mit Dieter Thoma
>
> *Ein zusätzlicher Psychologe bekommt nie die Akzeptanz vom Sportler wie der Trainer, denn der Psychologe versteht meist überhaupt nichts von der Sportart selbst und kann sich somit auch nicht in den Kopf der Sportler hineindenken. Natürlich ist das Personenabhängig.*

Exkurs: Schulung von Trainern mit sportpsychologischen Inhalten

Die Rahmenrichtlinien für Qualifizierungen im Bereich des Deutschen Sportbundes (2005) beschreiben Zielsetzungen und inhaltliche Anforderungen für einzelne Ausbildungsstufen. Psychologische Kenntnisse werden dabei bspw. auf der Lizenzstufe „Trainer-A-Breiten- bzw. Leistungssport" genannt. So wird formuliert, dass „die Wirkung psychosozialer Faktoren bei der Persönlichkeitsentwicklung" (S. 48) bekannt sein sollte oder ein Trainer der Lizenzstufe drei „auf der Basis erweiterter psychologischer Grundkenntnisse Bedingungen schaffen" können sollte, um Athleten zum lebenslangen Sport zu motivieren. Ein „Trainer-A-Leistungssport" sollte darüber hinaus über sozial- und entwicklungspsychologische Kenntnisse zum Übergang vom Jugend- in das Erwachsenenalter verfügen. In welchem Umfang entsprechende Inhalte in der Ausbildung thematisiert werden, ist allerdings nicht in den Rahmenrichtlinien enthalten und lässt sich den Ausbildungsprogrammen einzelner Sportarten entnehmen.

Die Ausbildung zum Diplom-Trainer an der Trainerakademie Köln stellt die höchste Qualifizierungsmöglichkeit im Deutschen Olympischen Sportbund dar, sie umfasst 1300 Stunden Ausbildung. Im Rahmen dieser werden während der Grundlagenausbildung (480 Stunden) 60 Stunden zu psychologischen Inhalten unterrichtet.[17] Die gezielte Schulung sportpsychologischer Inhalte sowie auch sportpsychologischer Beratung und Betreuung bildet damit sicherlich nicht den Schwerpunkt einer Trainerausbildung. Generell werden psychologische Inhalte erst auf den höheren Lizenzstufen thematisiert.

Sportartspezifische Kenntnisse des Sportpsychologen tragen sicherlich in erheblichem Maße zu dessen Akzeptanz durch den Athleten und den Trainer bei. Mittels eigener Erfahrungen in der konkreten Sportart ist es dem Sportpsychologen zudem besser möglich, sich in das Stressempfinden oder die Probleme des Athleten hineinzuversetzen, da sich Sportarten strukturell stark voneinander unterscheiden. Während etwa in einigen Sportarten das Material (wie bspw. im Skisport) von tragender Bedeutung ist, spielt im Mannschaftssport das Teamgefüge eine wichtige Rolle, beim Kunstturnen führt der Athlet den Wettkampf ohne direkten Einfluss seiner Gegner durch, während dieses in einigen Kampfsportarten den zentralen Aspekt darstellt, beim Reitsport gilt eine große Sorge dem Pferd. Diese Beispiele deuten an, wie wichtig für eine adäquate Betreuung eines Athleten Kenntnisse über die sportartspezifischen Belastungsmomente sind.

☞ Weiterführende Informationen erhalten Sie auf www.dosb.de/de/sportentwicklung/bildung/ausbildung/rahmenrichtlinien/

17 www.trainerakademie-koeln.de/ 06.12.2010

Weiterführende Literatur

Tietjens, M. & Straß, B. (2006). *Handbuch Sportpsychologie.* Schorndorf: Hofmann

---

Der Trainer stellt dementsprechend für *Dieter Thoma* den „Dreh- und Angelpunkt" in der Betreuung eines Athleten dar, er beschreibt ihn als einen *zweiten Vater*, als zentrale Vertrauensperson, welche die Verantwortung für das Wohlbefinden und die Motivation eines Athleten trägt. Der Trainer ist auf eine gewisse Weise mit dessen *Seelenfrieden* verbunden und kann demnach ganz erheblichen Einfluss auf die psychische Stärke des Athleten nehmen.

> Im Gespräch mit Dieter Thoma
>
> *Skifliegen ist die psychisch anspruchsvollste Herausforderung für Skispringer. Das Vertrauen in sich, zum Trainer, aber auch in das Material (Ski, Bindung, Helm, Schuhe, Anzug) sind entscheidend. Als ich dort das erste Mal beim Skifliegen war, wusste ich nicht, wie ich meine Bindung einstellen sollte. Die Trainer haben mir schließlich gesagt, wie ich es machen soll und mir die Sicherheit im Gespräch gegeben, dass es geht. Ich habe den Wettkampf und die Weltmeisterschaft gewonnen. Und das bei meinem ersten Einsatz beim Skifliegen! Auf jeden Fall fördert ein perfektes Vertrauensverhältnis die Leistung, beflügelt den Sportler, bringt Spaß und Erfolg. Es ist das A und O für eine funktionierende Erfolgsbeziehung. Das gilt gerade auch für 'Risikosportarten' wie Skispringen, Sportarten also, bei denen ich nicht nur meinen Geist, sondern auch meinen Körper verletzen kann. Gerade hier ist das Vertrauen besonders wichtig.*

Und bei allem, was man vor und auch während des Trainings und eines Wettkampfes tut, um erfolgreich zu sein – man ist grundsätzlich *hinterher immer schlauer*, man sieht Fehler, die man vorher nicht gesehen hat, möglicherweise auch deshalb, weil man im Nachhinein einen anderen Blick auf das Geschehen hat. Gerade diese Bereitschaft und Fähigkeit zur Reflektion und zur konstruktiven (Selbst-)Kritik von Athlet und Trainer fördern aus Sicht von *Dieter Thoma* ganz entscheidend die psychische Stabilität und mentale Fitness.

K72: WAS DIE PRESSE SCHREIBT

Im Jahr 2011

Keynote Speaker und Referent Dieter Thoma hat eine beeindruckende Karriere als Skispringer vorzuweisen: Olympiasieger, zweifacher Weltmeister, mehrfacher Deutscher Meister sowie Sieger bei der bekannten Vier-Schanzen-Tournee und 1997 Skisprung-Weltcupgesamtsieger. Außerdem gewann er zwölf Weltcups und dreizehn internationale Medaillen.

Nach seiner aktiven Sportlerkarriere begann Dieter Thoma als Co-Moderator von Günther Jauch bei diversen RTL-Skisprung-Events. Auch hier überzeugte er mit Glanzleistungen und wurde mit zwei Fernsehpreisen ausgezeichnet. Derzeit steht er für die ARD als Skisprung-Experte vor der Kamera.

Seine Qualitäten als Redner zeigt Dieter Thoma nicht nur im Fernsehen. Der ausgesprochen sympathische Referent erzählt entspannt aus seinem Sportlerleben und redet Klartext, wenn es um die nötige Konsequenz und Motivation, positives Denken und Willensstärke geht, um seine eigenen Ziele zu erreichen, Rückschläge zu verarbeiten und wieder aufzustehen. Aufgrund zahlreicher Verletzungen weiß er genau, wovon er spricht. Der Keynote Speaker Dieter Thoma zeigt seinem Publikum in einer unterhaltsamen Art und Weise die Parallelen zwischen Sport und Wirtschaft auf, von Einsatzwillen und Begeisterung bis hin zu Strategie und Teamarbeit.

(www.5-sterne-redner.de/referenten/dieter-thoma 20.12.2010)

6.15 Mandy Wötzel: Mentale Fitness als Persönlichkeitsmerkmal?

Mandy Wötzel (* 21. Juli 1973 in Karl-Marx-Stadt) errang als Eiskunstläuferin im Paarlauf den Titel der Deutschen Meisterin, sie wurde mit ihrem Partner Ingo Steuer Europameisterin in Dortmund und 1997 Weltmeisterin in Lausanne. 1998 gewann sie die Bronzemedaille bei den Olympischen Spielen in Nagano; 1997 die Champions Series. Bereits 1977 begann sie mit dem Eislaufen und startete von 1986 bis 1992 mit Axel Rauschenbach als Partner. 1988 belegten sie bei ihrem Debütauftritt bei den Europameisterschaften den fünften Platz. Nach den Olympischen Winterspielen 1992 mit einem 8. Platz trennte sich das Paar; *Mandy Wötzel* startete ab sofort mit Ingo Steuer. Sie wechselten 1998 in das Profilager. Im Februar 2006 trennte sich das Eislaufpaar, *Mandy Wötzel* bleibt jedoch mit anderen Partnern im Eiskunstlauf aktiv. Seit 2007 lebt sie im australischen Melbourne.

Internetseiten über Mandy Wötzel
☞Weitere Informationen über Mandy Wötzel finden Sie u.a. hier: http://de.wikipedia.org/wiki/Mandy_Wöttzel http://www.sports-reference.com/olympics/athletes/wo/mandy-wotzel-1.html

AUSGEWÄHLTE ERFOLGE VON MANDY WÖTZEL	
Olympische Winterspiele	
3. Platz	1998 Nagano
Weltmeisterschaften	
2. Platz	1993 Prag
2. Platz	1996 Edmonton
1. Platz	1997 Lausanne
Europameisterschaften	
2. Platz	1989 Birmingham
2. Platz	1993 Helsinki
1. Platz	1995 Dortmund
2. Platz	1996 Sofia
2. Platz	1997 Paris
Deutsche Meisterschaften	
1. Platz	1991 Berlin
2. Platz	1992 Unna
1. Platz	1993 Mannheim
1. Platz	1995 Obersdorf
1. Platz	1996 Berlin

K73: AUS DER PRESSE

Zur Karriere von Mady Wötzel und Ingo Steuer

Sie gleiten und springen in vollendetem Einklang der Bewegungen über das Eis – synchron und taktgenau. Um den Meistertitel zu verspielen, so witzelte dieser Tage ein Beobachter, müssten sie sich wohl permanent und voller Absicht auf die Schlittschuhe trampeln. Was nicht zu erwarten ist.

(www.berlinonline.de/berliner-zeitung/archiv/.bin/dump.fcgi/1997/0104/none/0049/index.html 21.04.2009)

Ach wie so trügerisch sind solche Augen-Blicke: Wötzel/Steuer sind ein erfolgreiches, aber kein verliebtes Paar. Schon länger nicht mehr. Als der schwarzhaarige Ingo seine blonde Mandy nach dem berühmten Sturz von Lillehammer liebevoll und telegen vom olympischen Eis trug, kriselte es längst, und im Sommer 1994 folgte der Bruch. "Wir haben", erklärte Mandy im Winter danach als eben gekürte Europameisterin, "lediglich die Liebesbeziehung aufgegeben".

(www.tagesspiegel.de/sport/traumpaare-existieren-meist-nur-auf-dem-eis/6882.html 20.12.2010)

Psychische Stabilität und mentale Fitness äußert sich im Training und im Wettkampf für *Mandy Wötzel* auf differenzierte Art und Weise. In der Trainingssituation charakterisiert mentale Fitness für sie vor allem eine physische und psychische Belastbarkeit, während in der Wettkampfsituation der Fokus darauf liegt, *„auf den Punkt genau alles um die Situation herum zu vergessen“* (etwa die Presse oder die Ergebnisse der konkurrierenden Teams) und sich ausschließlich auf das wesentliche in diesem Moment konzentrieren zu können.

Im Gespräch mit Mandy Wötzel

Das alles von außen auszublenden, das ist halt schwierig und das kann nicht jeder, und man selbst kann es auch nicht immer.

Abergläubisches Verhalten steht für sie durchaus mit der psychischen Konstitution von Sportlern in Zusammenhang (s. Kap. 4). Gerade vor Wettkämpfen entwickelt jeder Athlet genaue Vorstellungen davon, wie der Tag ablaufen soll; wenn dieser dann jedoch nicht wie geplant von statten geht, stellt sich zwangsläufig ein schlechtes Gefühl ein. *Mandy Wötzel* beschreibt sich selbst als eine Eiskunstläuferin, bei der ein *„zu gutes Gefühl“* vor einem Wettkampf eher Unsicherheit auslöst denn Sicherheit und innere Ruhe fördert.

Im Gespräch mit Mandy Wötzel

Wenn ich zu fit war, wenn quasi alles gestimmt hat – dass ich dann dachte, das ist nicht gut. Ich hatte manchmal fast schon gern so kleine Verletzungen, die mich dann von der groben Nervosität abgelenkt haben.

Psychische Stabilität und eine daraus resultierende mentale Fitness sind für *Mandy Wötzel* angeborene Fähigkeiten, die ein Athlet mehr oder minder stark ausgeprägt mitbringt und die man *nicht wirklich erlernen kann*. Jeder Athlet muss von daher in ihren Augen für sich selbst herausfinden, was für ihn mir Blick auf die eigene psychische und physische Stärke gut und was eher schädlich ist.

Speziell für das Eiskunstlaufen spielt die mentale Fitness eine sehr wichtige Rolle, denn hierdurch wird für *Mandy Wötzel* die Qualität der Präsentation ganz entscheidend bestimmt. Die technischen Raffinessen und die entsprechenden sportlichen Fähigkeiten des Athleten sind die eine Seite der Medaille, hinzu kommen Kostüm und Make-Up sowie die Harmonie mit dem Laufpartner (wie bei ihr im Paarlauf), die Ausstrahlung auf den Zuschauer ist Ergebnis der inneren Stärke.

> <u>Im Gespräch mit Mandy Wötzel</u>
>
> *Im Eiskunstlauf braucht man viel Feinkoordination, Ausstrahlung, die richtige Technik und die Choreografie muss auf den Punkt genau ausgeführt sein. Die Ausstrahlung und Präsenz auf dem Eis kommt letztendlich von innen. Man sieht oftmals, dass Eiskunstläufer, die von der Körpergröße her gar nicht so groß sind, auf das Eis gehen und dort den ganzen Raum einnehmen, eine Aura um sich schaffen, während manch' ein großer, kräftiger Läufer das nicht schafft. Das ist dann das, was von innen kommt, und ich denke, dass das am Wettkampftag durchaus 30 Prozent ausmacht.*

Kritisch betrachtet sie die Möglichkeit, sich sportpsychologisch unterstützen zu lassen – ihren Erfahrungen nach können sogar kontraproduktive Folgen einer Beratung in Betracht kommen. Besonders für Athleten, die bislang mit den Stresssituationen des Wettkampfes zurecht gekommen sind, befürchtet *Mandy Wötzel* die Gefahr, sich selber plötzlich zu kritisch zu hinterfragen und auf diese Weise quasi Probleme erst zu schaffen – nämlich dadurch, dass einem Athleten bestimmte Defizite und Schwierigkeiten durch das Nachdenken zwar (erst) bewusst werden, dieser aber nicht konstruktiv damit umgehen kann. Logische Konsequenz wäre keine Steigerung, sondern im Gegenteil eine Verminderung des Leistungsvermögens.

> <u>Im Gespräch mit Mandy Wötzel</u>
>
> *Ich kenne das auch, wenn wir mit Psychologen zusammenarbeiten; dann wird manchmal an irgendeiner Stelle ein Problem gesucht, während das eigentliche Problem, wegen dem man den Psychologen ursprünglich aufsuchte, gar nicht angetastet wird, einfach weil dem Psychologen dieses Problem nicht als relevant für die Sportart erscheint.*

Zudem ergeben sich aus ihrer persönlichen Erfahrung mit Sportpsychologen weitere kritische Aspekte: Zunächst einmal sind eine Reihe von Problemen, die einen Athleten belasten können, keineswegs nur sportartspezifisch, sondern eher sportartunspezifisch; so können auch private Probleme die mentale Fitness reduzieren. Diese Tatsache wird jedoch von Sportpsychologen oft nicht erkannt oder aber Sportpsychologen versuchen, ihre vorgefertigten Ideen und Handlungsmuster auf den konkreten Athleten zu übertragen, unabhängig davon, ob dies im Einzelfall überhaupt angemessen ist. Nach *Mandy Wötzel* muss eine effektive sportpsychologische Intervention an den Bedarfen des Athleten ansetzen (individuumszentriert) und den Klienten ganzheitlich betreuen; hierzu gehört auch die Thematisierung privater Probleme.

Im Gespräch mit Mandy Wötzel

Man braucht manchmal eher einen Lebensrat als irgendwas statistisch Ausgewertetes. Mir ist aufgefallen, dass gesagt wird: ‚Wir arbeiten sogar mit einem Sportpsychologen zusammen.' Das heißt aber manchmal überhaupt nichts, weil es auf die Leute ankommt, darauf, was sie bringen, und manchmal kann eine gute Freundin ein viel besserer Halt sein oder das Elternhaus.

Und eine zweite wichtige Erkenntnis, die Mandy Wötzel für sich gewonnen hat: Man muss sich als Athlet selbst helfen können, weil einem sonst niemand helfen kann – weder der beste Trainer noch der beste Psychologe! Ein Athlet benötigt für den Erfolg Talent, Ausdauer, Gesundheit und Unterstützung durch das Umfeld, vor allem aber braucht er (unabhängig von der Sportart) einen ganz starken Willen. Da die Förderung und Selektion im Eiskunstlauf in der ehemaligen DDR bereits im Alter von sechs bis sieben Jahren begonnen hat, sind diese Fähigkeiten also bereits in der frühen Entwicklungsphase von Kindern gefordert und müssen dann zunehmend ausdifferenziert werden, so Mandy Wötzel.

Exkurs: Das Fördersystem der ehemaligen DDR und der BRD

Dem Sport wurde in der ehemaligen DDR eine herausragende Bedeutung zugeschrieben, woraus sich deren intensives staatliches Förderungssystem erklärt. Die Grundpfeiler dieses Systems waren der Organisations- und Leistungsaufbau, das Wettkampf- und Trainingssystem sowie die Sichtung und Auswahl. Materiell-technische und personelle Voraussetzungen oder auch wesentliche Sichtungs- und Auswahlmaßnahmen wurden sichergestellt. Es wurden viele Sportclubs gegründet, deren Mitgliedschaften häufig umsonst gewesen sind. Überproportional viele Spitzensportler mit Europa- und Weltrekorden stammen aus der ehemaligen DDR, die insbesondere im Schwimmsport, Eis- und Wintersportarten, Radsport, der Leichtathletik und im Gewichtheben auf sich aufmerksam machten. Die systematische Sportförderung an den Schulen hat wesentlich zum großen Erfolg (auch nach der Wiedervereinigung) der DDR-Sportler beigetragen.

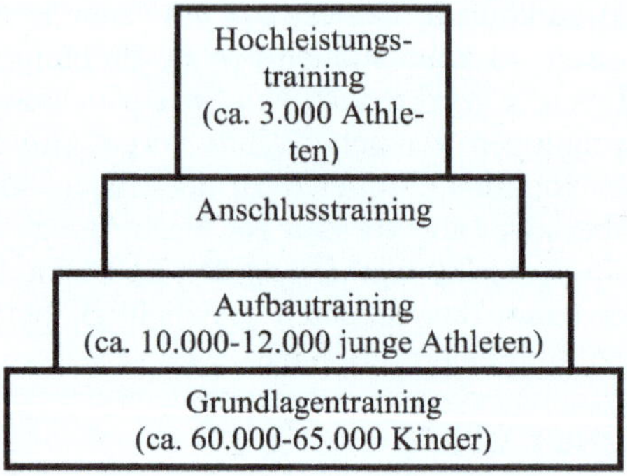

Abb. 4: Darstellung der Kaderpyramide und der Trainingsetappen im Leistungssport der DDR (eigene Darstellung)

Die intensive Sportförderung in der ehemaligen DDR wurde von dem Gedanken getragen, durch die Erfolge im Sport das Selbstbewusstsein der Bürger zu stärken, internationale Anerkennung zu erhalten und die Überlegenheit des politischen Systems zu demonstrieren. Zwar wurde nach der Wiedervereinigung flächendeckender Substanzmittelmissbrauch öffentlich bekannt, jedoch war die Häufigkeit der Missbräuche nicht auffälliger als im internationalen Vergleich. Bekannte ostdeutsche Sportlerpersönlichkeiten sind Jan Ullrich, Michael Ballack, Heike Drechsler, Henry Maske, Katarina Witt, Gunda Niemann-Stirnemann, Thomas Doll, Ulf Kirsten, Matthias Sammer, Hans Meyer, Eduard Geyer, Kristin Otto oder Jens Weißflog.[18]

Der Turn- und Sportbund in der DDR wurde politisch kontrolliert. Der Deutsche Sportausschuss (DSA) war das höchste Organ der Sportförderung, das für die Sport lehrenden Institutionen, schulischen und universitären Sportaktivitäten und die Forschung zuständig war.

Die Sportförderung in der BRD lässt sich nur vor dem Hintergrund des historischen Kontextes verstehen, deren Hauptelemente Subsidiarität, Freiwilligkeit und partnerschaftliche Zusammenarbeit sind: „Die drei Prinzipien des Sports in Deutschland und vor allem die Autonomie des Sports und seine Freiheit der Selbstorganisation sind eine direkte Antwort auf die Erfahrungen mit dem Faschismus und sollen eine Wiederholung unmöglich machen“ (Haring, 2010, S. 38). So setzte der damalige Präsident des Deutschen Sportbundes durch, dass dieser aus der institutionellen Förderung des Bundes zugunsten seiner Autonomie ausgegliedert wurde. Zuständigkeiten des Deutschen Sportbundes werden dabei an die Länder und Kommunen abgegeben; darüber hinaus fördert bspw. das Innenministerium den Sport, so etwa hinsichtlich der Errichtung von Olympiastützpunkten oder der Förderung von Trainerakademien.

18 gymnasium-blomberg.de/wiki/Demokratie13/DDR 21.04.2009

K74: AUS DER WISSENSCHAFT / WAS DIE PRESSE SCHREIBT

„Nirgendwo in der Welt ist etwas Vergleichbares zustande gekommen, und es wird auch künftig nie zustande kommen," resümierte Prof. Dr. Ernst Jokl von der Kentucky-Universität, USA, langjähriger Präsident des Forschungskomitees für Sport und Körpererziehung bei der UNESCO und Kenner des DDR-Sports, zum Ende der DDR über das dort praktizierte Leistungssport-System in einem Interview.

(www.diplom.de/Diplomarbeit-l2960/Das_System_des_Leistungssports_in_der_DDR.html21.04.2009)

Die Grundsatzprobleme bei der Förderung von Talenten und Hochbegabten seien in der DDR positiver gelöst worden. „Der Westen hätte keinen Fehler gemacht und Größe gezeigt, wenn er zumindest Grundzüge dieses Erfolgsförderkonzepts in das neue gesamtdeutsche Modell eingewoben hätte", sagte der 28-Jährige [Ingo Schultz].

(www.rp-online.de/public/article/sport/mehr/andere/17108/Europameister-Ingo-Schultz-kritisiert-Sportfoerderung.html 14.09.2009)

Durch die staatliche Koordination der damaligen DDR von Schule und Sport hat sie als Athletin die Zusatzbelastungen durch den Sport nicht als etwas Besonderes wahrgenommen. Auch die Tatsache, dass sie in der ersten Klasse noch gemeinsam mit Mitschülern trainiert hat, sie jedoch zum Ende der Grundschulzeit als einzige das Training fortsetzte, hat ihr keineswegs das Gefühl vermittelt, etwas Besonderes zu sein. Vielmehr hat sie während dieser entscheidenden Entwicklungsperiode die zusätzliche Belastung stets als eine positive Herausforderung für sich empfunden. Dadurch ist es ihr gelungen, sich kontinuierlich sportlich zu verbessern.

Im Gespräch mit Mandy Wötzel

Wenn ich dann später mal Figurprobleme hatte (was ja eigentlich unsinnig ist, wenn man kaum 40 Kilo wiegt), dann bin ich Tränen überströmt nach Hause gekommen, habe es Mutti erzählt, dann war eine halbe Stunde Ruhe, und dann sagte sie einfach: ‚Willste ein Eis?' Dieses soziale Umfeld war mich genau das Richtige.

Auch ihre Eltern haben ihr nie das Gefühl vermittelt, dass sie besondere sportliche Leistungen von ihr erwarten. Im Gegenteil: *Mandy Wötzel* konnte stets ihr Zuhause genießen, sich entspannen und neu „auftanken", also auch in psychischer Hinsicht regenerieren, weit entfernt vom Eislaufen und den damit möglichen verbundenen Problemen.

K75: WAS DIE PRESSE SCHREIBT Im Jahr 2007
Ausgerechnet am anderen Ende der Welt hat sie ihr großes Glück gefunden! Eiskunstlauf-Star Mandy Wötzel (34) heiratete heimlich in Australien. *Der Auserwählte: Andrew Podolski (29), ein Lichtdesigner aus Melbourne.* *Die Paarlauf-Weltmeisterin (1997 mit Ingo Steuer) hat auf dem fünften Kontinent ein neues Zuhause gefunden. Einen Job hat die Chemnitzerin auch schon: Sie arbeitet als Gärtnerin in einer Baumschule.* *Der Glitzerwelt des Eiskunstlaufens hat sie den Rücken gekehrt. Letztmals stand die kleine Blondine im November 2006 bei der RTL-Show „Dancing on Ice" auf dem Eis. Danach siedelte die Olympia-Dritte von 1998 endgültig nach Australien über.* (www.bild.de/BTO/sport/2007/11/17/mandy-woetzel/hochzeit-australien.html20.12.2010)

7 Der Versuch eines Fazits

7.1 Ansichten zu mentaler Fitness und der sportpsychologischen Intervention

Verschiedene Sportlerpersönlichkeiten, unterschiedliche Sportarten, ganz individuelle und höchst persönliche Erfahrungen und Sozialisationshintergründe mit Blick auf die mentale Fitness und die psychologische Arbeit im Sport wurden auf den vorangehenden Seiten dargestellt. Die in den Interviews mit den durchweg sehr erfolgreichen Athleten geäußerten Ansichten und Einblicke verdeutlichen dabei auf der einen Seite die unterschiedlichen Wertigkeiten, aber auch das differente Verständnis von psychischer Stabilität und mentaler Fitness im sportlichen Setting und zur Optimierung der Leistungsentwicklung – insbesondere hinsichtlich der Frage der Erlernbarkeit bzw. der Möglichkeiten zur Aneignung förderlicher Denkmuster und Verhaltensstrategien.

Während nun einige Athleten durchaus eine positive Einstellung zur mentalen Fitness vertreten und dementsprechend auch deren Bedeutung für den Sport herausstellen, stehen andere Athleten diesem Faktor eher skeptisch gegenüber resp. negieren diesen vehement – auch mit Blick auf die Frage der Einflussnahme seitens der Umwelt, insbesondere durch einen externen Experten (Psychologen). Es wird offenkundig, dass Athleten auf sehr unterschiedliche psychische, physische und / oder soziale Aspekte in der Trainingsvorbereitung bzw. im Wettkampf ihren Fokus legen. Allen gemein ist, dass Entspannung, Konzentration und Visualisierung zu den Faktoren gehören, die zur Förderung der Leistungsentwicklung als sinnvoll erachtet werden.

So vertritt *Lothar Leder* für sich und für seine Sportart (Triathlon) die Meinung, dass eine Betreuung (unabhängig davon, ob sie durch den Trainer oder durch eine andere Bezugsperson wie bspw. einen Psychologen vorgenommen wird) auf lange Sicht gänzlich überflüssig wird. Mental fit und erfolgreich zu sein bedeutet für ihn, dass man diszipliniert trainieren und sich realistische Ziele setzen muss, um seine Leistungen abrufen zu können. Insbesondere das Visualisieren von kritischen Wettkampfsituationen betrachtet er als seine Stärke, die in hohem Maße zu seinem Erfolg beigetragen hat.

Patrik Kühnen (Tennis) und *Peter Sendel* (Biathlon) hingegen betonen gerade die Bedeutung des Trainers als eine zentrale Vertrauensperson für die Leistungsentwicklung eines Athleten, da gegenüber einem Psychologen noch zu viele Vorurteile vorherrschen. Es ist wichtig, dass ein Trainer seine Schützlinge kennt und auch „verdeckte Signale" im Zusammenhang mit der mentalen Fitness von Athleten zu deuten weiß. Ferner sollte ein Trainer auch Probleme über den sportlichen Bereich hinaus ansprechen, um so die psychische Stabilität eines Athleten zu fördern und auf diese Weise eine enge persönliche und ganzheitliche Betreuung anzustreben. Dennoch sollte der Trainer auch in diesem Rahmen sportpsychologische Beratungsangebote nicht negieren und den Athleten zur Toleranz anleiten.

Der Fußballer *Thomas Helmer* deutet mentale Leistungsfähigkeit in erster Linie als eine Begabung, mit dem Stressor der öffentlichen Wahrnehmung (und diesbezüglich insbesondere mit der medialen Aufmerksamkeit) angemessen umgehen zu können; als entscheidende Punkte benennt er diesbezüglich die Reaktion auf Erfolg und Misserfolg sowie die Bewältigung des daraus entstehenden Leistungs- oder auch Erwartungsdrucks der Öffentlichkeit. Zudem spricht er den langfristigen Nutzens und das erhebliche Förderungspotential der Investition in mentale Fitness für einzelne Athleten an, obwohl es für einen Sportverein stets eine schnellere (und wohl auch unkompliziertere) Lösung darstellt, neue Spieler einzukaufen, als die vorhandenen psychische Ressourcen über einen längeren Zeitraum durch psychologische Unterstützung systematisch aufzubauen. Aus seiner Sicht muss dem Individuum und seinem Wohlergehen gerade in Mannschaftssportarten mehr Beachtung geschenkt werden.

Die Rolle der erheblichen gruppendynamischen Prozesse in Mannschaftssportarten als Faktor der mentalen Fitness wird auch von *Jens Lehmann* (Fußball) akzentuiert. Diese Prozesse können sich förderlich oder eben auch hemmend auf die psychische Stabilität von Athleten auswirken, vor allem wird dadurch die Interventionsmöglichkeit seitens eines externen Psychologen erheblich limitiert. Mentale Fitness zeichnet sich für ihn insbesondere dadurch aus, dass Spieler auch unter Druck die Konzentration aufrechterhalten und Spitzenleistungen erzielen können. Neben der Mannschaft hat insbesondere das familiäre Setting einen wesentlichen Einfluss auf die mentale Stärke eines Athleten.

Obwohl *Mandy Wötzel* (Eiskunstlauf) an psychologischen Inhalten durchaus interessiert ist, bezweifelt sie jedoch einen möglichen Erfolg in der Zusammenarbeit mit einem Sportpsychologen. Psychische Stabilität resp. mentale Fitness stellt für sie eine angeborene Eigenschaft dar, die sich als Belastbarkeit eines Athleten (gerade in Wettkampfsituationen) manifestiert. Ferner befürchtet sie, dass ein Psychologe nicht ausreichend die Individualität eines Athleten berücksichtigt und lediglich mit gewohnten Strategien interveniert, die dann aber (in Teilen) nicht mit der Persönlichkeit des Athleten kompatibel sind, wodurch aus ihrer Sicht die Gefahr besteht, dass Probleme nicht adäquat gelöst bzw. sogar verstärkt werden könnten. Die individuumszentrierte Zuwendung wird hingegen aus ihrer Sicht am besten im Rahmen der sozialen Unterstützung seitens der Eltern realisiert.

Dieter Baumann (Leichtathletik) hingegen unterstützt das so genannte multiplikative Modell der Entwicklung von mentaler Fitness: Aus seiner Sicht umfasst mentale Fitness den effektiven Umgang mit der Nervosität in wichtigen Wettkämpfen, die optimale Vorbereitung auf den Wettkampf und die Herstellung einer leistungsförderlichen Balance zwischen dem Körper und der Psyche. Diese Eigenschaften sind in seinen Augen durchaus erlernbar, da er auch selbst immer wieder beobachtet hat, dass gerade junge Athleten Defizite in dem Umgang mit diesen psychischen Ressourcen an den Tag legen.

Eine ähnliche (individuumszentrierte) Sichtweise vertritt auch *Frank Busemann* (Leichtathletik). Er hatte in seiner Laufbahn immer wieder mit Ängsten zu kämpfen, die ihn mental blockiert und sich letztendlich auf seine Leistungsfähigkeit ausgewirkt haben. Dennoch hat er nur für eine kurze Dauer einen Sportpsychologen kontaktiert. Er vertritt die Auffassung, dass man aktiv dem Stress und damit einhergehenden Ängsten und Sorgen begegnen muss: Das Vertrauen in die eigene Leistungsfähigkeit, die Konzentration auf den Wettkampf und der Umgang mit Ängsten und Stress sind für ihn zentrale Faktoren der mentalen Fitness.

Dieter Thoma (Skisprung) betrachtet mentale Fitness als erlernbar und erkennt die Bedeutung der mentalen Fitness insbesondere bei einer so risikoreichen Sportart wie dem Skispringen an. Dennoch findet er die Vorstellung problematisch, dass neben dem Trainer und dem Physiotherapeuten ein „fremder Dritter" mit dem Athleten interagiert, insbesondere im Falle fehlender sportartspezifischer Kompetenz. Für ihn ist das Vertrauen zu diesen beiden Personengruppen erheblich zielführender für die Leistungsentwicklung als die Arbeit mit einem Psychologen.

Eberhard Giengers (Turner) Einstellung geht mit dieser Hypothese konform. Er betont das Vertrauensverhältnis im „inner Circle" (also zwischen dem Trainer und dem Athleten) im Sinne einer nach außen abgeschlossenen Dyade. Dementsprechend empfindet er es als schwierig, eine weitere Person in diese Beziehungskonstellation zu integrieren, um an der mentalen Fitness des Athleten zu arbeiten. Ferner fokussiert er das Selbstvertrauen in die eigene Leistung für die erfolgreiche Teilnahme an Wettkämpfen. Konzentration und der Glaube an sich selbst, aber auch ausreichende Phasen der Entspannung sind für ihn wesentliche Momente mentaler Fitness, die erlernbar sind.

Dieser Aussage stimmt auch *Katrin Apel* (Biathlon) zu. Sie hält es gerade in ihrer anspruchsvollen Sportart für wichtig, dass Athleten ohne Angst und selbstsicher an den Start eines Wettkampfes gehen und empfindet von daher eine sportpsychologische Beratung als sinnvoll.

Petra Behle (Biathlon) hingegen bedauert es in ihrer retrospektiven Sicht, keine sportpsychologische Betreuung zu den Zeiten ihrer aktiven Karriere in Anspruch genommen zu haben. Sie hält diese Form der Intervention – gerade auch mit Blick auf die kontinuierliche Leistungsentwicklung insbesondere bei jungen Athleten – für essentiell; ungeachtet des Umstandes, dass oftmals (noch) viele Vorurteile hinsichtlich der sportpsychologischen Beratung und Betreuung existieren. Sie vertritt die Ansicht, dass es vor allem für außergewöhnliche Leistungen relevant ist, neben der physischen Leistungsfähigkeit an der psychischen Leistungsbereitschaft zu arbeiten, um das gesamte Leistungspotenzial besser ausschöpfen zu können. In Zeiten, in denen die physischen Leistungsvoraussetzungen bei einem Wettkampf doch sehr homogen sind, ist die psychische Leistungsbereitschaft und -fähigkeit eben der entscheidende, den Erfolg bestimmende Faktor.

Für *Michael Groß* (Schwimmen) und auch *Rudi Cerne* (Eiskunstlauf) haben psychische Stabilität und dementsprechende mentale Fitness entscheidend etwas damit zu tun, wie sich das alltägliche (soziale) Leben (neben dem Sport) für den einzelnen Athleten gestaltet. Für beide ehemaligen Hochleistungssportler ist zwar zweifelsohne die Ausübung ihres Sports für ihre Persönlichkeitsentwicklung fundamental wichtig gewesen. Dennoch spielten stets auch andere Faktoren in ihrem Leben eine wichtige Rolle, um „entspannt“ und mental fit die eigene sportliche Karriere weiter vorantreiben zu können. Hierzu zählen die Bereiche der Schule und der Ausbildung sowie Möglichkeiten der beruflichen Entwicklung außerhalb und nach dem Sport, aber auch andere Optionen der persönlichen Weiterentwicklung wie freundschaftliche Beziehungen und die Familie, welche dem Athleten eine sichere Basis bieten, konzentriert sportliche Leistungen abrufen zu können. da die Probleme des Alltags die Probleme des Sports relativieren. Somit fokussieren diese Athleten einen Bereich, der im sportlichen Setting oft vergessen wird, der aber von erheblicher Relevanz für die psychische Stabilität ist: Ein Athlet muss sich subjektiv sicher sein, dass es auch ein Leben neben und vor allem nach dem Sport gibt. *Rudi Cerne* berichtet darüber hinaus von eher negativen Erfahrungen mit singulären Methoden zur Steigerung der mentalen Fitness – hingegen von positiven Erfahrungen mit seinem sozialem Umfeld, insbesondere mit seinem Trainer, der ihn in der Entwicklung seiner Leistung erheblich unterstützt und psychische Schwächen aufgefangen hat.

Sabine Braun (Leichathletik) oder auch *Markus Beyer* (Boxen) hingegen berichten davon, dass sie in ihrer aktiven Zeit Hilfe im psychologischen Bereich in

Anspruch genommen haben. Die initiierenden Faktoren waren Leistungseinbrüche, die nicht mit der physischen Leistungsfähigkeit korrelierten und welche die sportliche Karriere zu gefährden drohten. Die jeweiligen Methoden, die in den differenziellen Interventionen zum Einsatz kamen, sind dabei sehr unterschiedlich gewesen. *Sabine Braun*, die zu der damaligen Zeit einer psychologischen Unterstützung eher skeptisch gegenüberstand, probierte eher verschiedene psychologische (Hilfs-)Techniken wie etwa das Mind-Walking oder die Hypnose aus, die für sich allein jedoch zu keinen positiven Resultaten führten. Der zentrale Aspekt für eine optimale Leistung ist aus ihrer Sicht die Motivation, psychisch eine hohe Leistung bringen zu wollen. Von Hemmungen gegenüber der Konsultation eines Psychologen berichtet auch *Markus Beyer* – sicherlich keineswegs untypisch, gerade für einen Boxer, also einem Athleten, der durch eine typisch männliche „Machosportart" sozialisiert wurde. Diese Athleten zögern oftmals, sich einem Psychologen anzuvertrauen, da es der „starken" Struktur zu widersprechen scheint, die mit ihrer Sportart und mit den hier agierenden Athleten verbunden wird. *Peter Sendel* hat ein solches Vorurteil in dem Interview mit ihm treffend auf den Punkt gebracht: Lediglich Frauen benötigen eine sportpsychologische Betreuung, da sie zu viel grübeln. Somit gibt es neben dem allgemeinen Vorbehalt gegenüber der Inanspruchnahme sportpsychologischer Unterstützung sicherlich auch geschlechtstypische Vorurteile. Nichtsdestotrotz hat *Markus Beyers* Erfahrung mit der sportpsychologischen Arbeit bei ihm positive Wirkungen hinterlassen, sie hat sich als hilfreich und positiv im Umgang mit aufgetretenen Misserfolgen erwiesen. Insbesondere eine hohe Stressresistenz und die direkte kämpferische Auseinandersetzung mit einer Niederlage machen seiner Ansicht nach die mentale Fitness von Athleten aus.

Ungeachtet dieser doch sehr unterschiedlichen Akzentuierungen, die in den einzelnen Interviews zum Vorschein gekommen sind, bleibt jedoch unstrittig, dass in Zeiten, in denen sich Athleten hinsichtlich ihrer Konstitution und physischen Leitungsfähigkeit immer mehr angleichen, Erfolg oder Misserfolg im Leistungssport eben immer mehr durch die leistungsförderlichen bzw. leistungshemmenden psychischen Faktoren determiniert wird (Alfermann & Stoll, 2005). Dieses wird von den hier interviewten Athleten im Kern bestätigt, auch wenn durchaus ganz individuelle (und zum Teil widersprüchliche) Auffassungen mit Blick auf die entscheidenden Wirkmechanismen und insbesondere auf deren Beeinflussbarkeit bestehen. Insgesamt jedoch setzen sich alle auf ihre jeweils ganz spezifische Weise und in Abhängigkeit ihrer konkreten Sozialisationserfahrungen mit diesem Thema auseinander. Ihnen ist also der Stellenwert der psychischen Prozesse durchaus bewusst.

Jede Sozialisation und damit jede Persönlichkeitsentwicklung verläuft einzigartig. Somit werden auch je nach Sportart und Athlet die verhaltenswirksamen Faktoren und die psychische Beschaffenheit (u. a. die mentale Fitness) unterschiedlich bewertet. Aber genauso, wie tagtäglich an allen anderen möglichen Einflussfaktoren im Sport (bspw. Sprungkraft, Koordination, Schnelligkeit) gearbeitet wird, kann und sollte dies auch in psychologischer Hinsicht geschehen (Alfermann & Stoll, 2005). Dabei ist bereits im Jugend- und Nachwuchssport eine entsprechende professionelle und kontinuierliche Unterstützung sinnvoll und sollte sich nicht auf den Bereich der Krisenintervention beschränken (Schweer, 2008).

Und was sind nun die Gründe für die so unterschiedliche Beschäftigung mit diesen Aspekten?

- Relevanz der Konzentrationsfähigkeit mit zunehmender Leistungshöhe
- Förderung des Selbstvertrauens
- Umgang mit Gefahren / Risiken in bestimmten Sportarten
- Umgang mit dem Leistungs- und Erwartungsdruck durch den Athleten selbst, das soziale Umfeld (Eltern, Trainer usw.) oder die Öffentlichkeit (Sponsoren, Fangemeinde, Medien)
- Förderung der physischen und psychischen Belastbarkeit im Training und Wettkampf
- Verbesserung der Präsentation im Wettkampf (etwa im Eiskunstlauf)
- Koordination und Belastungsreduktion zwischen schulischen Anforderungen und dem Leistungssport im Nachwuchsbereich
- Regulation des erforderlichen Gleichgewichts zwischen psychophysischer An- und Entspannung
- Reduktion von Leistungsdefiziten im Wettkampf, die durch physisches Training nicht ausgeglichen werden können (Problem der „Trainingsweltmeister“)
- Verbesserung der Visualisierung von Wettkampfsituationen
- Vermeidung bzw. Reduktion von Aggression, Burnout, Angst- und Hilflosigkeitsgefühlen
- optimierter Umgang mit psychischen Ressourcen

7.2 Ansichten der Athleten einerseits, wissenschaftliche Erkenntnisse andererseits

Die Interviews mit den Athleten verdeutlichen eine Reihe von Faktoren, die als wichtig für die psychische Stabilität und mentale Fitness benannt werden. Wie bereits angedeutet, lassen sich diesbezüglich zum Teil erhebliche Gemeinsamkeiten herauskristallisieren, etwa mit Blick auf den Stellenwert von Entspannungs- und Konzentrationsfähigkeiten. Dennoch werden auch in hohem Maße ganz subjektiv relevante Aspekte thematisiert. Dies macht die Notwendigkeit augenfällig, dass (sport-)psychologische Beratung und Betreuung stets individuell und bedarfsorientiert ansetzen muss und eben nicht Standardrepertoires ohne Rücksicht auf die spezifische Athletenpersönlichkeit zur Anwendung bringen darf (Schweer, 2008).

Zentrale Themen der Interviews	Psychologische Erkenntnis
Die Persönlichkeit des Athleten	Ausgehend vom aktuellen multiplikativen Modell entwickelt sich die individuelle Persönlichkeit immer in Interaktion mit der Umwelt (Asendorpf, 2004). Erfolgreiche psychologische Beratung setzt somit immer am Individuum an, lässt dabei jedoch Umgebungsfaktoren nicht außer Acht (Alfermann, Würth, & Sabrowski, 2002).
Gleichgewicht von Körper und Psyche	In psychologischen Interventionen sollte der Klient immer ganzheitliche Betrachtung erfahren (Schweer, 2005). Im Sinne der „sprechenden Medizin" gilt es den Klienten in seiner biopsychosozialen Diversität zu fokussieren (Brand, 2010). Lediglich die Auseinandersetzung mit körperlichen oder psychischen Ressourcen / Problemen ist nicht zielführend.
Die Relevanz sportpsychologischer Betreuung	Bisherige empirische Befunde bestätigen, dass sich sportpsychologische Betreuung positiv auf den Wettkampferfolg von Athleten auswirkt und auch eine wichtige Ressource im Zuge der Persönlichkeits- und Leistungsentwicklung darstellt (Gerwinat, 2011).
Der Umgang mit dem psychischen Druck in der Wettkampfsituation	Mentale Fitness ist eine Widerstandsressource, welche die Stressresistenz auch in kritischen Situationen (Wettkampf) verbessert. Stress entsteht durch die Bewertung eines Ereignisses als Bedrohung, wenn entsprechende Bewältigungsressourcen fehlen (Lazarus & Folkman, 1984). Widerstandsressourcen ermöglichen ein adäquates Coping. Diese Ressourcen können psychischer, sozialer, biologischer und kultureller Natur sein (Antonovsky & Franke, 1997).
Die psychische Leistungsbereitschaft	Um herausragende Leistungen im Sinne der Performanz erreichen zu können muss neben der Leistungsfähigkeit (Talent) auch die Leistungsbereit-

	schaft disponibel sein (Gabler, 2002). Für den Spitzsport ist neben Talent insbesondere die Motivation und Disziplin wichtig, um ein optimales Leistungsergebnis zu erzielen (Beckmann & Elbe, 2006).
Die Rolle des Vertrauens	Empirische Befunde auf dem Gebiet der Vertrauensforschung belegen, dass sich eine vertrauensvolle Beziehung zwischen zwei Personen positiv auf die Motivation, die Zufriedenheit, die Angstreduktion und somit auch auf das Verhalten in spezifischen Situationen auswirkt (Schweer & Thies, 2003; Schweer, 2010). Dies gilt natürlich auch im Rahmen der Trainer-Athlet-Dyade (Meinberg, 2009).
Geschlechtsunterschiede im Sport	Frauen und Männer unterscheiden sich aufgrund der geschlechtsspezifischen Sozialisation in ihrem Erleben und Verhalten (Etschenberg, 2009). Dies gilt auch für den Sportbereich. So ist beispielsweise bekannt, dass Leistungssportler mehr sportspezifische Aufmerksamkeit in den Medien zugesprochen bekommen als Leistungssportlerinnen (Hartmann-Tews, Gieß-Stüber, Klein, Kleindienst-Cachay & Petry 2003).
Der Umgang mit dem der Öffentlichkeit	Medien widmen erfolgreichen Athleten ein hohes Maß an Aufmerksamkeit und formulieren gleichzeitig hohe Erwartungen. Diese Akzentuierungen werden somit auch an das Publikum und die Fans weitergegeben (Schierl, 2009). Werden diese Hoffnungen enttäuscht, werden die Athleten oft dramatisch „verschrien“. Dies erfordert von diesen einen professionellen Umgang mit den Medien und eine emotionale Distanz, damit der Erwartungsdruck sich nicht negativ auf die Leistungsfähigkeit auswirkt.
Die Perspektive nach dem Sport	Sport an sich birgt immer das Risiko einer Verletzung, die die sportliche Laufbahn abrupt beenden könnte. Um eine solche kritische Lebensphase erfolgreich zu bewältigen, ist die frühzeitige Planung des Karriereendes sowie das rechtzeitige Organisation einer weiteren beruflichen Karriere überaus hilfreich (Alfermann, 2006).

Die Macht der Konzentration	Konzentrationsfähigkeit als elementarer kognitiver Prozess wird auch außerhalb des Sports als wichtige Fähigkeit einer Person betrachtet, den Herausforderungen des Alltags zu begegnen. Hierbei wird die Fähigkeit fokussiert, Aufmerksamkeit auf relevante Anforderungen der Situation und mögliche Ressourcen zu lenken, um so handlungsorientiert zu agieren (Alfermann & Stoll, 2005). Diese Fähigkeit kann im Rahmen mentaler Fitness trainiert werden (Munzert, 2006).
Der Athlet und seine Bezugspersonen	Das soziale Umfeld des Athleten kann sowohl im Sinne einer positiven sozialen Unterstützung wirken als auch als Stressfaktor erlebt werden, wenn die Erwartungsansprüche unrealistisch sind. Gerade die unbedingte Wertschätzung wichtiger Bezugspersonen (Eltern, Trainer) ist zentral für eine positive Persönlichkeitsentwicklung (Rogers, 2004). Wichtig ist, dass Eltern immer ein emotionales Unterstützungssystem repräsentieren, während Trainer im Laufe der Karriereentwicklung eine immer relevantere Quelle für informative und instrumentelle Unterstützung darstellen (Alfermann, Würth & Saborowski, 2002).
Gruppendynamik als ausschlaggebender Faktor für Erfolg	Die positive Integration in eine Gruppe wirkt stärkend auf die Identität, das soziale Wohlbefinden und fördert die Motivation im Interesse der Gruppe zu handeln (Gruppenkohäsion) (Wilhelm, 2001). Dennoch sollte gruppendynamischen Prozessen kritisch gegenüber gestanden werden und der eigene Gütemaßstab nicht außer Acht gelassen werden.

Durchgängig hat sich in der sehr produktiven Arbeit mit den Athleten immer wieder ein Punkt herauskristallisiert, nämlich die Skepsis vieler Athleten gegenüber einer sportpsychologischen Beratung und Betreuung. Zwar haben einige Athleten diesbezüglich durchaus eigene positive Erfahrungen gemacht bzw. sie sind der Meinung, dass diese Form der Intervention im Leistungssport durchaus sinnvoll wäre. Nichtsdestotrotz zeigen allerdings viele Athleten im Laufe ihrer gesamten Karriere wenig bzw. gar keine Bereitschaft, sich mit dieser Thematik näher zu beschäftigen.

Und für diesen Umstand scheint es, wie den Interviews stellvertretend für die Akteure im Leistungssport zu entnehmen ist, verschiedene Gründe zu geben. Einige Athleten sehen bei sich selbst keinerlei diesbezügliche gravierende Defizite bzw. sie haben andere Möglichkeiten gefunden, mit dem auftretenden psychischen Druck umzugehen. Inwieweit solche Selbsteinschätzungen grundsätzlich zutreffend sind bzw. ob nicht mittels sportpsychologischer Unterstützung durchaus noch Potentiale eröffnet werden könnten, kann natürlich an dieser Stelle nicht treffsicher gesagt werden.

Andere Athleten sind sich zwar durchaus bewusst, welche Defizite sie besitzen und in welchen Bereichen sie durchaus Unterstützung benötigen könnten. Aber hinsichtlich der Inanspruchnahme sportpsychologischer Beratung und Betreuung scheint primär das Prinzip der Krisenintervention zu gelten. Also: Erst dann, wenn die Leistung massiv nachlässt und alle trainingstechnischen Möglichkeiten ausgeschöpft sind, wird diese Option ernsthaft in Erwägung gezogen. Sportpsychologischer Beratung und Betreuung wird eben nicht karrierebegleitend genutzt, um eben solchen Leistungseinbrüchen vorzubeugen und möglichen Belastungen bereits im Vorfeld zu begegnen – dieses, und das machen ja auch die Interviews recht deutlich, wäre ja gerade für den Nachwuchsbereich mit den entwicklungstypischen Belastungen im Jugendalter wünschenswert. Von daher wird eben die sportpsychologische Arbeit nicht als Regelfall im Leistungssport erlebt, sondern als Ausnahmefall für schwierige Situationen (oder Personen), dies fördert selbstverständlich die Vorbehalte und hilft nicht, Ressentiments abzubauen. An dieser Stelle sind Sportfunktionäre in hohem Maße gefragt, solche Angebote kontinuierlich in die Arbeit mit den Athleten zu integrieren.

Ein weiterer, durchaus ernst zu nehmender Grund für das Misstrauen von Seiten der Athleten gegenüber einem Psychologen ist das allgemeine Vorurteil „man sei doch nicht verrückt und müsse nicht in eine Klapsmühle“ – und deshalb benötige man logischerweise auch keine entsprechende Unterstützung. Ein Vorurteil, mit dem Sportpsychologen immer wieder konfrontiert werden (mal direkt, mal indirekt). Dieses Vorurteil zeigt aber durchaus eindrucksvoll, wie notwendig es auch in unserer heutigen Zeit noch ist, gesamtgesellschaftlich viel mehr Transparenz und Akzeptanz mit Blick auf die psychologische Arbeit im Grundsätzlichen zu schaffen. Wenngleich „am grünen Tisch“ vielleicht deutlich, aber im Denken und Fühlen der Menschen eben vielfach noch viel zu wenig internalisiert ist die Tatsache, dass das Konsultieren eines Psychologen nichts mit persönlicher Schwäche und schon gar nicht mit irgendeiner Form von „Verrücktheit“ zu tun hat – das Gegenteil ist vielmehr der Fall: sich möglichen Problemen zu stellen, sich damit auseinanderzusetzen und konstruktive Lösungen zu erarbeiten, um mit sich und seiner Umwelt besser und vor allem zufriedener umgehen zu können, ist kein Zeichen von Schwäche, sondern hierfür bedarf es einer entsprechenden persönlichen Stärke. Dies ist eine Maxime, die sich im sportlichen Setting sicherlich noch zu wenig durchgesetzt hat; insbesondere nicht in den „typisch männlichen“ Sportarten wie etwa Fußball, Boxen oder Eishockey. Dazu passend waren die Stellungnahmen in den Interviews dahingehend, dass die psychische Stabilität und mentale Fitness für die sportliche Leistung und die Persönlichkeitsentwicklung zwar durchaus wichtig sind, aber über den Einsatz einer kontinuierlichen sportpsychologischen Beratung und Betreuung eben oftmals nur „hinter vorgehaltener Hand“ gesprochen wird. Eine wichtige Ursache hierfür ist sicherlich die Existenz unseriöser (sport-)psychologischer Angebote im Bereich des Sports.

Hemmnisse der Auseinandersetzung mit sportpsychologischer Beratung und Betreuung

- Überzeugung, dass mentale Fitness angeboren ist und nicht erlernt werden kann
- fehlende Transparenz von sportpsychologischen Angeboten
- mangelnde Kenntnisse, wie eine Kontaktaufnahme zu Sportpsychologen erfolgen kann
- gesellschaftliche Hemmnisse / Vorurteile
- Bedenken, dass keine individuelle Beratung stattfindet
- Negierung eigener Probleme
- Zweifel an der Akzeptanz einer weiteren Person im „inner Circle“
- Angst vor kontraproduktiven Ergebnissen
- Angst vor Stigmatisierung des sozialen Umfeldes
- negative Erfahrungen mit Formen des mentalen Trainings
- Zweifel an der Wirksamkeit einer Betreuung

Sicherlich haben die Erfahrungen der Athleten deutlich werden lassen, dass eine wissenschaftlich fundierte sportpsychologische Beratung und Betreuung stets auf die jeweilige Sportlerpersönlichkeit und auf ihre individuelle Entwicklung abgestimmt werden muss. Zu diesem Zweck bedarf es auch einer umfassenden Eingangsdiagnostik, auf deren Basis dann eine ganzheitliche Intervention ansetzen kann. Es geht dabei nicht um schnelle Erfolge mit möglichst spektakulären Methoden, vielmehr geht es um kontinuierliche und eben nachhaltige Fortschritte im Rahmen der Leistungs- und Persönlichkeitsentwicklung. Und je früher angesetzt wird, umso besser ist es im Sinne der Prävention anstelle einer Krisenintervention. Gerade im Nachwuchsbereich ist es dann auch sinnvoll, das soziale Umfeld des Athleten (vor allem Eltern und Trainer) hinreichend zu integrieren, denn dieses kann erheblichen positiven, aber eben auch negativen Einfluss ausüben.

Wenn Psychologisches Training angewendet wird, dann ist es für die Sportler ein Schritt in den erfolgreichen Leistungssport.[19]

☞ Weitere Informationen erhalten Sie unter:
Universität Vechta
Challenges **– Arbeitsstelle für sportpsychologische Beratung und Betreuung**
E-Mail: challenges@uni-vechta.de
Homepage: www.challenges.uni-vechta.de

Zitierte Literatur

Alfermann, D. (2006). Karriereübergänge. In M. Tietjens & B. Strauß (Hrsg.), *Handbuch Sportpsychologie* (S. 118-125). Schorndorf: Hofmann.

Alfermann, D. & Würth, S. (2002). *Sozialkompetenz von Trainerinnen und Trainern im Nachwuchsleistungssport*. Bonn: Bisp-Jahrbuch.

Alfermann, D., Würth, S. & Sabrowski, C. (2002). Soziale Einflüsse auf die Karriereentwicklung im Jugendleistungssport: Die Bedeutung von Eltern und Trainern. *Psychologie und Sport*, 9, 50-61.

Alfermann, D. & Stoll, O. (2005). *Sportpsychologie. Ein Lehrbuch in 12 Lektionen*. Aachen: Meyer & Meyer.

Antonovsky, A. & Franke, A. (1997). *Salutogenese. Zur Entmystifizierung der Gesundheit.* Tübingen: dgvt.

Asendorpf, J.B. (2004). *Psychologie der Persönlichkeit.* Berlin: Springer.

Beckmann, J. & Elbe, A.(2006). Motivation und Volition. In B. Strauss & M. Tietjens (Hrsg.), *Handbuch Sportpsychologie* (S. 136-145). Schorndorf: Hofmann.

Brand, R. (2010). *Sportpsychologie*. Wiesbaden: VS.

Etschenberg, K. (2009). Sexuelle Sozialisation und Sexualerziehung. In M. Schweer (Hrsg.), *Sex and Gender* (S. 53-69). Frankfurt am Main: Peter Lang.

Gabler, H. (2002). *Motive im Sport.* Schorndorf: Hofmann.

Gerwinat, A. (2011). *Psychologische Diagnostik mentaler Fitness im Sport. Stand der Forschung und Exploration eines komprehensiven Ansatzes zu*

19 www.bisp-sportpsychologie.de/nn_18750/SpoPsy/DE/Infoportal/Erfahrungsberichte/Frage2.html 03.02.2011

differentiellen Aspekten der Sportlerpersönlichkeit. Frankfurt am Main: Peter Lang.

Hartmann-Tews, I., Gieß-Stüber, P., Klein, M.-L., Kleindienst-Cachay, C. & Petry, K. (Hrsg.) (2003). *Soziale Konstruktion von Geschlecht im Sport.* Opladen: Leske & Budrich.

Lazarus, R.S. & Folkman, S. (1984). *Stress, Appraisal and Coping*. New York: Springer.

Meinberg, E. (2009). *Leistung und Moral: Zur Genealogie einer modernen Leistungsethik*. Berlin: Lit.

Munzert, J. (2006). Wahrnehmung und Aufmerksamkeit. In M. Tietjens & B. Strauß (Hrsg.), *Handbuch Sportpsychologie* (S. 36-43). Schorndorf: Hofmann.

Rogers, C.R. (2004). *Die nicht-direktive Beratung*. Frankfurt am Main: Fischer. (Original veröffentlicht 1942).

Schierl, T. (2009). Vom Helden zum Star. Zur Starkultivierung im Sport. In H. Schramm & M. Marr (Hrsg.), *Die Sozialpsychologie des Sports in den Medien* (S. 247-272). Köln: Halem.

Schweer, M. (2005). *Mentale Fitness im Sport. Das Basisprogramm.* Regensburg. Peter Lang.

Schweer, M. (2008). Leistungssport in der Jugendphase als Herausforderung sportpsychologischer Forschung. In M. Schweer (Hrsg.), *Sport in Deutschland. Bestandsaufnahmen und Perspektiven* (S. 165-182). Frankfurt a. M.: Peter Lang.

Schweer, M. (Hrsg.) (2010). *Vertrauensforschung 2010: A State of the Art.* Frankfurt a. M.: Peter Lang.

Schweer, M. & Thies, B. (2003). *Vertrauen als Organisationsprinzip.* Bern: Huber.

Wilhelm, A. (2006). *Im Team zum Erfolg: Ein sozial-motivationales Verhaltensmodell.* Lengerich: Papst.

Sport und gesellschaftliche Perspektiven

Herausgegeben von Martin K. W. Schweer

Die Reihe "Sport und gesellschaftliche Perspektiven" vereint empirische und theoretische Arbeiten mit Blick auf den Leistungs-, Nachwuchs-, Breiten-, Schul- und Gesundheitssport im gesellschaftlichen Kontext, wobei eine interdisziplinäre Perspektive angestrebt ist. Neben Beiträgen der Pädagogischen Psychologie und der Sportpsychologie sowie angrenzender Teilbereiche der Psychologie ist die Reihe auch offen für benachbarte Wissenschaftsdisziplinen. Anfragen an den Herausgeber sind ausdrücklich erwünscht.

Band 1 Martin K. W. Schweer (Hrsg.): Sport in Deutschland. Bestandsaufnahmen und Perspektiven. 2008.

Band 2 Alexandre Martin Gerwinat: Psychologische Diagnostik mentaler Fitness im Sport. Stand der Forschung und Exploration eines komprehensiven Ansatzes zu differentiellen Aspekten der Sportlerpersönlichkeit. 2011.

Band 3 Martin K. W. Schweer: Kinder und Jugendliche im Leistungssport – eine Herausforderung für Eltern und Trainer. Ein pädagogisch-psychologischer Leitfaden. Unter der Mitarbeit von Eva Petermann und Maike Söker. 2011.

Band 4 Martin K. W. Schweer: Psychologie im Leistungssport. Ein Ratgeber für die Praxis mit Berichten prominenter Athletinnen und Athleten. Unter Mitarbeit von Eva Petermann, Maike Söker und Jutta Padberg. 2012.

www.peterlang.de

Martin K. W. Schweer

Kinder und Jugendliche im Leistungssport – eine Herausforderung für Eltern und Trainer

Ein pädagogisch-psychologischer Leitfaden
Unter der Mitarbeit von Eva Petermann und Maike Söker

Frankfurt am Main, Berlin, Bern, Bruxelles, New York, Oxford, Wien, 2011.
205 S., 1 Abb., zahlr. Tab.
Sport und gesellschaftliche Perspektiven. Bd. 3
Herausgegeben von Martin K. W. Schweer.
ISBN 978-3-631-60728-2 · br. € 29,80*

Dieser sehr praxisbezogene Leitfaden wendet sich an Eltern und Trainer von jungen Athleten im Leistungssport. Sie werden mit einer Vielzahl von Fragen konfrontiert, die sich aus der besonderen Belastungssituation dieser Zielgruppe ergeben, so etwa das Verhältnis von Schule und Freizeit, spezifische Anforderungen im Training und im Wettkampf, aber auch grundsätzlichere Fragen nach der besonderen Rolle der Eltern und Trainer im Nachwuchssport. Der Leitfaden greift typische Problemfelder auf, gibt vor dem Hintergrund der wissenschaftlichen Forschungslage Einblicke in die psychologischen Bedingungsfaktoren und Wirkmechanismen, jeweils verbunden mit Empfehlungen für das konkrete Handeln.

Aus dem Inhalt: Junge Athleten im Spannungsfeld von Leistungssport, Schule und Freizeit · Besondere Herausforderungen im Training und Wettkampf · Möglichkeiten sportpsychologischer Beratung und Betreuung · Anregungen zur Selbstreflexion

*inklusive der in Deutschland gültigen Mehrwertsteuer. Preisänderungen vorbehalten